उम्मीदों के गीतकार
शैलेन्द्र

उम्मीदों के गीतकार
शैलेन्द्र

सिनेमा में रचे गाने
ज़िन्दगी में बसे गाने

यूनुस ख़ान

राजकमल प्रकाशन

ISBN : 978-93-6086-673-0

मूल्य : ₹795

पहला संस्करण : 2024

प्रकाशक : राजकमल प्रकाशन प्रा. लि.
1-बी, नेताजी सुभाष मार्ग, दरियागंज
नई दिल्ली-110 002

शाखाएँ : अशोक राजपथ, साइंस कॉलेज के सामने, पटना-800 006
पहली मंजिल, दरबारी बिल्डिंग, महात्मा गांधी मार्ग, प्रयागराज-211 001
1, अनमोल सोराबजी सन्तुक लेन, धोबी तलाव, मरीन लाइंस, मुम्बई-400 002

वेबसाइट : www.rajkamalprakashan.com
ई-मेल : info@rajkamalprakashan.com

मुद्रक : विकास कम्प्यूटर एंड प्रिंटर्स
ट्रॉनिका सिटी-201 102

UMMIDON KE GEETKAR SHAILENDRA
by Yunus Khan

पापा और जादू के लिए

ऐसे बीज बिछा रे
सुख चैन उगे, दुख दर्द मिटे
नैनों में नाचे रे
सपनों का धान हरा

—दो बीघा ज़मीन, 1953

क्रम

प्रस्तावना

मिट्टी की सोंधी ख़ुशबू को अगर लफ़्ज़ों में ढाला जाए तो वो शैलेन्द्र के गीत बन जाएँगे। मौसम के आज़ाद परिन्दों की परछाईं से स्याही उधार माँगकर कोई नाम लिखा जाए तो वो नाम गीतकार शैलेन्द्र का होगा। धुएँ की कालिख़ और कोयले की रंगत में अपने समय का सच लिखनेवाले इस शब्द-शिल्पी ने मेरे ख़याल से गीत नहीं लोकगीत लिखे हैं। मैं ये मानता हूँ कि लोकगीत किसी क्षेत्र की मिट्टी में उपजे सिर्फ़ वही गीत नहीं होते जिनका कोई गीतकार नहीं होता, बल्कि वो गीत भी होते हैं जो किसी गीतकार के ख़याल से उठते हैं और सुननेवालों की शख़्सियत में समा जाते हैं। मैंने जब भी शैलेन्द्र के लिखे गीतों के बारे में सोचा है मेरी सोच सिहर गई है और मेरे अन्दर का गीतकार अवाक् रह गया है—कैसे किसी की भाषा इतनी आसान हो सकती है, कैसे किसी की गीतकारी इतनी सहज हो सकती है, कैसे कोई समय की कड़वी सच्चाइयों को इतने मुस्कुराते हुए लफ़्ज़ों में पिरो सकता है? शैलेन्द्र ने गीतकारी को आसानियाँ बख़्शी हैं और आसानियाँ बख़्शना बहुत मुश्किल काम होता है।

इस आसानियों के लहजे की नर्मी को, उन्स को, रंगत को, तासीर को और नमी को यूनुस भाई ने तरतीब देकर 'आग के फूल।' नाम का तोहफ़ा हमें दे दिया। 'आग के फूल' में शैलेन्द्र की 'दो बीघा ज़मीन', 'मधुमती' या 'गाइड' आदि फ़िल्मों के गीतों की चर्चा-भर नहीं है, बल्कि ये गीतकार की रचना-प्रक्रिया और उसकी सोच तक पहुँचने की कोशिश है। ये फ़िल्मों में गीतों की अहमियत को रेखांकित करना भी है और

अच्छे गीतकार को परिभाषित करना भी है। अच्छा काम बहुआयामी होता है—तहदार होता है। आप इस किताब को पढ़ेंगे तो आप तय नहीं कर पाएँगे कि आपने किन्हीं गीतों के बारे में पढ़ा है या लघु कहानियाँ पढ़ी हैं या अपने कई पसन्दीदा कलाकारों को जाना है या फिर चुपके से आपने फ़िल्मी गीतों के साथ नये नज़रिये से अपनी दोस्ती पक्की कर ली है। पढ़ डालिए।

—इरशाद कामिल

कुछ और ज़माना कहता है

फ़िल्मी-गीतों के बारे में मैं एक बात हमेशा कहता हूँ। गाने हमारे अतीत के 'रिफ़रेन्स पॉइंट' होते हैं। हमें ख़ुद ही पता नहीं होता कि कब कौन-सा गाना या उस गाने की कोई एक ही पंक्ति जाने कैसे हमें अतीत के किसी पुराने मोड़ पर ला खड़ा कर देगी। आपके सामने होगा...वो मंज़र, वो कैफ़ियत, वो ख़ुशबू, वो आवाज़ें, वो लोग, वो जगहें। यही बात हमें गानों से इतनी गहराई से जोड़ती है। फ़िल्मी-गानों के अपने दायरे, अपनी सीमा-रेखा होती है। उन्हें फ़िल्म की स्क्रिप्ट और किरदारों की उँगली पकड़कर चलना पड़ता है, धुन के खाँचे में फ़िट होना पड़ता है, इसलिए उनकी उड़ान इनसे परे नहीं हो सकती। ऐसे में फ़िल्मी-गानों में कही गई बात गीतकार की उड़ान के साथ-साथ उसकी कारीगरी और उसकी सोच की भी नज़ीर पेश करती है।

गीतकार शैलेन्द्र विलक्षण हैं, विशिष्ट हैं। जिस समय और समाज में वो साँस ले रहे थे, उसके परिदृश्य, आकांक्षाओं, उम्मीदों और सपनों की झलक उनके फ़िल्मी गीतों में नज़र आती है। आज़ादी के बाद देश के निर्माण का सपना, उसके बाद हुआ मोह-भंग, बेरोज़गारी, लालफीताशाही, भेदभाव, दंगे, पूँजी का दबदबा, ज़ुल्म, अन्धविश्वास तमाम प्रवृत्तियाँ और बदलाव हैं जो आपको शैलेन्द्र के फ़िल्मी-गानों में नज़र आते हैं। फ़िल्म के दायरे में बने रहकर अपनी बात भी कह डालना कोई आसान काम नहीं रहा होगा। आज की फ़िल्मों के बरअक्स यह और भी अविश्वसनीय लगता है, क्योंकि अब तो गानों में मुद्दे या मुद्दों पर आधारित गाने बहुत कम नज़र आते हैं। ये भी ग़ौरतलब है कि आज के गाने बहुधा अपनी पटकथा में धँसे नहीं होते। ज़्यादातर पटकथा किसी और पटरी पर चलती है और गानों की उड़ान कहीं अलग जाती है।

ऐसे में आज जब हम शैलेन्द्र के लिखे फ़िल्मी गाने सुनते हैं तो हैरत से भर जाते हैं, क्योंकि ये गीत हमें जीवन के नर्म अहसासों से मिलवाते हैं,

मुस्कानों और आँसुओं से भीगे ये गीत हमारी ख़ुद से मुलाक़ात करवाते हैं। सोचने पर मजबूर करते हैं। हमें बेहतर मनुष्य बनाते हैं। जिन लोगों के जीवन में फ़िल्मी गीतों की जगह नहीं है, उनसे यही कहूँगा कि दिल के कोरे पन्नों पर पुराने फ़िल्मी गानों की ज़री टाँक लीजिए, देखिए किस तरह आपको ये दुनिया रहने लायक़ लगने लगेगी। फ़िल्मी गाने आपको अपने मन की अनछुई अनजान परतों से मिलवाएँगे।

शैलेन्द्र ने फ़िल्म 'परख' के एक गीत में तारों को 'आग के फूल' कहा है। मुझे लगता है शैलेन्द्र के गीत 'आग के फूल' हैं। उनके भीतर धधक रही विचारों और कल्पना की आग से खिले फूल...ये गीत नहीं हैं—झिलमिलाते तारे हैं, अपनी रोशनी बिखेरते हुए। इस किताब में शैलेन्द्र के गानों का विश्लेषण फ़िल्म की पटकथा, किरदारों, उस समय और समाज की रोशनी में किया गया है। कुछ गानों के बनने की दिलचस्प कहानियाँ भी इस सफ़र में आपको पढ़ने को मिलेंगी और इन गानों को सुनने का आपका नज़रिया बदल जाएगा। मेरी गुज़ारिश यह है कि किताब पढ़ते हुए या पढ़ने के बाद आप इन गानों को ज़रूर सुनें...और इन्हें अपने भीतर जज़्ब होने दें। यक़ीन मानिए, आपको अपने भीतर एक रोशनी महसूस होगी।

शैलेन्द्र की विस्तृत गीत-यात्रा में से मैंने उन चुनिंदा फ़िल्मों और गीतों को चुना है जो मेरे दिल के क़रीब रहे हैं। इन गानों पर लिखने की यात्रा ने मुझे भी भीतर से बदला है। अब तक मैं सिर्फ़ ये गाने सुनता था, उनकी फ़िल्मों से परे। ये मेरे लिए स्वतंत्र गीत थे। इस यात्रा ने मुझे अहसास दिलाया कि ये अपनी पटकथा में कितने गहरे धँसे गीत हैं। इनके पीछे कितनी गहरी विचार-प्रक्रिया, कल्पनाशीलता और भावनात्मक वितान है। मैं शैलेन्द्र को नमन करते हुए आपको सौंप रहा हूँ 'उम्मीदों के गीतकार शैलेन्द्र'।

—यूनुस ख़ान

'तीसरी कसम' गायक- मुकेश

सजन रे झूठ मत बोलो
खुदा के पास जाना है।
न हाथी है न घोड़ा है
वहाँ पैदल ही जाना है।

तुम्हारे महल चौबारे
यहीं रह जाएँगे सारे
अकड़ किस बात की प्यारे
ये सर फिर भी झुकाना है! सजनरे....

भला कीजे भला होगा
बुरा कीजे बुरा होगा
बही लिख लिख के क्या होगा
यहीं सब कुछ चुकाना है! सजनरे ---

लड़कपन खेल में खोया
जवानी नींद भर सोया
बुढ़ापा देख कर रोया
वही किस्सा पुराना है! सजनरे ---

हम न रहेंगे, तुम न रहोगे फिर भी रहेंगी निशानियाँ

—श्री 420, 1955

मौसम बीता जाए

♫

22 अप्रैल, 1949 को राजकपूर की फ़िल्म 'बरसात' रिलीज़ हुई थी। इस फ़िल्म से रजत-पट पर शैलेन्द्र ने अपने अल्फ़ाज़ को धड़काना शुरू किया था। वे अपनी मर्ज़ी से नहीं आए थे, उनके हालात उन्हें इस चमकीली दुनिया में ज़बर्दस्ती लाए थे। उन्हें अन्दाज़ा भी नहीं था कि न सिर्फ़ उनके शब्द सेल्युलॉइड को सजाएँगे बल्कि कुछेक बार वे ख़ुद भी रुपहले परदे पर नज़र आएँगे। 1953 आते-आते शैलेन्द्र बहुत सारी फ़िल्मों में गाने लिख चुके थे और एक क़ाबिल गीतकार के तौर पर ख़ुद को स्थापित कर चुके थे। पर अब उनके जीवन में एक बहुत अहम फ़िल्म दस्तक देनेवाली थी।

तक़रीबन इन्हीं दिनों जनवरी 1952 में मुम्बई में भारत का पहला अन्तरराष्ट्रीय फ़िल्म समारोह आयोजित किया गया था और इसके वर्ल्ड पैनोरामा में 'वितोरियो दे सीका', 'रॉबर्तो रोज़ेलिनी' जैसे इतालवी नव-यथार्थवादी फ़िल्मकारों की फ़िल्में दिखाई गई थीं। इसी समारोह में बिमल रॉय ने अपने साथियों के साथ 'वितोरियो दे सीका' की 1948 में बनी नव-यथार्थवादी फ़िल्म 'द बाईसाइकिल थीव्ज़' देखी थी, कुरोसावा की 'रोशोमन' देखी थी। इन फ़िल्मों का उन पर बहुत गहरा असर पड़ा था। बस से लौटते हुए बिमल रॉय ने अपने सहयोगियों से सवाल किया, 'हम ऐसी फ़िल्में क्यों नहीं बना सकते?' ऋषिकेश मुखर्जी ने कहा, 'आप बनाइए ना।' बिमल रॉय ने फिर सवाल किया, 'कौन लिखेगा?' ऋषिकेश मुखर्जी का जवाब था, 'मैं लिखूँगा।' 'दो बीघा ज़मीन' की पटकथा वाक़ई ऋषिकेश मुखर्जी ने लिखी। संवाद पॉल महेन्द्र ने लिखे। इस तरह तय हो गया कि बिमल रॉय अपनी फ़िल्म-कम्पनी शुरू करेंगे और उनकी पहली फ़िल्म बहुत यथार्थवादी, गाढ़ी और प्रभावी

होनी चाहिए। कहानी की खोज शुरू की गई। दो बरस पहले 1950 में जब बिमल रॉय कोलकाता से मुम्बई आए थे तो उनके साथ आए उनकी टोली के साथी फ़िल्म एडीटर ऋषिकेश मुखर्जी, पटकथा लेखक नबेन्दु घोष, सहायक निर्देशक असित सेन, सिनेमेटोग्राफ़र कमल बोस और कुछ समय बाद आए संगीतकार सलिल चौधरी। ज़ाहिर है कि ये सभी रचनात्मक लोग एक साथ होते थे। सबसे दिलचस्प बात ये है कि बिमल रॉय की इस टोली के सभी सदस्य आगे चलकर हिन्दी सिनेमा के सबसे चमकीले नक्षत्र बने और सिनेमाई इतिहास का कितना कालजयी काम इनके हिस्से में दर्ज हुआ।

सलिल दा ने गुरुदेव रवीन्द्रनाथ टैगोर की बहुत ही मार्मिक कविता 'दुई बीघा जोमी' पर एक कहानी लिखी थी 'रिक्शावाला।' ये एक किसान की कहानी है जो 235 रुपये कमाने के लिए कोलकाता में ठोकरें खाता रहता है ताकि क़र्ज़ चुकाकर अपनी 'दो बीघा ज़मीन' बचा सके लेकिन औद्योगीकरण का महाराक्षस उसकी ज़मीन और उसका सुकून निगल लेता है। ये कहानी किसी बांग्ला फ़िल्म के लिए लिखी गई थी। बिमल रॉय के सबसे क़रीबी ऋषिकेश मुखर्जी ने सलिल चौधरी से ये कहानी 'रिक्शावाला' सुनी और कहा कि इसे बिमल दा को सुनाया जाए। उस समय बिमल रॉय किसी काम से कोलकाता आए हुए थे। उन्हें सलिल चौधरी ने कहानी सुनाई। बिमल दा ने सुनकर कोई प्रतिक्रिया नहीं दी, बस इतना कहा—'कल सुबह आकर मिलो।' जब सलिल चौधरी अगली सुबह पहुँचे तो पता चला कि बिमल रॉय मुम्बई लौट चुके हैं। पर हफ़्ते-भर बाद बिमल दा ने एक टेलीग्राम भेजा और सलिल चौधरी से फ़ौरन मुम्बई आकर मिलने को कहा। और इस तरह बिमल रॉय ने यह फ़िल्म बनाने का फ़ैसला किया था। यही फ़िल्म संगीतकार सलिल चौधरी के मुम्बई आने की वजह भी बनी थी।

'दो बीघा ज़मीन' से भारत में समानान्तर सिनेमा आन्दोलन की शुरुआत मानी जाती है। इसकी पटकथा ऋषिकेश मुखर्जी ने लिखी थी जिन्होंने आगे चलकर कई बेमिसाल फ़िल्में बनाईं और देश में 'मिडिल ऑफ़ द रोड' सिनेमा का मार्ग प्रशस्त किया...यानी मनोरंजन के साँचे में ढली मध्यवर्गीय जीवन से जुड़ी दिलचस्प कहानियाँ। 'दो बीघा ज़मीन' पूरी तरह यथार्थवादी सिनेमा था, जिसे किसी कारोबार या मुनाफ़े के तहत नहीं बनाया गया था। ऐसी फ़िल्म के लिए बतौर गीतकार शैलेन्द्र को चुना गया। सलिल चौधरी की तरह शैलेन्द्र भी 'इप्टा' से आते थे, उनका झुकाव जगज़ाहिर था। मज़दूरों और मज़लूमों के

लिए लिखे गए उनके गीत इप्टा में जोशो-ख़रोश से गाए जाते थे—

तू ज़िन्दा है तो ज़िन्दगी की जीत में यक़ीन कर
अगर कहीं है स्वर्ग तो उतार ला ज़मीन पर
ये ग़म के और चार दिन, सितम के और चार दिन
ये दिन भी जाएँगे गुज़र, गुज़र गए हज़ार दिन
कभी तो होगी इस चमन पर भी बहार की नज़र
अगर कहीं है स्वर्ग तो उतार ला ज़मीन पर॥
तू ज़िन्दा है॥
ज़मीं के पेट में पली अगन, पले हैं ज़लज़ले
टिके न टिक सकेंगे भूख रोग के स्वराज ये
मुसीबतों के सर कुचल, बढ़ेंगे एक साथ हम
अगर कहीं है स्वर्ग तो उतार ला ज़मीन पर॥
तू ज़िन्दा है॥

बुरी है आग पेट की, बुरे हैं दिल के दाग़ ये
न दब सकेंगे, एक दिन बनेंगे इंक़लाब ये
गिरेंगे ज़ुल्म के महल, बनेंगे फिर नवीन घर
अगर कहीं है स्वर्ग तो उतार ला ज़मीन पर॥
तू ज़िन्दा है॥

शैलेन्द्र ने मई 1965 में 'धर्मयुग' में प्रकाशित अपने आत्म-परिचय 'मैं, मेरा कवि और मेरे गीत' में लिखा भी है—

> मशीनों के तानपूरे पर गीत गाते हुए भी सामाजिक विषमता पर नज़र जाए बिना न रह सकी। तनख़्वाह के दिन कारख़ाने के दरवाज़े पर जहाँ मिठाई और कपड़े की दुकानों का मेला लगता था, वहाँ पठान और महाजन अपना सूद ऐंठ लेने के लिए खड़े रहते थे। आदमी निकला और गर्दन पकड़ी। देश के बहुत से लोग उधार और मदद पर ही ज़िन्दगी गुज़ार रहे हैं। ग़रीबी मेरे देश के नाम के साथ जोंक की तरह चिपटी है।

'दो बीघा ज़मीन' क़र्ज़ के बोझ तले पिस रहे किसान को रुला देनेवाली कहानी है और इस फ़िल्म के गीतों के लिए शैलेन्द्र सबसे सही चुनाव थे। वो अपनी शुरुआत से ही बतौर कवि शोषितों की व्यथा कह रहे थे। उन्होंने अपनी कविता 'इतिहास' में मज़दूरों और किसानों की बेहाली पर बेबाकी से लिखा था—

खेतों में, खलिहानों में
मिल और कारख़ानों में,
चल-सागर की लहरों में
इस उपजाऊ धरती के
उत्तप्त गर्भ के अन्दर,
कीड़ों से रेंगा करते
वे ख़ून पसीना करते
वे अन्न अनाज उगाते,
वे ऊँचे महल उठाते,
कोयले, लोहे, सोने से

धरती पर स्वर्ग बसाते,
वे पेट सभी का भरते
पर ख़ुद भूखों मरते हैं!

'दो बीघा ज़मीन' अपनी जड़ों से काट दिए गए, अपनी ज़मीन से बेदख़ल कर दिए गए और ज़बर्दस्ती मज़दूरी पर विवश एक किसान के जीवन की विकट यातना को दिखाती है। यहाँ से बिमल रॉय और शैलेन्द्र के साथ का एक रचनात्मक सफ़र शुरू होता है। सिनेमा के आकाश पर इस साथ ने बहुत सारे चमकीले गीत रचे हैं। बिमल रॉय प्रोडक्शन की 'नौकरी', 'मधुमति', 'यहूदी', 'परख', 'बन्दिनी', 'परिवार', 'उसने कहा था' जैसी फ़िल्मों में शैलेन्द्र के कुछ ऐसे गीत हैं, जो जीवन की राहों पर जब-तब हमारे हमसफ़र बन जाते हैं। फ़िल्मों के रुपहले संसार को इन दोनों ने मिलकर सार्थकता का आयाम दिया है। बिमल रॉय की इस फ़िल्म ने शैलेन्द्र को गीतकारी के लिए 'दो बीघा ज़मीन' दी जो ख़ूब उपजाऊ थी, इसमें शब्दों के ऐसे फूल खिले, उम्मीदों की ऐसी किरणें चमकीं जिनकी महक और चमक आज तक कायम है। 'दो बीघा ज़मीन' की शुरुआत एक नैरेशन से होती है—

> लगातार दो बरस से बरखा नहीं हुई, खेत सूख गए। पेड़ों के पत्ते तक मुरझाकर झर गए। आकाश में बादलों का नाम तक नहीं। देश-भर में हाहाकार मच गया। लेकिन सभी दुखों का अन्त होता है। फिर से आकाश में बादल उमड़ आए...

और इसके फ़ौरन बाद आता है—*हरियाला सावन ढोल बजाता आया।* सलिल चौधरी विलक्षण संगीतकार थे। इस गाने का ओपनिंग म्यूज़िक और कोरस सुनिए—*हुर तग तग तग तग तग तगिन तगिन गिन रे।* इसे सुनकर उमंग की लहर दौड़ पड़ती है मन में। ये उम्मीदों का गीत है। निराशा की अँधेरी खोह में आशा के दीये की हल्की-सी चमक है। ग़ौर करनेवाली बात ये है कि अपनी पूरी गीत-यात्रा में शैलेन्द्र उम्मीदों के गीतकार नज़र आते हैं। वो घनघोर निराशा में भी उम्मीद का दामन नहीं छोड़ते। उम्मीदों की फ़सल शैलेन्द्र के गीतों में जगह-जगह लहलहाती नज़र आती है। 1954 में आई फ़िल्म 'नौकरी' के एक गीत में वे लिखते हैं—

घिरा है अँधेरा तो जगमग सुनहला सवेरा भी होगा
दहकते चमन में महकती बहारों का डेरा भी होगा
जो लौटी हैं साँसें तो लौटेंगे दिन भी हमारे
ओ मन रे, न ग़म कर ये आँसू बनेंगे सितारे॥

'हरियाला सावन' उम्मीदों की फ़सल का गीत है। ये हरी-भरी फ़सल की उम्मीदों का गीत भी है। दो बरस तक पड़े अकाल के बाद आसमान में बादल छाए और घनघोर बारिश शुरू हो गई है। किसान झूम उठे हैं। बारिश के आने भर से उन्हें ये आस बँधी है कि अब बुरे दिन ख़त्म हो जाएँगे। अब वे अपने लिए मेहनत कर पाएँगे। अपनी धरती का चेहरा और अपना जीवन सँवार पाएँगे—

हरियाला सावन ढोल बजाता आया
धिन-तक-तक मन के मोर नचाता आया
मिट्टी में जान जगाता आया
धरती पहनेगी हरी चुनरिया
बनके दुल्हनिया

अकाल की आग ख़त्म हुई। लहू की आग कायम है। खेतों में अनाज उगाने की ललक कायम है। इन्तज़ार था कि बारिश हो और बाज़ू फड़कें। ज़मींदार की बेगारी छोड़कर अपने खेतों में पसीना बहाया जाए। बारिश अपने साथ इन ग़रीबों की दुनिया में रूमानियत भी लाई है। शैलेन्द्र कितनी ख़ूबसूरती से आगे की बात कहते हैं—

इक अगन बुझी, एक अगन लगी
मन मगन हुआ, इक लगन लगी॥

सबसे अच्छे फ़िल्मी गाने वह होते हैं जो कहानी को आगे बढ़ाते हैं, जो निर्देशक की बात कहते हैं, उसके नज़रिये को उजागर करते हैं। शैलेन्द्र 'दो बीघा ज़मीन' के गीतों (और दूसरी कई फ़िल्मों के गीतों) में बख़ूबी ये काम करते हैं—

बैठ न तू मन मारे
आ गगन तले, क्या पवन चले
आ जा मिल जुल के गाएँ

जीवन का गीत नया॥
ऐसे बीज बिछा रे
सुख चैन उगे, दुख दर्द मिटे
नैनों में नाचे रे
सपनों का धान हरा॥

इस गाने को गाया है लता मंगेशकर, मन्ना डे और साथियों ने। फ़िल्मी गीतों की यात्रा इकहरी नहीं होती। वे अपनी फ़िल्मों या उनकी कहानियों के भीतर से उगते ज़रूर हैं, पर उनकी अपनी एक उड़ान भी होती है। ये उड़ान हमारे मन में होती है। फ़िल्मी गीत हमारे मन, हमारे जीवन में समाए होते हैं। तभी तो आम ज़िन्दगी के कितने ऐसे मौक़े होते हैं जब हम अनजाने में ही गुनगुना उठते हैं। जाने कब कौन-सा गीत होंठों पर तैर आएगा, हमें अन्दाज़ा नहीं होता। बस यूँ लगता है कि ये गाना हमारे लिए लिखा गया था। ये बोल हमारी ज़िन्दगी के हैं—*ऐसे बीज बिछा रे, सुख चैन उगे दुख दर्द मिटे, नैनों में नाचे रे सपनों का धान हरा*—1953 में इस गाने के आने के बाद से अब तक न जाने कितने किसानों ने, कितने लोगों ने इसे अपनी बात समझकर गुनगुनाया होगा। उनकी उम्मीदों की फ़सल इस गाने में झलकी होगी। सलिल चौधरी ने इस फ़िल्म के तीन गीतों में कोरस का अद्भुत इस्तेमाल किया है। ये कोरस किसानों और मज़दूरों की सामूहिकता का प्रतीक है। उनके मिले-जुले संघर्ष, उनकी साझा व्यथा का ऐलान है।

ये आज़ादी के ठीक बाद का भारत है। छह बरस हुए हैं आज़ाद हुए। कहते हैं कि ज़ुल्म करनेवाले अंग्रेज़ चले गए हैं। अब ये हमारा वतन है। हमारी ज़मीन है। हमारा मुल्क़ है। अब सब बेहतर होगा। हमें मिलकर देश का निर्माण करना है। अब ग़रीबों की दुनिया बेहतर बनेगी। गाँव बेहतर होंगे। अब हम खुलकर जी सकते हैं। आज़ाद हवा में साँस ले सकते हैं। 'दो बीघा ज़मीन' का शम्भू (बलराज साहनी) अपनी पत्नी पारो (निरूपा राय) से कहता है—

> अबकी फ़सल अच्छी हो गई तो नत्थूराम सुनार से तेरी वो पायल की जोड़ी छुड़ा लाऊँगा। जब तू मेरे लिए खाना लाएगी तो दूर से रुनझुन की आवाज़ आएगी, बड़ा मज़ा आएगा।

उम्मीदों की यह फ़सल, कभी लहलहा ही नहीं पाती। इससे पहले ही सख़्त ज़िन्दगी की कड़क धूप सब कुछ सुखा डालती है। शम्भू पर क़र्ज़ है। औद्योगीकरण का बनैला राक्षस क़र्ज़ के बहाने उसकी ज़मीन लील लेना चाहता है। किसान को विस्थापित कर देना चाहता है। उद्योगों को हरे-भरे खेतों में मुस्कुराता-गुनगुनाता किसान नहीं, मज़दूर चाहिए। मामूली तनख़्वाह में अपनी मेहनत बेचनेवाला मजबूर मज़दूर। शम्भू इंसाफ़ की उम्मीद में अदालत तक जाता है। उसे तीन महीने का वक़्त दिया जाता है या तो क़र्ज़ चुकाए या ज़मीन गँवाए। सुना है कि कलकत्ता में मेहनत करके पैसे कमाने की सम्भावनाएँ बहुत हैं। शम्भू वहाँ जाने का फ़ैसला करता है। उसे उम्मीद है कि उसकी कल्पना के परे अनन्त तक फैला ये महानगर उसे इतनी गुंजाइश तो देगा कि वो पसीना बहाकर अपने हिस्से के महज़ 235 रुपये कमा सके और अपनी 'दो बीघा ज़मीन' बचा सके। शम्भू एक पोटली बाँधकर कलकत्ता जाने के लिए निकला है। हमेशा के लिए नहीं जा रहा है वह। बस पैसे कमाकर वापस लौटना है ताकि क़र्ज़ चुके और ज़मीन अपनी हो। गाँव के किसान अपनी-अपनी ज़मीन पर बीज बिछा रहे हैं, इस उम्मीद में कि *सुख चैन उगे दुख दर्द मिटे, नैनों में नाचे रे सपनों का धान हरा।*

इधर पारो की आँखें धार-धार बरस रही हैं, 'क्या जाने, मन जैसे बार-बार कह उठता है, कि मैं फिर तुम्हें कभी नहीं देख सकूँगी।' शम्भू के बढ़ते क़दम... पारो की धार-धार आँखें और एक किसान की पुकार—

भाई रे, गंगा और जमुना की गहरी है धार,
आगे या पीछे सबको जाना है पार॥

शैलेन्द्र के इन बोलों का ताना-बाना भले दार्शनिक है पर यहाँ असल में वे ऐलान कर रहे हैं कि गंगा और जमुना की धार को छोड़कर आगे या पीछे सबको...हर गाँव वाले को उस पार शहर जाना ही होगा। गाँवों से पलायन की निर्मम आँधी में तिनका बनकर उस पार उड़ जाना ही उसका प्रारब्ध होगा। अपनी जड़ों से कट जाना उसकी हक़ीक़त होगी। बिमल रॉय ने इसी पंक्ति से फ़िल्म 'दो बीघा ज़मीन' का अन्त भी किया है। मन्ना डे की आर्त पुकार आती है—*भाई रे...!!!* और दर्शकों के मन में अनकहे बोल गूँज उठते हैं—*आगे या पीछे सबको जाना... ।* शम्भू के बढ़ते क़दम और किसानों का ये गीत—

धरती कहे पुकार के, बीज बिछा ले प्यार के
मौसम बीता जाए।
अपनी कहानी छोड़ जा
कुछ तो निशानी छोड़ जा
कौन कहे इस ओर
तू फिर आए न आए
मौसम बीता जाए॥

पारो के भय और अघटित अनिष्ट को लेकर उसकी आशंका की पुकार है—*कौन कहे इस ओर, तू फिर आए न आए।* ये आशंका प्रार्थना और उम्मीद में बदल जाती है और लता मंगेशकर के धुले-धुले मासूम स्वर में गाती है—

तेरी राहों में कलियों ने नैन बिछाए
डाली-डाली कोयल काली तेरे गीत गाए
अपनी कहानी छोड़ जा, कुछ तो निशानी छोड़ जा
कौन कहे इस ओर तू फिर आए न आए
मौसम बीता जाए।

कौन कहे इस ओर तू फिर आए न आए—फ़िल्म की कहानी, उसके समय और उसके किरदारों के पार निकलकर वास्तविक जीवन के कई मौक़ों पर बार-बार गूँजती है शैलेन्द्र की ये पंक्ति हमारे मन में। पढ़ाई या नौकरी के लिए घर से निकलते हुए लड़के या लड़की के ज़ेहन में गूँजती है—*कौन कहे इस ओर, तू फिर आए न आए*—एक शहर से दूसरे शहर तबादले पर चले परिवार के ज़ेहन में गूँजती है यही पंक्ति। सुनहरे भविष्य की तलाश में दूसरे मुल्क़ जा रहे बच्चों के बुज़ुर्ग माता-पिता की आँसुओं से भीगी ख़ामोशी एयरपोर्ट पर गुनगुनाती है—*कौन कहे इस ओर, तू फिर आए न आए।* आधुनिक जीवन की बदहवासी में घट रहे हर तरह के विस्थापन को शैलेन्द्र ने शब्द दिए हैं अपनी इस एक पंक्ति में। फ़िल्मी गाने हमारे रोज़ बदलते सतरंगी जीवन के नेपथ्य-गीत बन जाते हैं।

शैलेन्द्र आशाओं के गीतकार हैं। इस गाने में पिरोए गाढ़े जज़्बात के बीच वे फ़ौरन आशाओं की तान छेड़ते हैं—

ओ भाई रे...
नीला अम्बर मुस्काए
हर साँस तराने गाए
हाय तेरा दिल क्यों मुरझाए
मन की बंसी पे तू भी
कोई धुन बजा ले भाई
तू भी मुस्कुरा ले॥

शम्भू गाँव छोड़ने से पहले एक भीगी नज़र अपनी 'दो बीघा ज़मीन' पर डालता है और शिथिल क़दमों से आगे चल पड़ता है। गूँज रही हैं मन्ना डे और कोरस की आवाज़ें—*मौसम बीता जाए, मौसम बीता जाए।* भारत में नव-यथार्थवादी सिनेमा का जो मुहावरा बिमल रॉय जैसे फ़िल्मकारों ने गढ़ा, सुचिन्तित रूप से गाने पिरोकर उसके असर को कितना सान्द्र किया है, इसकी जीती-जागती मिसाल है ये गीत।

सलिल चौधरी ने ख़ुद अपने इंटरव्यू में स्वीकार किया है कि उन्होंने इस गाने की धुन रूस की मशहूर 'रेड आर्मी' के गीत 'Polyushka Polye' से प्रेरित होकर बनाई थी, जिसके संगीतकार थे लेव निपर। सलिल चौधरी ने इसमें बस एक सुर शुद्ध गान्धार से कोमल गान्धार कर दिया था ताकि इसमें राग भैरवी की एक झलक आ जाए। ज़ाहिर है कि ये गीत शैलेन्द्र ने 'ट्यून' पर रचा होगा। एक ख़ास ट्यून को उसके तंग दायरे में अर्थपूर्ण और सरोकार वाले शब्दों का जामा पहनाना वैसे भी मुश्किल काम है। गीतकार शैलेन्द्र के हुनर को सलाम कर लीजिए कि ये गाना सिर्फ़ उनकी कल्पना और कविता की उड़ान नहीं है, एक धुन के अनुशासन में एक क़ाबिल गीतकार की उड़ान है। इस दायरे में रहकर वे *मन की बंसी पे तू भी, कोई धुन बजा ले भाई* और *कौन कहे इस ओर, तू फिर आए न आए* जैसी पंक्तियाँ देते हैं।

शम्भू कोलकाता पहुँच जाता है और शुरुआती तौर पर वह एक कुली का काम करता है। ऊँची इमारतों, भीड़ के सैलाब और झिलमिलाती रोशनियों वाला शहर कोलकाता। 'दो बीघा ज़मीन' में शम्भू के कोलकाता पहुँच जाने के बाद मज़दूरों का एक गीत आता है। दिन-भर की कड़ी मेहनत के बाद सारे मज़दूर अपनी बस्ती में जमा होते हैं और थकान मिटाने के लिए गाना गाते हैं—*अजब तोरी दुनिया हो मोरे रामा, ग़ज़ब तोरी दुनिया।* 'दो बीघा ज़मीन'

का ये गाना पूँजीवादी समाज पर तीखा प्रहार करता है। एक गीतकार के रूप में यह शैलेन्द्र की शख़्सियत को उभारनेवाला गाना है। उनके मन का गीत। यहाँ मज़दूर मिलकर गा रहे हैं—

अजब तोरी दुनिया हो मोरे रामा
क़दम-क़दम देखी भूल-भुलैया
ग़ज़ब तोरी दुनिया॥
कोई कहे जग झूठा सपना
पानी की बुलबुलिया हो
हर किताब में अलग-अलग है
इस दुनिया की हुलिया हो
सच मानो या इसको झूठी मानो
बेढब तोरी दुनिया॥

शैलेन्द्र उन गीतकारों की जमात का हिस्सा हैं जिन्होंने फ़िल्म की कहानी और किरदारों के दायरे में रहकर अपनी सामाजिक प्रतिबद्धता, अपने सरोकारों का ऐलान किया है। इस गीत को वे मज़दूर गा रहे हैं, जो आज़ाद भारत के शुरुआती दौर में अपने-अपने गाँवों से निकलकर शहरों की ओर आने को मजबूर हो गए हैं। वे अपने कमरों में नर्म बिस्तर पर सो रहे सम्भ्रान्त समाज के सामने ऐलान करते हैं कि तुम्हारी दुनिया बेढब है। हमारी और तुम्हारी दुनिया अलग-अलग है। इस दुनिया में हमारी मेहनत की कोई क़दर नहीं है—

परबत काटे, सागर पाटे, महल बनाए हमने
पत्थर पे बगिया लहराई, फूल खिलाए हमने
हो के हमारी, हुई न हमारी
अलग तोरी दुनिया हो मोरे रामा॥

शैलेन्द्र का यह गीत प्रगतिशील कविता की ऊँचाई है। *हो के हमारी, हुई न हमारी, अलग तोरी दुनिया हो मोरे रामा* जैसी पंक्ति कलेजे पर तीर की तरह लगती है। 1952-53 में उन्होंने जब इस गीत को रचा होगा तब की दुनिया आज से कितनी अलग रही होगी पर आज जिस वक़्त मैं ये लिख रहा हूँ, मुम्बई की बहुमंज़िला इमारत के अपने घर की खिड़की से देख पा रहा हूँ कि सामने एक प्लॉट पर चालीस मंज़िल की चार इमारतें खड़ी की जा

रही हैं। भारी-भरकम डरावनी क्रेनें और बाक़ी मशीनें तैनात हैं और वहाँ भोर के उजाले से रात के अँधेरे तक मज़दूर लगातार जुटे रहते हैं। उनके रहने के लिए एक क़तार में अस्थायी झोंपड़ियाँ बना दी गई हैं। वहीं बाहर कभी उन्हें नहाते, कपड़े सुखाते, खाना खाते देखा जा सकता है। काम पूरा होते ही मज़दूरों की टोली किसी और इलाक़े के किसी दूसरे प्लॉट पर गगनचुम्बी इमारत खड़ी करने चली जाएगी। कभी आते-जाते कोई मज़दूर अपने बच्चों से कहेगा इस बिल्डिंग को बनाने में उसका भी योगदान था। सत्तर साल बाद भी मामला वहीं-का-वहीं है—*हो के हमारी हुई न हमारी, अलग तोरी दुनिया हो मोरे रामा॥*

बिमल रॉय ने फ़िल्म में इस अन्तरे के बाद एक संवाद डाला है। अपनी इमारत की बालकनी से बाहर झाँककर एक सेठ मज़दूरों को झिड़कता है, 'ऐ बन्द करो ये गाना-वाना।' फ़िल्म के दायरे में यहाँ शैलेन्द्र को मौक़ा मिला है अपने समय और समाज पर ज़ोरदार प्रहार करने का, हालात पर तंज़ कसने का। अपनी गीत-यात्रा में कोई मौक़ा शैलेन्द्र ने छोड़ा नहीं है आम आदमी के साथ खड़े होने का।

दया-धरम सब कुछ बिकता है लोग लगावें बोली
मुश्किल है हम जैसों की, ख़ाली है जिनकी झोली
जब तेरे बन्दों की जान बिके ना
है तब तोरी दुनिया हो मोरे रामा॥
अजब तोरी दुनिया... ॥

कुली का काम कर रहे शम्भू को एक बीमार रिक्शावाला अपना रिक्शा दे देता है और इस तरह गाँव से शहर आया एक किसान रिक्शावाला बन जाता है। कोलतार की सड़कों पर दौड़ता मेहनतक़श। उसका बेटा बूट-पॉलिश करनेवाला बन जाता है। दोनों मेहनत करके पैसे कमाते हैं और एक दिन अड़तालीस रुपये आठ आने का एक मनीऑर्डर गाँव पहुँचता है, जिसमें शम्भू पारो को ये भी लिखता है कि तुम मुझे चिट्ठी लिखना। चिट्ठी लिखवाने पारो ठकुराइन के पास जाती है। ठकुराइन अपने बेटे को सुलाने के लिए एक लोरी गा रही है।

शैलेन्द्र की गीत-यात्रा में लोरियाँ और बच्चों के गीत भी ख़ूब आते हैं। बच्चों से जुड़े अपने हर गीत में शैलेन्द्र दुनिया के बदलने और बेहतर समाज रचने के अपने सपने की बात करते हैं—

आ जा री आ, निंदिया तू आ
झिलमिल सितारों से उतर
आँखों में आ सपने सजा।

इस गाने में शैलेन्द्र ये कल्पना करते हैं कि दुनिया एक रंग में रंग गई है मानो समाजवाद आ गया है। अब कोई भेदभाव नहीं है। सबके हक़ एक हैं दुनिया में इंसाफ़ है। कोई सताया हुआ या मज़लूम नहीं है। कितना अद्‌भुत है ये अन्तरा—

सोई कली, सोया चमन, पीपल तले सोई हवा
सब रंग गए इक रंग में तूने क्या जादू किया
आ जा री आ निंदिया तू आ॥

'दो बीघा ज़मीन' में मीना कुमारी शैलेन्द्र की रची एक लोरी भर में नज़र आती हैं। असल में वे बिमल रॉय के लिए 'परिणीता' में काम कर रही थीं और जब उन्होंने इस फ़िल्म के बारे में जाना तो इसका हिस्सा बनने की इच्छा ज़ाहिर की। फ़िल्म के एडिटर और पटकथा लेखक ऋषिकेश मुखर्जी की राय पर बिमल रॉय ने उन्हें ठकुराइन की एक छोटी-सी भूमिका दी, जिसमें वो लोरी गाती हैं और पारो के लिए उसके पति को चिट्‌ठी भी लिखती हैं—

संसार की रानी है तू राजा है मेरा लाड़ला
दुनिया है मेरी गोद में, पूरा हुआ सपना मेरा
आ जा री आ निंदिया तू आ॥

शैलेन्द्र और बिमल रॉय के साथ का पहला क़दम बनी 'दो बीघा ज़मीन।' शैलेन्द्र के लिए ये कोई आसान फ़िल्म नहीं रही होगी। एक साधारण-सी सिचुएशन है कि एक किसान पैसे कमाने और अपना क़र्ज़ चुकाने की कोशिश में शहर का रुख़ करता है, जिस पर शैलेन्द्र ने *नीला अम्बर मुस्काए, हर साँस तराने गाये, हाय तेरा दिल क्यों मुरझाए* जैसी उम्मीद भरी पंक्तियाँ गढ़ लीं निर्देशक ने सिर्फ़ यह बताया होगा कि गाँव में बारिश हो रही है, उम्मीद की बारिश कि दो बरस के सूखे के बाद अबकी अच्छी फ़सल होगी। और शैलेन्द्र ने सिचुएशन की इस ज़मीन पर लफ़्ज़ों के कितने सुनहरे फूल खिलाए—

बैठ न तू मन मारे
आ गगन तले देख पवन चले
आजा मिल-जुल के गाएँ जीवन का गीत नया
ऐसा बीज बिछा रे, सुख चैन उगे दुख-दर्द मिटे
नैनों में नाचे रे, सपनों का धान हरा
हरियाला सावन ढोल बजाता आया॥

एक मामूली सिचुएशन, शहर में मज़दूरी करने आए मेहनतक़श फ़ुटपाथ पर रात को मिलकर गाना गा रहे हैं। यहाँ कुछ भी लिखा जा सकता था पर शैलेन्द्र सिनेमा के माया-लोक में यथार्थ की खुरदरी कलम लेकर आए कुशल चितेरे थे। उन्होंने कहा—

परबत काटे, सागर पाटे, महल बनाए हमने
पत्थर पे बगिया लहराई, फूल खिलाए हमने
हो के हमारी हुई न हमारी, अलग तोरी दुनिया
हो मोरे रामा॥

'दो बीघा ज़मीन' अगर बिमल रॉय का रचा शाहकार है तो उसे शैलेन्द्र ने अपने गीतों और सलिल चौधरी ने अपने संगीत से एक अलग आयाम दिया है। इस फ़िल्म के गाने इसके तेवर को और तीखा करते हैं। यह शैलेन्द्र की कामयाबी है, उनका हुनर है। भारत सरकार ने 1954 में फ़िल्म पुरस्कारों में 'ऑल इंडिया सर्टिफिकेट ऑफ़ मेरिट' नामक एक पुरस्कार शुरू किया था। सबसे पहले यह पुरस्कार 'दो बीघा ज़मीन' को ही मिला था। इसी साल फ़िल्मफ़ेयर पुरस्कार भी शुरू हुए और इस फ़िल्म को सर्वश्रेष्ठ फ़िल्म और सर्वश्रेष्ठ निर्देशक का फ़िल्मफ़ेयर पुरस्कार मिला। इसने कांस फ़िल्म समारोह में 'पाम डी ओर' भी जीता था। इसके अलावा कार्लोवी-वैरी फ़िल्म समारोह में इसे सामाजिक प्रगति पर आधारित फ़िल्म का पुरस्कार भी मिला था।

'दो बीघा ज़मीन' बलराज साहनी के जीवंत अभिनय के लिए भी याद की जाती है लेकिन बलराज इस फ़िल्म के लिए पहली पसन्द नहीं थे। बिमल रॉय इस फ़िल्म को जयराज या त्रिलोक कपूर के साथ बनाना चाहते थे पर जब उन्होंने 1951 में फ़िल्म 'हम लोग' में बलराज साहनी का अभिनय देखा तो बहुत प्रभावित हुए। हालाँकि लोगों ने विरोध किया कि बलराज एक सम्भ्रान्त

और सौम्य व्यक्ति नज़र आते हैं, ग़रीब किसान या रिक्शावाला वे कैसे दिखेंगे। पर बिमल रॉय के इस फ़ैसले का नतीजा आपके सामने है। यह फ़िल्म बलराज साहनी के करियर की एक प्रतिनिधि फ़िल्म बन गई। इस फ़िल्म के लिए बलराज साहनी ने अपना वज़न भी घटाया था और हाथ-रिक्शा खींचने का ज़ोरदार अभ्यास भी किया था।

और अब आख़िरी दृश्य की बात। शम्भू, पारो और बेटा कन्हैया एक बाड़ के उस पार खड़े हैं।

> कन्हैया कहता है—'माँ वो देखो जहाँ से धुआँ उठ रहा है न,
> वहाँ अपना मकान था'
> पारो कहती है—'और वहाँ मेरी रसोई थी।'

बहुत कम लोग जानते हैं कि 'दो बीघा ज़मीन' के संवाद अभिनेता पॉल महेन्द्र ने लिखे थे। उन्होंने 'बन्दिनी', 'सुजाता' और 'नौकरी' जैसी फ़िल्मों के संवाद भी रचे। 'दो बीघा ज़मीन' के ये आख़िरी संवाद, कलाकारों के चेहरे के भाव कलेजा चीर डालते हैं। ज़ेहन में शैलेन्द्र की पंक्ति गूँजती है—*हो के हमारी, हुई न हमारी, अलग तोरी दुनिया हो मोरे रामा।* एक परिवार अपनी 'दो बीघा ज़मीन' से विस्थापित हो चुका है। अनजान, पथरीली राहों पर चल पड़ा है। शैलेन्द्र ने इन्हीं के लिए लिखा था—*कौन कहे इस ओर तू फिर आए न आए, मौसम बीता जाए।*

तेरी आँखों में ये दुनियादारी न थी

♫

राजकपूर चार्ली चैप्लिन से प्रभावित थे। 1951 में उन्होंने 'आवारा' के ज़रिये अपना एक मैनेरिज़्म रचा था। भारत के एक सीधे-सादे आम आदमी का किरदार, जिसे हालात अपने कुचक्र में फँसा लेते हैं। एक आदर्शवादी नौजवान—जो भोला है, सच्चा है, मददगार है, भावुक है लेकिन समाज के ख़ूनी बेरहम पंजे उसे अपने साँचे में ढाल लेना चाहते हैं। उनकी फ़िल्मों के मुख्य किरदार का संघर्ष यही रहा है। कहीं-न-कहीं ये किरदार 1915 में आई चार्ली चैप्लिन की फ़िल्म 'द ट्रैम्प' से प्रभावित है। ग़ौरतलब है कि अपने समय की रूमानी और सामाजिक फ़िल्मों के दायरे में न बँधकर राजकपूर ने मुद्दों पर आधारित फ़िल्मों का रास्ता चुना और इस कोशिश में उनके लिए एक मज़बूत स्तम्भ बने—ख़्वाजा अहमद अब्बास। 'आवारा' उन्हीं की लिखी फ़िल्म थी। देश को आज़ाद हुए महज़ चार बरस हुए थे। बेरोज़गारी और मुफ़लिसी का आलम था, साम्प्रदायिकता का कैक्टस उग रहा था, पर आम जनता को उम्मीद थी कि अब अंग्रेज़ों के क्रूर, अत्याचारी शासन से निकलकर हमारे लोग हमारे लिए एक कल्याणकारी राज्य बनाएँगे। रहने को घर होगा, रोज़गार होगा, शिक्षा होगी, स्वास्थ्य सुविधाएँ होंगी। ये हमारा मुल्क है, जहाँ हमें सुकून से जीना है।

जब उम्मीदें टूटती हैं तो बाहर नहीं भीतर बहुत शोर होता है। सपने टूट रहे थे। हलचल मचने लगी थी। 'आवारा' वो फ़िल्म है जिसने शैलेन्द्र को गीतकारी की दुनिया की ओर ज़बर्दस्ती खींचा था। कहते हैं कि शैलेन्द्र परेल में रेलवे वर्कशॉप में बतौर फ़ोरमैन काम कर रहे थे। फ़िल्मों में लिखने का मन न था पर राजकपूर उन्हें ज़बर्दस्ती ले गए थे ख़्वाजा अहमद अब्बास के

घर, 'आवारा' की कहानी सुनने। सुनने के बाद उन्होंने पूछा, 'क्यों कविराज, क्या समझ आया।' तो शैलेन्द्र ने कहा—

आवारा था,
या गर्दिश में था
आसमान का तारा था॥

'आवारा' के गीत शैलेन्द्र और हसरत जयपुरी की टीम ने लिखी पर जो गीत सारी दुनिया के लिए एक 'एंथम', एक 'जनगीत' बन गया, वो था इस फ़िल्म का शीर्षक गीत—

आबाद नहीं बर्बाद सही
गाता हूँ ख़ुशी के गीत मगर
ज़ख़्मों से भरा सीना है मेरा
हँसती है मगर ये मस्त नज़र

दुनिया, मैं तेरे तीर का
या तक़दीर का मारा हूँ
आवारा हूँ॥

इतने बरस बाद आज भी 'आवारा' का ये गीत दुनिया के न जाने कितने देश गुनगुनाते हैं। 'आवारा' के बाद राजकपूर ने 1955 में बनाई 'श्री 420' जो 'आवारा' की तरह ख़्वाजा अहमद अब्बास की कहानी पर आधारित थी।

यह वो दौर था जब शैलेन्द्र राजकपूर की टोली का एक महत्त्वपूर्ण हिस्सा बन चुके थे। राजकपूर उन्हें कविराज तो कहते ही थे, पुश्किन भी कहते थे। राजकपूर की फ़िल्मों में सहज रूप से शैलेन्द्र की ज़िम्मेदारी विचार पर आधारित गीत रचने की होती थी और इसे कई दशकों तक उन्होंने बख़ूबी निभाया। 'श्री 420' के पहले ही गाने में शैलेन्द्र लिखते हैं—

मेरा जूता है जापानी, ये पतलून इंग्लिस्तानी
सर पे लाल टोपी रूसी, फिर भी दिल है हिन्दुस्तानी॥
निकल पड़े हैं खुली सड़क पर, अपना सीना ताने
मंज़िल कहाँ, कहाँ रुकना है, ऊपर वाला जाने
बढ़ते जाएँ हम सैलानी जैसे इक दरिया तूफ़ानी
सर पे लाल टोपी रूसी, फिर भी दिल है हिन्दुस्तानी॥

शैलेन्द्र इस गाने में फ़िल्म की स्क्रिप्ट के दायरे में रहकर आज़ाद भारत के शुरुआती दौर की तसवीर खींचते हैं। जूता जापानी, पतलून इंग्लिस्तानी, टोपी रूसी और दिल हिन्दुस्तानी शैलेन्द्र की बारीक समझ की निशानी है और साथ ही एक बहुत तीखा तंज़ है, भारत के तब के हालात पर। यहाँ शैलेन्द्र अपने शिल्प और सरोकारों के ज़रिये एक फ़िल्मी गीत को कविता की ऊँचाई तक ले जाते हैं। कहीं कोई मंज़िल नहीं, रास्ता नहीं इसके बावजूद वो आगे बढ़ते रहने की बात करते हैं—

ऊपर-नीचे नीचे-ऊपर लहर चले जीवन की
नादां है जो बैठ किनारे, पूछे राह वतन की
चलना जीवन की कहानी, रुकना मौत की निशानी
सर पे लाल टोपी रूसी, फिर भी दिल है हिन्दुस्तानी॥

शैलेन्द्र इस गीत में जहाँ जीवन का ज़रूरी दर्शन बाँटते चलते हैं वहीं राजनीतिक चेतना की उँगली भी थामते हैं। वे लोकतंत्र में एक आम आदमी की ताक़त और उसके विश्वास को दिखाते हैं। वह दर्शाते हैं कि ये जो लुटा-पिटा-पिसा आम आदमी है—ये लोकतांत्रिक व्यवस्था में कभी भी निर्णायक बन सकता है। 1955 में लिखी इन पंक्तियों को आज़ाद भारत के हम नागरिक बीते पाँच-छह दशकों में जाने कितनी बार यथार्थ बनते देख चुके हैं—

होंगे राजे-राजकुँवर, हम बिगड़े दिल शहज़ादे
हम सिंहासन पर जा बैठें, जब-जब करें इरादे
सूरत है जानी-पहचानी, दुनिया वालों को हैरानी
सर पे लाल टोपी रूसी, फिर भी दिल है हिन्दुस्तानी॥

एक बेरोज़गार नौजवान शहर जाना चाहता है। कोई गाड़ी उसे लिफ़्ट नहीं देती। वो सड़क पर बेहोश होने का नाटक करता है और एक गाड़ी में पनाह मिलती है। पर सच बोलते ही उसे फिर से सड़क पर फेंक दिया जाता है। सेठ सोनाचन्द धर्मानन्द उसे डाँटता हुआ कहता है—'जाओ तुम हमारी दया के योग्य नहीं, अगर अपना जीवन सुधारना चाहते हो तो आज से प्रतिज्ञा करो कि झूठ नहीं बोलोगे, धोखा नहीं दोगे, हमेशा सच बोलोगे।' राज समझ चुका है कि झूठ बोलने में मज़ा है और सच बोलने में सज़ा।

'श्री 420' कहानी है एक भोले-भाले नौजवान की, जो अपनी पढ़ाई-लिखाई, क़ाबिलियत और अपने मेडल्स के साथ आँखों में मासूम सपने लिये अरब सागर के किनारे बसे महानगर मुम्बई में आता है। 420 किलोमीटर का सफ़र तय करके मायानगरी बम्बई पहुँचे राज को एक चालाक भिखारी शुरू में ही ज़िन्दगी की हक़ीक़त समझा देता है—

> इनके कान कुछ नहीं सुन सकते सिवाय रुपयों की झंकार के। ये बम्बई है मेरे भाई बम्बई। यहाँ बिल्डिंगें बनती हैं सीमेंट की और इनसानों के दिल पत्थर के। यहाँ सच बोलकर पेट भरने का रास्ता ढूँढ़ने से नहीं मिलता और झूठ बोलकर पैसे बनाने के रास्ते हैं चार सौ बीस।
>
> राज जवाब देता है—ठीक है बॉस, थैंक्यू। आज मैंने तुमसे बहुत कुछ सीखा।

ये सीख और बम्बई की बदमाशियों के थपेड़े राज को पूँजीवादी व्यवस्था के चंगुल में फँसा डालते हैं। उसे शोषित से शोषक बना डालते हैं। 'श्री 420' देखते हुए आपकी सहानुभूति नायक राज के साथ होती है, पर धीरे-धीरे वो शोषित से शोषक बनता चला जाता है और ये फ़िल्म आपको डिस्टर्ब करती चली जाती है। आप राज से नफ़रत करने लगते हैं।

ख़्वाजा अहमद अब्बास और राजकपूर ने 'श्री 420' में ये दिखाने की कोशिश की है कि मौजूदा समाज में सिर्फ़ सच और ईमानदारी के रास्ते पर चलकर ज़िन्दगी नहीं बिताई जा सकती। तरक़्क़ी नहीं की जा सकती। फ़िल्म के लगभग शुरुआती हिस्से में पुराने सामानों की दुकान पर दुकानदार चाचा उससे पूछता है—

> ऐ मिस्टर, तुम्हारे को अपना ईमान बेचने का है या गिरवी रखने का है।

राज मेडल हाथ में लेकर कहता है—

> चाहता तो था कि इसे बेच ही डालूँ। हमेशा के लिए इससे छुटकारा पाऊँ। लेकिन ख़ैर...इस वक़्त आप इसे गिरवी ही रख दीजिए।

नौकरी की आस में इस महानगर में पहुँचे राज का सामना यहाँ की बदमाशियों, चालाकियों और क्रूरता से होता है। उसके पैसे छिन जाते हैं। उसके पास रहने का कोई ठौर-ठिकाना नहीं है। वो हर तरह से लुट चुका है। सागर किनारे के इस शहर की धोखेबाज़ी और बेरहमी ने उसे पस्त कर दिया है। यहाँ केले वाली गंगा माई यानी ललिता पवार की वजह से उसे फ़ुटपाथ पर पनाह मिलती है और यहाँ रहनेवाले कामगार उस पर आत्मीयता का सागर लुटाने लगते हैं। कोई चाय लाता है, कोई भजिए। फ़ुटपाथ पर रहनेवाले ये तमाम लोग, राज को गाना गाने को कहते हैं। कोई डफली की थाप छेड़ देता है, और इस तरह शुरू होता है 'दो बीघा ज़मीन' की तरह अँधेरी रात के सन्नाटे में फ़ुटपाथ पर मौजूद कामगारों का एक और गीत। 'दो बीघा ज़मीन' की तरह यहाँ भी सभ्य समाज को ग़रीबों के आधी रात को गाने से तकलीफ़ है।

इस फ़िल्म में शैलेन्द्र ने दो शानदार जनगीत दिए हैं। फ़ुटपाथ पर डफली

बजाते हुए राज अपने बारे में बताते हुए एक गीत गाता है। राज की ज़िन्दगी और उसके इन अनुभवों को शैलेन्द्र ने कुछ इस तरह शब्द दिए हैं—

दिल का हाल सुने दिल वाला
सीधी-सी बात न मिर्च-मसाला
कह के रहेगा कहने वाला
दिल का हाल सुने दिल वाला॥

शंकर-जयकिशन ने क्या शानदार पैकेजिंग की है इस गाने की अपने ऑर्केस्ट्रेशन से। शंकर-जयकिशन वो संगीतकार जोड़ी है जिसने न सिर्फ़ हिन्दी सिनेमा के गानों और उनके व्याकरण को बदला बल्कि फ़िल्मों के पार्श्व-संगीत को भी बहुत समृद्ध बनाया। उनके कितने ही गाने उनकी पिछली फ़िल्मों के पार्श्व में बजती धुनों से आए हैं। इस गाने को मन्ना डे ने गाया है। *सीधी-सी बात न मिर्च-मसाला/ कह के रहेगा कहने वाला*' जैसी पंक्तियाँ शैलेन्द्र ने भले 'श्री 420' के किरदार राज के लिए लिखी हैं पर उनकी आदत रही है अपने दिल की बात फ़िल्म के किरदारों की ज़ुबाँ से कहलवाना। कहीं-न-कहीं यह शैलेन्द्र का अपना आत्मकथ्य भी है। यह उनकी ज़िन्दगी पर पूरी तरह खरा उतरता है। इसलिए ये पंक्तियाँ बहुत मायने रखती हैं। बहुत बाद में 1968 में फ़िल्म 'दीवाना' के एक गीत में उन्होंने लिखा—

पते की बात कहेगा
कहेगा जब भी दीवाना
मेरी सूरत पे न जाना
जो न तलवार से होगा, वो पल में प्यार से होगा
न कर पाएँगे जो लाखों, वो इक दिलदार से होगा
सभी से प्यार निभाना, है अपना चलन पुराना
पते की बात कहेगा॥

यहाँ 'दीवाना' का ज़िक्र इसलिए कि अपने करियर की शुरुआत से लेकर अन्त तक शैलेन्द्र बिना मिर्च-मसाले के सीधी-सी बात कहते रहे। 'दीवाना' शैलेन्द्र के देहावसान के एक बरस बाद रिलीज़ हुई थी। फ़िल्म की शुरुआत में लिखा आता है—

ये फ़िल्म स्वर्गीय शैलेन्द्र को समर्पित है, एक महान गीतकार, एक महान दोस्त, एक शानदार व्यक्ति।

ज़रा सोचिए 'श्री 420' में फ़ुटपाथ की दिलदार टोली एक नये आए व्यक्ति को पनाह देती है और उससे उसका परिचय पूछती है, तुम कौन हो, कहाँ से आए हो, किसलिए आए हो...शायद यही वो 'वन-लाइनर' रहा होगा जिस पर शैलेन्द्र ने इस गीत की भाव-भूमि तैयार की—

छोटे से घर में ग़रीब का बेटा
मैं भी हूँ माँ के नसीब का बेटा
रंजो-ग़म बचपन के साथी
आँधियों में जली जीवन-बाती
भूख ने है बड़े प्यार से पाला
दिल का हाल सुने दिलवाला
सीधी-सी बात न मिर्च-मसाला...

राज बिना पैसों के केले बेचनेवाली गंगा से केले लेता है, इस वादे के साथ कि वो पैसे चुका देगा। जब आगे बढ़ता है तो एक भूखा-नंगा बच्चा नज़र आता है। दो केलों में एक वो उसे खिला देता है। यही राज आगे गाता है—*भूख ने है बड़े प्यार से पाला।* वो अपने दिल का हाल बिना किसी मिर्च-मसाले के कह रहा है। एक पटकथा के एक किरदार को ये गाना बाक़ायदा इंट्रोड्यूस कर रहा है। उसकी कहानी कह रहा है। राज अपनी ज़िन्दगी में झेले तमाम थपेड़ों को यहाँ इस गीत के ज़रिये बयाँ कर रहा है—

हाय करूँ क्या सूरत ऐसी
गाँठ के पूरे चोर के जैसी
चलता-फिरता जान के इक दिन
बिन देखे पहचान के इक दिन
बाँध के ले गया पुलिस वाला
दिल का हाल सुने दिल वाला॥

अब शैलेन्द्र सरकारी अमले और पुलिस की तानाशाही पर क्या ज़ोरदार प्रहार करते हैं? क्या हिन्दी फ़िल्मी-गीतों में आपको ऐसी दूसरी कोई मिसाल

नज़र आती है जहाँ एक ही गाने में पूँजीवाद, अफ़सरशाही, तानाशाही और पुलिस के ज़ुल्मों और ग़रीब जीवन के अभावों पर एक साथ बेबाक टिप्पणियाँ की गई हों। यहाँ शैलेन्द्र के लिए 'अद्भुत' शब्द अपने अर्थों में कितना सीमित नज़र आता है। एक गीतकार के तौर पर वो इससे कितने आगे, कितने असीम और कितने संवेदनशील हैं, ये शब्द लिखते हुए मेरी आँखें छलक-छलक पड़ती हैं और सिर सम्मान से झुक जाता है—

बूढ़े दरोग़ा ने चश्मे से देखा
आगे से देखा पीछे से देखा
ऊपर से देखा नीचे से देखा
बोले ये क्या कर बैठे घोटाला
हाय ये क्या कर बैठे घोटाला
ये तो है थानेदार का साला
दिल का हाल सुने दिल वाला॥

इस गाने का अगला अन्तरा अपने गीत के भीतर शैलेन्द्र के धारदार व्यंग्य की बानगी है। यहाँ शैलेन्द्र बड़ी साफ़गोई से कह रहे हैं कि आज़ाद भारत में एक आम आदमी की ज़िन्दगी के सुकून की राह में पूँजीवाद टाँग अड़ाए खड़ा है। समाजवाद की राह में रोड़ा है ये—

ग़म से अभी आज़ाद नहीं मैं
ख़ुश हूँ मगर आबाद नहीं मैं
मंज़िल मेरे पास खड़ी है
पाँव में लेकिन बेड़ी पड़ी है
टाँग अड़ाता है दौलत वाला
दिल का हाल सुने दिल वाला॥

देखा जाए तो शैलेन्द्र का यह गीत फ़िल्म के दायरे से निकलकर एक जनगीत बन चुका है। अगले अन्तरे के जुमले *बिन मौसम मल्हार न गाना* या *आधी रात को मत चिल्लाना* सिर्फ़ आधुनिक जीवन के मुहावरे नहीं हैं, ये हमारे समय और समाज पर तीखी टिप्पणी है। इन पंक्तियों के मौजूदा समय के बरअक्स परखिए और देखिए शैलेन्द्र की प्रासंगिकता। इससे मिलती-जुलती सिचुएशन बिमल रॉय की फ़िल्म 'दो बीघा ज़मीन' के गाने *अजब तोरी दुनिया*

में भी आती है जहाँ सेठ चिल्लाता है—'ऐ बन्द करो ये गाना।' दो अलग-अलग शैली वाले फ़िल्मकारों का दुनिया को एक ही नज़र से देखने का सुखद-संयोग है यह। दोनों शैलेन्द्र के ही गीत हैं। शैलेन्द्र एक फ़िल्मी गीतकार की ज़िम्मेदारी को बख़ूबी निभाते हैं और बात इल्मी करते हैं। उनका गाना पटकथा का कितना गहरा हिस्सा है, उसे इस डफली गीत के अन्तरे से समझिए—

सुन लो मगर ये किसी से न कहना
तिनके का लेके सहारा न बहना
बिना मौसम मल्हार न गाना
आधी रात को मत चिल्लाना
वरना पकड़ लेगा पुलिस वाला
दिल का हाल सुने दिल वाला।

इसके बाद सचमुच पुलिस आ जाती है और भगदड़ मच जाती है। इस मायने में यह हिन्दी सिनेमा का अनूठा गीत है जो एक तरफ़ जीवन के यथार्थ को बयाँ करता है, तो दूसरी तरफ़ एक किरदार की पूरी बनावट, उसके विचारों और तकलीफ़ों को क़िस्सागोई की शैली में बयाँ करता है। इस गाने को बारीकी से सुनें तो पाएँगे कि हालात पर कितने तीखे तंज़ किए हैं शैलेन्द्र ने।

ज़िन्दगी की राहों में राज की मुलाक़ात विद्या से होती है, जो एक छोटा-सा स्कूल चलाती है। शुरुआत तकरार से होती है, जो बाद में प्यार में बदल जाती है। वह विद्या को बच्चों को गाना गाते हुए सिखाते देखता है और ख़ुद भी इस पहेली में शामिल हो जाता है—

ईचक-दाना बीचक-दाना
दाने ऊपर दाना
छत के ऊपर लड़की नाचे
लड़का है दीवाना
ईचक-दाना॥

हिन्दी सिनेमा के ऐसे गीतों में इस गाने का शुमार होता है जो हमारी आम ज़िन्दगी में रच-बस गए हैं। इसे हसरत जयपुरी ने लिखा है। आप महसूस कर सकते हैं कि शैलेन्द्र और हसरत की टीम के गाने कैसे किसी फ़िल्म को सजा देते थे, उसे निखार देते थे। यहाँ एक बड़ा महत्त्वपूर्ण संवाद आता

है—'दुनिया को हँसाने-ख़ुश करने के लिए मैंने अपने मुँह पे ये नकली चेहरा लगा रखा है।' ये सीधे चार्ली चैप्लिन की दुनिया से प्रेरित संवाद है। चार्ली के एक मशहूर कथन 'I love walking in the rain because nobody can see my tears' का सहारा लेकर यहाँ राज आगे कहता है—

> सच पूछिए तो दिल का दर्द और आँखों के आँसू छिपाने के लिए
> ये बेवक़ूफ़ मसखरे का भेस बड़े काम की चीज़ है।

इस दृश्य की चर्चा इतने विस्तार से इसलिए क्योंकि इसमें इस फ़िल्म के शैलेन्द्र के आगे के कई गानों के बीज छिपे हैं। राज कहता है—

> इस शहर में मुझे कुछ करना है। कुछ बनना है। जैसे भी हो। जिस ढंग और जिस रास्ते से भी। लेकिन थोड़े दिनों में आप देखिएगा मेरी जेब में पैसे होंगे। मेरे बदन पर एक बढ़िया सूट होगा। इस शहर में मेरा नाम होगा, इज़्ज़त होगी, लोग मुझे दुत्कारेंगे नहीं, मेरी जय-जयकार करेंगे।

...और राज अपना जीवन बदलना शुरू करता है। वो सेठ सोनाचन्द धर्मानन्द के भाषण को टक्कर देते हुए, शानदार अदायगी दिखाते हुए दंत-मंजन बेचना शुरू करता है। पर वो सच बता देता है कि इस दंत-मंजन में क़ोयला और चौपाटी की रेत है और बस उसकी कसके पिटाई होती है। वो समझ जाता है कि कामयाबी का रास्ता पकड़ना है तो ईमानदारी की उँगली छोड़नी होगी।

एक चाय वाला है, जहाँ राज और विद्या चाय पीते हैं। उधारी पर या विद्या के पैसों से। राज चाय के ठीहे पर विद्या के साथ बैठा एक सवाल करता है—'लॉन्ड्री की नौकरी में मुझे सिर्फ़ पैंतालीस रुपये महीना मिलता है। इतने में कोई घर-गृहस्थी का इतना बड़ा बोझ कैसे उठा सकता है।' विद्या के जवाब में उसकी सहमति छिपी है—'अकेले नहीं उठा सकता, मगर दोनों मिलकर उठा सकते हैं।'

प्रेम की सहमति के बाद राज की ज़िन्दगी की यह पहली बारिश है। विद्या भीग रही है, राज छाता खोलकर उस पर तान देता है। अब राज भीग रहा है। विद्या अपना छाता राज के ऊपर तान देती है। अब विद्या भीग रही हैं। दोनों एक ही छाते में आ जाते हैं, ज़िन्दगी की राहों पर आगे की बारिशों को संग-संग झेलने के लिए। पर दोनों के दिलों में सैकड़ों सवाल झिलमिला रहे हैं, इन

सवालों और इनके माकूल जवाबों को शैलेन्द्र ने अपने इस गीत में पिरोया है।

प्यार हुआ इक़रार हुआ है प्यार से फिर क्यों डरता है दिल
कहता है दिल रस्ता मुश्किल, मालूम नहीं है कहाँ मंज़िल॥

अगर कभी हिन्दी सिनेमा के सबसे अच्छे रूमानी-गीतों की फ़ेहरिस्त बनाई जाए, तो यह गीत उसमें काफ़ी ऊपर होगा। अपने बोलों, फ़िल्मांकन और गायकी—तीनों पक्षों में यह गीत अप्रतिम है। हिन्दी सिनेमा का एक कालजयी गीत। अपनी सहजता, सरलता और सरोकारों को निभाते हुए कालजयी बनने की राहों पर जा चुका शैलेन्द्र का एक बेमिसाल गीत। यहाँ प्रेम की असुरक्षा और उसके वायदों को कितनी सुन्दर पंक्तियों में अभिव्यक्त किया है शैलेन्द्र ने—

कहो कि अपनी प्रीत का गीत न बदलेगा कभी
तुम भी कहो इस राह का मीत न बदलेगा कभी
प्यार जो टूटा, साथ जो छूटा, चाँद न चमकेगा कभी
प्यार हुआ...

अच्छे गानों का सफ़र अपनी पटकथा और फ़िल्म से परे चले जाता है। वह हमारे जीवन में दाख़िल हो जाते हैं। कई पीढ़ियों के गीत बन जाते हैं। उनकी निजी अभिव्यक्ति बन जाते हैं। इस गीत को हम सिर्फ़ फ़िल्मी-गीत नहीं कह सकते, हमारे जीवन का गीत है यह। अगले अन्तरे में एक पंक्ति आती है—*रातें दसों दिशाओं से कहेंगी अपनी कहानियाँ* जिस पर संगीतकार जयकिशन की आपत्ति थी कि दर्शक चार दिशाएँ समझ सकते हैं पर दस दिशाएँ कहाँ से आ गईं? शैलेन्द्र ने समझाया कि भारतीय पौराणिक मान्यताओं एवं प्राचीन वास्तु-विज्ञान के अनुसार दस दिशाएँ होती हैं और उन्होंने इस शब्द को बदलने से इनकार कर दिया था—

रातें दसों दिशाओं से कहेंगी अपनी कहानियाँ
गीत हमारे प्यार के दोहराएँगी जवानियाँ
मैं न रहूँगी, तुम न रहोगे फिर भी रहेंगी निशानियाँ॥

इस गाने की एक पंक्ति—*मैं न रहूँगा, तुम न रहोगे, फिर भी रहेंगी निशानियाँ* को नये अर्थ देने के लिए फ़िल्मांकन में राजकपूर ने अपने तीन

बच्चों—रणधीर कपूर, ऋषि कपूर और रितुवंदा को शामिल किया था। तीनों इस गाने में रेनकोट पहने, एक-दूसरे की उँगली पकड़े चलते नज़र आ रहे हैं।

यहाँ से राज की ज़िन्दगी का एक बड़ा मोड़ आता है। वह सनलाइट लॉन्ड्री में आए इस्त्री के कपड़े पहुँचाने एक घर में जाता है। इत्तेफ़ाक़ से यहाँ पत्ते खेलने के उसके हुनर का ख़ुलासा हो जाता है। फ़िल्म की लेखकीय सूझबूझ देखिए, इस मायावी किरदार का नाम है माया—

> भूल जाओ कि तुम्हारी तनख़्वाह सिर्फ़ पैंतालीस रुपये है। मैं तुम्हें एक नया जीवन देना चाहती हूँ। तुम इस वक़्त राजकुमार हो, अमीर हो, दौलतमन्द हो, तुम जहाँ भी जाओगे लोग तुम्हारी इज़्ज़त करेंगे। देखते जाओ, मैं तुम्हें कहाँ से कहाँ पहुँचाती हूँ—जहाँ दौलत है, इज़्ज़त है, ऐशो-आराम है। आज मैं तुम्हारे लिए एक नई दुनिया के दरवाज़े खोल रही हूँ।

...और इस तरह राजकुमार 'विद्या' को छोड़कर 'माया' के शिकंजे में जकड़ जाता है—

मुड़-मुड़के न देख मुड़-मुड़के
ज़िन्दगानी के सफ़र में तू अकेला ही नहीं है
हम भी तेरे हमसफ़र हैं।
आए-गए मंज़िलों के निशाँ
लहरा के झूमा-झुका आसमाँ
लेकिन रुकेगा न ये कारवाँ
मुड़-मुड़ के न देख...

असल में राज अब राजकुमार बन गया है। वो अपने पत्तों के जादू से एक ही रात में बेशुमार पैसे बनाने लगा है। वो सेठ सोनाचन्द के हाथों का खिलौना है। उसने एक ख़्वाब देखा है—'थोड़े दिनों में आप देखिएगा मेरी जेब में पैसे होंगे। मेरे बदन पर एक बढ़िया सूट होगा, लोग मुझे दुत्कारेंगे नहीं, मेरी जय-जयकार करेंगे।' वो अब इसी ख़्वाब को पूरा करने बढ़ चला है—

नैनों से नैना जो मिला के देखे
मौसम के साथ मुस्कुरा के देखे

दुनिया उसी की है जो आगे देखे
मुड़-मुड़ के न देख...

एक ईमानदार पढ़ा-लिखा नौजवान जिसने दुनिया की ठोकरें खाईं—अब वो बेईमानी के रास्ते पर चल पड़ा है, उसे अपने प्यार के ज़लील होने की परवाह भी नहीं। 'विद्या' की भी परवाह नहीं। शैलेन्द्र कैसे सिचुएशन को ख़ूबसूरती से गीतों में ढालते थे, इसकी मिसाल हैं ये पंक्तियाँ—

दुनिया के साथ जो बदलता जाए
जो इसके साँचे में ही ढलता जाए
दुनिया उसी की है जो चलता जाए
मुड़-मुड़ के न देख...

'श्री 420' का जो गीत मुझे सबसे प्रभावी और ज़रूरी लगता है वह है *रमैया वस्ता वैया।* 'रमैया वस्ता वैया' तेलुगू भाषा का जुमला है जिसका मतलब है—'ऐ इधर आओ।' मुझे बताया गया है कि असल में तेलुगू में किसी को भी पुकारते हुए 'रमैया' कहने का चलन आम है या आम रहा था। संगीतकार जोड़ी शंकर-जयकिशन की जोड़ी के शंकर की ज़िन्दगी का एक बड़ा हिस्सा हैदराबाद में बीता, वो तेलुगू जानते भी थे। कहते हैं कि एक बार शैलेन्द्र जब शंकर के साथ किसी रेस्त्राँ में चाय पीने गए तो वहाँ उन्होंने शंकर को ये कहते सुना—'रमैया वस्ता वैया'...उनके मुँह से बरबस ये निकल गया—'मैंने दिल तुझको दिया।' और इस तरह एक गीत का जन्म हुआ। पर ये कोई इकहरा गाना नहीं है। फ़िल्म की स्क्रिप्ट में इस गाने की जो जगह है, उसने गानों में कई परतों का समावेश कर दिया है।

विद्या इसी चाय वाले के यहाँ अकेली चाय पी रही है। राज अपनी गाड़ी में आता है। विद्या जान चुकी है कि राज पैसों के लिए बेईमानी की राह पर बहुत आगे बढ़ गया है। वो बड़ी कातरता से राज को धोखेबाज़ और चार सौ बीस कहती है—

— ज़रा सोचो इस दुनिया में तो साँस लेने के लिए भी पैसा चाहिए।
— जाओ उसी राजमहल होटल में, जहाँ तुमने अपनी

इनसानियत बेची है, वहीं से अपनी पसन्द की मोहब्बत
भी ख़रीद लो।

राज होटल पहुँचता है। वहाँ माया (नादिरा) क्रिसमस पार्टी में डान्स कर रही है। शंकर-जयकिशन के बेमिसाल पार्श्व-संगीत और राधू कर्माकर के मानवीय कैमरावर्क ने चमक-दमक की इस दुनिया को (बिना किसी संवाद के) कितना भयावह, कितना क्रूर दिखाया है। ये ठीक वैसे ही है जैसे ऊँची-ऊँची इमारतों का विशाल जमघट देखकर आपके ज़ेहन में एक भय व्याप्त हो जाता है। चमकीले मॉल या धुआँ उगलते कारख़ाने और उनकी चिमनियाँ आपको धरती की छाती पर उगे छालों की तरह लगती हैं। राज पैसों की इस भयावह वहशी दुनिया को देखकर अकबकाकर वहाँ से भाग निकलता है। वो बदहवासी में सड़क पर चल रहा है। पृष्ठभूमि में शंकर-जयकिशन का प्रभावी संगीत इसे एक दु:स्वप्न की तरह प्रस्तुत करता है और इस ख़ौफ़नाक मंज़र के बीच उभरती है मोहम्मद रफ़ी की विकल तान। एक बहुत अतीन्द्रिय सपनीले इंट्रोडक्शन म्यूज़िक के साथ शुरू होता है इस फ़िल्म का शानदार गीत—

रमैया वस्ता वैया, रमैया वस्ता वैया
मैंने दिल तुझको दिया, मैंने दिल तुझको दिया

क़रीब 6 मिनट के इस गाने को कभी भी सुनूँ मन में विकलता का समुद्र लहराता है। आँखें भीग उठती हैं। कितनी बार ऐसा होता है कि आप कहीं पहुँच चुके हैं पर आपको लगता है कि गाना ख़त्म हुए बिना ये पहुँचना पूरा नहीं होगा। आप रुकते हैं, गाना ख़त्म होता है और आप एक ख़ालीपन के साथ आगे बढ़ जाते हैं, मानो किसी सपने, किसी ख़याल से बाहर ज़िन्दगी की हक़ीक़त में लौट आए हैं। गानों की फ़िल्म से अलग अपनी एक स्वतंत्र यात्रा होती है, जहाँ वो निजी रूप से आपके होते हैं। आपके अपने गाने।

कभी-कभी इस गाने के साथ मुझे मैथिलीशरण गुप्त की पंक्तियाँ याद आती हैं—

हम कौन थे, क्या हो गए और क्या होंगे अभी
आओ विचारें आज मिलकर ये समस्याएँ सभी॥

समय और सपनों ने राज को जिस तरह बदल दिया है, उसे इस बात का

पूरा अहसास है। जीवन में सब कुछ आ रहा है, पर फिर भी बहुत कुछ छूट रहा है। ये वो जीवन तो नहीं जिसे वह जीना चाहता था...राज के मन में उठा यह सवाल जीवन में अलग-अलग मोड़ पर सबके मन में उठना ही चाहिए—

नैनों में थी प्यार की रोशनी
तेरी आँखों में ये दुनियादारी न थी
तू और था तेरा दिल और था
तेरे मन में ये मीठी कटारी न थी
मैं जो दुख पाऊँ तो क्या
आज पछताऊँ तो क्या
मैंने दिल तुझको दिया...

झोंपड़पट्टी के लोग झूमकर नाच रहे हैं और कैमरा व्यथित राज को दिखाता है। इस गीत में पुरुष और स्त्री के बीच जो सवाल-जवाब हैं वह राज के भीतर नैतिकता के संगीन सवाल खड़ा करते हैं। वह अपने भीतर झाँक रहा है। उलझन में है—

उस देस में तेरे परदेस में
सोने चाँदी के बदले में बिकते हैं दिल
इस गाँव में, दर्द की छाँव में
प्यार के नाम पर ही धड़कते हैं दिल
चाँद-तारों के तले रात ये गाती चले
मैंने दिल तुझको दिया
रमैया वस्ता वैया...

विद्या अपने दिल की बात अगले अन्तरे में कहती है—

याद आती रही दिल दुखाती रही
अपने मन को मनाना न आया हमें
तू न आए तो क्या भूल जाए तो क्या
प्यार करके भुलाना न आया हमें
वहीं से दूर से ही तू भी ये कह दे कहीं
मैंने दिल तुझको दिया, मैंने दिल तुझको दिया॥

और राज सचमुच ये कह ही उठता है। उस पर सबकी नज़र पड़ती है। उसकी अपनी दुनिया के लोग, फ़ुटपाथ के लोग उसे प्यार से गले लगा रहे हैं। उसकी निगाहें किसी को खोज रही हैं। गाना उसे आईना दिखा रहा है, जैसे हम सबको दिखाता है। वो अपनी बात कहता है—

रस्ता वही और मुसाफ़िर वही,
एक तारा न जाने कहाँ छुप गया
दुनिया वही, दुनिया वाले वही,
कोई क्या जाने किसका जहाँ लुट गया
मेरी आँखों में रहे, कौन जो मुझसे कहे,
मैंने दिल तुझको दिया...

लता मंगेशकर, मुकेश और मोहम्मद रफ़ी का गाया ये गाना क़रीब तीन घंटे की इस फ़िल्म के आख़िरी आधे घंटे में आता है, इस मायने में हम इसे क्लाइमेक्स गीत भी कह सकते हैं। आज क्लाइमेक्स को कितना प्लास्टिक और योजनाबद्ध बना दिया जाता है, उसके बरअक्स यहाँ कितनी सादगी है, सच्चे और ईमानदार जज़्बात की नमी है। एक संघर्ष है पूँजी वाले जीवन या जीवन की पूँजी के बीच का। कोरस और इस गाने के इंटरल्यूड इसे और बड़ा बनाते हैं। गाने में अलग-अलग मोड़ों पर रफ़ी और लता की जैसी सपनीली तान है—डफ़, रिदम, बाक़ी साज़ों का तिलिस्म और गाढ़ा, बहा ले जानेवाला कोरस...ये सब कहा-अनकहा इस गाने को कालजयी बनाता है। 'विद्या' और 'माया' के बीच बँटी दुनिया को आईना दिखानेवाला यह गीत फ़िल्म के किरदारों को ही नहीं हम सबको आत्मबोध कराता है। हमारी ख़ुद से मुलाक़ात करवाता है और इसलिए महान है।

छोटा-सा घर होगा बादलों की छाँव में

♫

बचपन से ही हम सब अपना घर बनाने का ख़्वाब देखते हैं। गुड्डे-गुड़ियों के खेल में घर बनाना, समन्दर या नदी के किनारे जाकर रेत का महल बनाना हम सबका शग़ल रहा है। जब हम ड्रॉइंग करना सीखते हैं तो भी हम सबसे पहले सपनों के घर का चित्र बड़े जतन से उकेरते हैं। अपना घर बनाने की इच्छा शायद मनुष्य की सबसे आदिम इच्छाओं में से एक है। मुम्बई आने के बाद शैलेन्द्र रेलवे के माटुंगा वर्कशॉप में काम करते थे और परेल में रेलवे के एक छोटे से दड़बेनुमा क्वार्टर में रहते थे। मेरे ज़ेहन में ये सवाल उठता है, क्या कभी समन्दर वाले इस शहर में अपना एक अदद घर होने का सपना देखा होगा उन्होंने?

अरब सागर के किनारे बसा, आसमान को चूमता यह शहर हमेशा से संघर्षों का शहर रहा है। सिकुड़कर जीनेवाला शहर। सब कुछ है यहाँ सिवाय जगह के। बेघर लोगों का शहर। यहाँ के फ़ुटपाथों, पुलों, बग़ीचों, मैदानों, रेलवे स्टेशनों—हर जगह पर लोग रात काटते मिल जाएँगे। कुछ ऐसी सड़कें हैं जहाँ लोग टैक्सी या ऑटो एक क़तार में पार्क करके सो जाते हैं, अगली सुबह फिर काम पर निकलने के लिए। पैसे बचाते हैं गाँव भेजने के लिए। यहाँ की झोंपड़ियों और चॉलों के तंग दायरों में धड़कता हुआ जीवन नज़र आएगा। ख़्वाब पलते नज़र आएँगे। शैलेन्द्र ने अपनी एक कविता 'नई-नई शादी है' में एक मज़दूर की कथा रची है। यह कविता उनके संग्रह 'न्योता और चुनौती' में संगृहीत है। मुम्बई में काम करनेवाले एक मज़दूर की गाँव में शादी हुई है। पत्नी के साथ दो दिन रहने के बाद वो मुम्बई लौटा है। अब मुम्बई में अपनी गृहस्थी बसाने के ख़्वाब देख रहा है। पर यहाँ तो घर लेने के लिए एडवांस,

दलाली, किराए या क़र्ज़ का जुगाड़ करना होता है। ऐसे में मजबूर होकर वह अकेले ही रहने का फ़ैसला करता है—

दृष्टि फेर कर अब देखा है
मुझ जैसे लाखों हैं मुम्बा नगरी में।
निपट निराश्रय काट रहे हैं
जीवन धूल भरी डगरी में।
घर छोड़ा है, दर छोड़ा है।
यहाँ मिलों में सस्ते दामों में
अपना सर्वस बेचा है।
दर छूटे बीवी और बच्चों के जीवन से
बैरंग चिट्ठी, मनीऑर्डर, दो पैसे के काग़ज़ से ही
अपने जीवन को जोड़ा है।

ज़ाहिर है कि शैलेन्द्र का भी ख़्वाब रहा होगा अपने घर का और फ़िल्म

'बरसात' के बाद वो ख़्वाब पूरा भी हुआ। कामयाब होने के बाद उन्होंने खार में अपना एक बँगला बनवाया 'रिमझिम' और सांताक्रूज़ में एक फ़्लैट भी ख़रीदा, जहाँ वे अक्सर अपने मित्रों के साथ बैठक भी करते थे। साथ ही गुलज़ार साहब के संस्मरण में एक जगह का ज़िक्र आता है—'बापू निवास'—एक कमरा, किचन और बरामदा, जो उन्होंने एकान्त में बैठकर लिखने के लिए लिया था। यहाँ काफ़ी बैठकी होती और सलिल चौधरी के 'बॉम्बे यूथ कॉयर' की मीटिंग भी होती थी। इस समूह के लिए सलिल चौधरी ने शैलेन्द्र के कुछ गीत स्वरबद्ध किए थे। *इनमें तू ज़िन्दा है तो ज़िन्दगी के गीत पर यक़ीन कर* और *हर ज़ोर ज़ुल्म की टक्कर में हड़ताल हमारा नारा है* जैसे गीत शामिल हैं।

खार में 'रिमझिम' आज भी मौजूद है।

जाने कितनी 'रिमझिम' बरसातें बीतीं, वो लोग न रहे जिनसे गुलज़ार हुआ करता था यह बँगला। जाने कब तक बचा रहेगा, नहीं जानते हम। हमारे यहाँ मशहूर हस्तियों के घरों को बचाने या उन्हें संग्रहालय में बदल देने के संगठित प्रयास भी कहाँ होते हैं! शुक्र इस बात का किया जा सकता है कि उस सड़क के बाहरी सिरे पर 'शैलेन्द्र चौक' का बोर्ड लगा है, जो इशारा करता है कि इस गली में अन्दर जाओ और 'रिमझिम' पर एक नज़र डालो—यही वो आशियाना है जो शैलेन्द्र ने बड़े जतन से बनाया था। 1954 में बिमल रॉय की फ़िल्म 'नौकरी' में शैलेन्द्र ने लिखा—*छोटा-सा घर होगा बादलों की छाँव में...*और जाने कितनी पीढ़ियों के सपने को शब्द दे दिए। इसके कई बरस बाद 1977 में गुलज़ार ने भीमसेन की फ़िल्म 'घरौंदा' के लिए लिखा *दो दीवाने शहर में...आशियाना ढूँढ़ते हैं* यह गाना मोटे तौर पर मुम्बई में युवा पीढ़ी के लिए एक अदद आशियाने की तलाश का गाना बन गया और फिर यह हर शहर में अपना घर ख़रीदने या बनाने का ख़्वाब देखते लोगों का गीत बन गया। फ़र्क़ ये है कि गुलज़ार ने यथार्थ की कड़ियल ज़मीन पर इस गीत का वितान रचा है—

इन भूल-भुलैया गलियों में, अपना भी कोई घर होगा
अम्बर पे खुलेगी खिड़की या खिड़की पे खुला अम्बर होगा

यहाँ किसी तरह एक अदद घर मिल जाने की 'व्यावहारिक' बात है। जबकि शैलेन्द्र का गीत 'सपनों के घर' का गीत है। सपनों का घर वो होता है जिसमें कोई समझौता नहीं होता और शैलेन्द्र के मुताबिक़ वो बादलों की

छाँव में ही हो सकता है। सच यह है कि 'नौकरी' फ़िल्म शैलेन्द्र के गीत *छोटा-सा घर होगा बादलों की छाँव में* के लिए ही जानी जाती है। बहरहाल 'नौकरी' में शैलेन्द्र ने अपने समय और समाज को लेकर कुछ शानदार गीत रचे हैं। इस फ़िल्म के संगीतकार थे सलिल चौधरी, जिनसे शैलेन्द्र का एक ख़ास नाता रहा है। दोनों के घर क़रीब थे और मुलाक़ातें नियमित। रचनात्मक नाता तो था ही। आज़ादी के बाद जिस तरह का मोहभंग हुआ था, बेरोज़गारों की भारी भीड़ तैयार हो रही थी, नौजवान पढ़-लिख तो रहे थे पर नौकरियाँ नहीं थीं। बिमल रॉय ने इसे ही अपनी फ़िल्म का मुद्दा बनाया। इस फ़िल्म में शैलेन्द्र ने लिखा—

एक छोटी-सी नौकरी का तलबगार हूँ मैं
तुमसे कुछ और माँगूँ तो गुनहगार हूँ मैं॥
एक सौ आठवीं अर्ज़ी मेरे अरमानों की
कर लो मंज़ूर कि बेकारी से बेगार हूँ मैं॥

ज़माना कोई भी हो, नौकरी का ख़्वाब बहुत ऊँची पायदान से शुरू होता है। फिर जब वक़्त बीतता चला जाता है तो समझौते शुरू होते हैं, बेसब्री और निराशा शुरू होती है कि कोई भी छोटी-मोटी नौकरी मिल जाए तो गुज़ारा कर लेंगे। शैलेन्द्र ने इस प्रवृत्ति को बड़ी अच्छी तरह से समझा और इस पर तंज़ भी किया। फ़िल्म में नायक रतन नायिका सीमा से कहता है—'एक दिन तो नौकरी मिल ही जाएगी, मैंने बी.ए. किया है कोई घास नहीं काटी है।' ये नहीं पता कि शैलेन्द्र ने संवाद को गाने में शामिल किया या फिर लेखक पॉल महेन्द्र ने गाने की लाइन उठाकर संवाद में पिरो दी। पर चूँकि शैलेन्द्र के गाने फ़िल्म की स्क्रिप्ट के खाद-पानी से ही फलते-फूलते थे तो सम्भावना इस बात की ज़्यादा है कि शैलेन्द्र ने संवाद को गाने की पंक्ति में बदल दिया होगा—

मैं कलेक्टर न बनूँ और न बनूँगा अफ़सर
अपना बाबू ही बना लो मुझे बेकार हूँ मैं
मैंने कुछ घास नहीं काटी, किया बी.ए. पास
ओ समझदार समझ लो कि समझदार हूँ मैं
एक छोटी-सी नौकरी का तलबगार हूँ मैं॥

एक पेशेवर फ़िल्मी गीतकार होते हुए भी शैलेन्द्र यहाँ एक जनकवि की

भूमिका में नज़र आते हैं। 'नौकरी' में शैलेन्द्र ने अपनी गीत-यात्रा का एक बड़ा ही सुनहरा और सपनीला गीत दिया है। अपने एक छोटे-से घर के मासूम ख़्वाब का गीत और इसीलिए आज 70 बरस बाद भी ये गीत जाने कितनी पीढ़ियों के दिलों की आवाज़ बना हुआ है।

परदे पर किशोर कुमार और नूर एक बहुत मामूली से घर में हैं और किशोर कुमार कप और कटोरियों पर चम्मच से जल-तरंग बजा रहे हैं।

छोटा-सा घर होगा बादलों की छाँव में
आशा दीवानी मन में बँसरी बजाए
हम ही हम चमकेंगे तारों के इस गाँव में
आँखों की रोशनी हरदम ये समझाए।

घर में बहन है और माँ भी और इस नौजवान के सारे सपने इनके ही इर्द-गिर्द बुने होते हैं। ये गाना अपनी स्क्रिप्ट में बहुत गहरा धँसा है। यहाँ शैलेन्द्र माँ और बहन से नायक के लगाव की पृष्ठभूमि भी रचते हैं। फ़िल्म में आगे चलकर बहन की मृत्यु हो जाती है और नायक इस हादसे के बाद गहरे सदमे में पहुँचता है—

चाँदी की कुर्सी पर बैठे मेरी ये छोटी बहना
सोने के सिंहासन पर बैठे मेरी प्यारी माँ
मेरा क्या मैं पड़ा रहूँगा अम्मी जी के पाँव में॥

कितनी अद्‌भुत है ये पंक्ति! अपनी माँ को संसार भर का सुख देने की एक मासूम तमन्ना, जिसके रास्ते में है बेरोज़गारी की कड़ी धूप। सलिल चौधरी ने अपने एक इंटरव्यू में बताया था कि उन्होंने बचपन में एक नेपाली दरबान से नेपाली गीत सुना था, जिसकी धुन उन्होंने याद रखी। यानी ये एक नेपाली धुन पर आधारित गीत है। शैलेन्द्र ने यह गीत इसी धुन पर रचा है। इसी रोशनी में यह गाना सुनें तो इसकी कारीगरी के प्रति सम्मान और बढ़ जाता है—

मेरी छोटी बहना नाज़ों की पाली शहज़ादी
जितनी भी जल्दी हो मैं कर दूँगा उसकी शादी
अच्छा है ये बला हमारी जाए दूजे गाँव में॥

संगीतकार सलिल चौधरी ने यहाँ इस गाने में संचारी का इस्तेमाल किया है। संचारी का इस्तेमाल बांग्ला गीतों में बहुत किया जाता रहा है—

कहेगी माँ दुल्हन ला, बेटा घर सूना-सूना है
मन में झूम कहूँगा मैं, माँ इतनी जल्दी क्या है
गली-गली में तेरे राज-दुलारे की चर्चा है
आख़िर कोई तो आएगा इन नैनों के गाँव में
छोटा-सा घर होगा बादलों की छाँव में
आशा दीवानी मन में बँसरी बजाए॥

उम्मीदें और सपने नहीं बदलते, वक़्त बदल जाता है, सदी बदल जाती है। पचास के दशक में एक मध्यवर्गीय नौजवान की उम्मीदों और सपनों का ये नग़मा आज हम सबकी उम्मीदों और सपनों का नग़मा है। आज भी आसान नहीं है बड़े शहरों में (ख़ास तौर पर) अपना एक आशियाना बनाना। क़र्ज़ लेकर घर ख़रीदा जाता है और ज़िन्दगी एक क़र्ज़ में तब्दील हो जाती है। 'नौकरी' के इस गाने में महिला स्वर है शैला बैले का। उनकी आवाज़ किसी अन्य मशहूर गाने में फिर सुनाई नहीं पड़ी। एक और कलाकार का ज़िक्र ज़रूरी है—इस गाने में माउथ-ऑर्गन भानु गुप्ता ने बजाया है। सलिल चौधरी के साथ उनका गहरा नाता रहा है। उन्होंने कई फ़िल्मों में माउथ-ऑर्गन के सुर छेड़े हैं।

फ़िल्म 'नौकरी' इस मायने में भी महत्त्वपूर्ण बन जाती है कि इस फ़िल्म में किशोर कुमार एक गम्भीर भूमिका में हैं। असल में तब तक किशोर दा ने कॉमेडी का अपना मुहावरा नहीं खोजा था। इसके बाद आईं 'बाप रे बाप', 'नई दिल्ली', 'आशा', 'दिल्ली का ठग', 'हाफ़ टिकट' जैसी फ़िल्मों के ज़रिये उन्होंने लोगों को ख़ूब हँसाया। 'नौकरी' उनके संजीदा किरदार वाली फ़िल्मों में से एक है।

रतन नौकरी की तलाश में है और 'बेकार' लॉज में रहता है। बेकार लॉज का मतलब है बेरोज़गार नौजवानों का ठिकाना। फ़िल्म 'नौकरी' में एक तरफ़ जहाँ नौकरी खोजने का सतत संघर्ष दिखाया गया है वहीं दूसरी तरफ़ एक प्रेम-कहानी भी बुनी गई है। सामनेवाले घर में रहनेवाली सीमा लगातार पढ़ती रहती है। उसका पढ़ना-लिखना सब फ़्लैट की बालकनी में होता है। एक दिन जब रतन नौकरी की तलाश में दिन-भर दफ़्तरों के चक्कर काटकर निराश वापस लौटता है तो उसे सीमा के गाने की आवाज़ सुनाई देती है—

झूमे रे कली भँवरा उलझ गया काँटों में
बन-बन घूमे पवन शराबी
गगन कहे चुपके से फूल खिला काँटों में॥
साँझ-सवेरे दिल को घेरे
कौन ये मुझपे जादू फेरे
सब समझावें प्रीत बुरी है
लगन कहे, जीवन का चैन छिपा काँटों में॥
झूमे रे कली॥

इस गाने को गीता दत्त ने गाया है। ये प्रेम की स्वीकारोक्ति का गीत है। 'नौकरी' में शैलेन्द्र ने एक और मज़ेदार प्रयोग किया है। रतन दिन-भर नौकरी के लिए अर्ज़ियाँ टाइप करके भेजता रहता है। उसे सामने रहनेवाली सीमा से प्यार हो गया है, पर उसके ख़ूँखार पिता लगातार निगरानी करते रहते हैं। इसी आँख-मिचौली में रोज़गार तलाश करनेवाला रतन नौकरी की अर्ज़ी की तरह इस बार प्यार की अर्ज़ी लिखता है—

अर्ज़ी हमारी, ये मरज़ी हमारी जो सोचे बिना ठुकराओगे
देखो बड़े पछताओगे।
दिल ही हमारा बचा न बेचारा तो किस पे तीर चलाओगे॥
देखे हैं तुम्हारे सपने, सोची है तुम्हारी बातें
देखा है वो चन्दा जब से, आँखों में गुज़ारी रातें
रुमझुम मन में धूम मचाके हौले-हौले आके
ये आग लगाके जो और कहीं चले जाओगे
देखो बड़े पछताओगे॥

शैलेन्द्र अटूट उम्मीदों के गीतकार हैं। फ़िल्म 'नौकरी' में भी ऐसे ही एक गीत की गुंजाइश बनी। रतन नौकरी के लिए बम्बई रवाना हो जाता है। पीछे सीमा अकेले रह जाती है। वो बहुत उदास है—

ओ मन रे न ग़म कर ये आँसू बनेंगे सितारे
जुदाई में दिल के सहारे
बिछड़ के भी हमसे जहाँ भी रहेंगे
वो रहेंगे हमारे।

एक प्रेमिका के उदास गीत में भी शैलेन्द्र कैसे उम्मीद की रोशनी छिपा देते हैं और इस मायने में यह गीत फ़िल्म के दायरे से पार निकलकर हम सबके जीवन के लिए उम्मीद का गीत बन जाता है। एक गीतकार के रूप में शैलेन्द्र की प्रतिबद्धता और उनकी कुशलता की गवाही देता है यह गीत—

घिरा है अँधेरा तो जगमग सुनहला सवेरा भी होगा
दहकते चमक में महकती बहारों का फेरा भी होगा
जो लौटी हैं साँसें तो लौटेंगे दिन भी हमारे
ओ मन रे न ग़म कर ये आँसू बनेंगे सितारे॥

सचमुच फ़िल्म 'नौकरी' बिमल रॉय और शैलेन्द्र की सह-यात्रा का एक मज़बूत क़दम है।

ज़िन्दगी ख़्वाब है

♫

कपूर परिवार बरसों तक कोलकाता में रहा। दरअसल पृथ्वीराज कपूर वहाँ न्यू थियेटर्स में काम करते थे। तब के बहुत सारे क़िस्से हैं। ट्राम और बसों से राजकपूर के सेंट ज़ेवियर्स स्कूल जाने के और दुर्गा पूजा से जुड़ी कोलकाता की तमाम यादें। हम जहाँ बचपन गुज़ारते हैं, उस शहर से हमारा बड़ा गहरा लगाव हो जाता है। कहीं-न-कहीं राजकपूर के किशोर-मन में कोलकाता की स्मृतियाँ बहुत गहरे पैठ गई थीं।

राजकपूर की बहुत सारी फ़िल्मों के लेखक थे ख़्वाजा अहमद अब्बास। 'आवारा', 'श्री 420' से लेकर 'बॉबी' तक। अब्बास का ताल्लुक़ इप्टा यानी इंडियन पीपुल्स थियेटर एसोसिएशन से था जहाँ ख़्वाजा अहमद अब्बास और शंभु मित्रा की मुलाक़ातें होती थीं। हुआ यूँ कि ख़्वाजा अहमद अब्बास प्रसिद्ध बांग्ला लेखक बिजन भट्टाचार्य के नाटकों 'नबाना' और 'ज़बानबन्दी' पर एक फ़िल्म बनाना चाहते थे, उन्होंने शंभु मित्रा को अपना सहायक निर्देशक बनाया था। फ़िल्म में कृशन चन्दर की कहानी 'अन्नदाता' से भी कुछ तत्त्व शामिल किए गए थे। इप्टा की बनाई यह हिन्दी फ़िल्म 'धरती के लाल' (1946) कहलाई जिसका संगीत पंडित रविशंकर ने दिया था।

राजकपूर के लिए ख़्वाजा अहमद अब्बास बहुत मायने रखते थे। उनकी कहानी में समाजवाद की जो धारा नज़र आती है, वह अब्बास साहब की ही देन है। 1951 में आई 'आवारा', 1954 में आई 'बूट पॉलिश' और 1955 में आई 'श्री 420' के ज़रिये राजकपूर ने अपना एक मुहावरा रचा था—उनका सिनेमा आम आदमी के साथ खड़ा नज़र आता था। उसकी आशा-निराशा, सपने-उम्मीदें, हताशा-पीड़ा, ज़ुल्म-तकलीफ़ें सब उसमें झलकते थे। उसमें

रूमानियत की अपनी एक अन्तर्धारा भी थी। कहना न होगा कि इसमें जितन योगदान ख़्वाजा अहमद अब्बास का था, उतना ही योगदान शैलेन्द्र का भ था। 'आवारा' के लिए लिखा शैलेन्द्र का यह गीत जाने कितने देशों और दिलों तक पहुँचा—

आबाद नहीं बर्बाद सही
गाता हूँ ख़ुशी के गीत मगर
ज़ख़्मों से भरा सीना है मेरा
हँसती है मगर ये मस्त नज़र
दुनिया मैं तेरे तीर का या तक़दीर का मारा हूँ।
आवारा हूँ॥

'बूट पॉलिश' के निर्माता राजकपूर थे। इस फ़िल्म का निर्देशन प्रकाश अरोड़ा ने किया था। यह कहानी है फ़ुटपाथ पर संघर्ष करते बचपन की। इस फ़िल्म में शैलेन्द्र ने लिखा—

भीख में जो मोती मिलें, लोगे या ना लोगे
ज़िन्दगी के आँसुओं का बोलो क्या करोगे
भीख में जो मोती मिलें वो भी हम ना लेंगे
ज़िन्दगी के आँसुओं की माला पहनेंगे
मुश्किलों से लड़ते भिड़ते जीने में मज़ा है
नन्हे-मुन्ने बच्चे तेरी मुट्ठी में क्या है।

ध्यान रहे कि ये 1956 का भारत है। आज़ादी मिले अभी नौ बरस ही हुए हैं। देश-निर्माण की लहर चल रही है। इसी मक़सद से पाँच बरस पहले ही देश में पहली पंचवर्षीय योजना लागू की गई है। खेती, सिंचाई, परिवहन, संचार, शिक्षा, स्वास्थ्य और उद्योगों के ज़रिये देश का आधारभूत ढाँचा खड़ा किया जा रहा है। आम जनता की आँखों में सुनहरे सपने चमक रहे हैं। सबको उम्मीद है कि हमारी दुनिया अब बेहतर बनेगी। शैलेन्द्र ने भी इस दुनिया के ख़्वाब देखे थे—

हमसे ना छुपाओ बच्चों हमें तो बताओ
आनेवाली दुनिया कैसी होगी समझाओ
आनेवाली दुनिया में सबके सिर पर ताज होगा
ना भूखों की भीड़ होगी, ना दुखों का राज होगा
बदलेगा ज़माना ये सितारों पे लिखा है
नन्हे मुन्ने बच्चे तेरी मुट्ठी में क्या है॥

इस फ़िल्म के अपने ही लिखे एक गाने में शैलेन्द्र रुपहले पर्दे पर नज़र आए थे। मशहूर गीत *चली कौन से देस गुजरिया तू सज-धज के* में जो नेत्रहीन व्यक्ति बैंजो बजा रहा है वह शैलेन्द्र ही हैं। इसके बाद शैलेन्द्र एक और बार पर्दे पर नज़र आए। 'मुसाफ़िर' (1957) का गाना है—*टेढ़ी-टेढ़ी हमसे फिरे सारी दुनिया* इस गाने में अभिनेत्री हीरा सावंत नाच रही हैं और शैलेन्द्र गले में हारमोनियम टाँगकर बजाते नज़र आते हैं। इसके अलावा 'श्री 420' में शैलेन्द्र राजकपूर के ऑफ़िस में टेलीफ़ोन ऑपरेटर बनकर जापानी में बात करते हुए नज़र आते हैं। इस दृश्य में उनके चेहरे के भाव देखते ही बनते हैं।

'श्री 420' में जहाँ राजकपूर ने दिखाया कि किस तरह पूँजीवाद के शिकंजे ने एक सीधे-सादे आदमी को अपनी गिरफ़्त में लेकर क्रूर और धोखेबाज़ बना

दिया है, वहीं उन्होंने फ़िल्म में ये बात भी रखी कि इस सीधे-सादे आदमी का दिल कचोट रहा है, उसकी आत्मा उसे धिक्कार रही है। फ़िल्म का क्लाइमेक्स यही बात कहता है। शैलेन्द्र ने इस फ़िल्म के लिए लिखा—

उस देस में तेरे परदेस में
सोने चाँदी के बदले में बिकते हैं दिल
इस गाँव में दर्द की छाँव में
प्यार के नाम पर ही धड़कते हैं दिल
चाँद तारों के तले रात ये गाती चले
मैंने दिल तुझको दिया॥

ये दुहाई थी, उस बस्ती की दुहाई जहाँ से राज अपनी यात्रा शुरू करके ऊँचे महलों और चौबारों तक पहुँचता है। राजकपूर के सिनेमा में शैलेन्द्र ने (हसरत जयपुरी के साथ मिलकर) रूमानियत का एक संसार भी रचा। यह नायक-नायिका वे नहीं थे जो पेड़ों के इर्द-गिर्द घूमकर गाना गाते हों, प्यार की फुहार में सराबोर होते हों। ये हमारी अपनी दुनिया के लोग थे। अपने हिस्से का संघर्ष करते लोग, बारिश से एक-दूसरे को बचाते और फिर एक ही छाते में संग चलते दो लोग, ज़िन्दगी के थपेड़ों का डटकर सामना करने के लिए साथ आए दो लोग—

रातें दसों दिशाओं से कहेंगी अपनी कहानियाँ
गीत हमारे प्यार की दोहराएँगी निशानियाँ
मैं न रहूँगी, तुम न रहोगे फिर भी रहेंगी निशानियाँ॥

यह था राजकपूर का तब तक का सिनेमा जिसमें रूस के समाजवाद और इटली के सिनेमा के नव-यथार्थवाद के तत्त्वों को शामिल किया गया था। यह आम आदमी के पक्ष में खड़ा सिनेमा था। पचास के दशक में शंभु मित्रा अपना नाटक 'ज़बानबन्दी' लेकर मुम्बई आए, इसके हिन्दी संस्करण का नाम रखा गया था 'अन्तिम अभिलाषा।' यह वो दौर था जब राजकपूर 'बूट पॉलिश' के बाद अपनी अगली फ़िल्म की कहानी की तलाश में थे। इसी दौरान एक शाम उनकी मुलाक़ात शंभु मित्रा से हुई। शंभु राजकपूर के सिनेमा से प्रभावित थे और उनके साथ काम करने की पेशकश उन्हें अच्छी लगी थी। हैरत की बात ये है कि शंभु मित्रा ने अपने दोस्त अमित मैत्रा के साथ मिलकर एक ही

दिन में पूरी पटकथा तैयार कर ली। राजकपूर ने कहानी सुनी और कहा कि इस फ़िल्म का निर्देशन मैं करूँगा, अभिनय आपको करना होगा। पर ख़्वाजा अहमद अब्बास के सहायक रह चुके शंभु मित्रा ने प्रस्ताव रखा कि निर्देशन मैं करूँ और आप अभिनय करें तो कैसा रहेगा। राजकपूर को ये पेशकश अच्छी लगी। इस तरह तय हुआ राजकपूर की कम्पनी आर.के. फ़िल्म्स हिन्दी और बांग्ला दोनों भाषाओं में इस फ़िल्म का निर्माण करेगी। हिन्दी में इसका नाम रखा गया—'जागते रहो' और बांग्ला में 'एक दिन रात्रे।'

'जागते रहो' बहुत ही मार्मिक फ़िल्म है। ऊँची इमारतों और भव्य दुकानों वाला शहर कोलकाता। पुलिस और पहरेदारों की पुकार—'जागते रहो', 'जागते रहो।' एक अनाम, ग़रीब व्यक्ति अभी-अभी गाँव से आया है। उसे जोरों की प्यास लगी है। पर इस बड़े शहर में उसे पानी नहीं मिल रहा है। नलकूप सूखे पड़े हैं। पुलिस उसे चोर समझ लेती है। धमकाती है। दुत्कारती है। थका-हारा आदमी फ़ुटपाथ पर बैठा चने खा रहा है। तभी एक आवारा कुत्ता आ जाता है। कुत्ते के साथ चने साझा करता है। बड़ा ही मार्मिक दृश्य है। कुछ ही पल बाद गली में दूर एक शराबी गाते हुए चला आ रहा है—

रंगी को नारंगी कहें, बने दूध को खोया
चलती को गाड़ी कहें, देख कबीरा रोया॥

यह अभिनेता मोतीलाल हैं और गाना है—*ज़िन्दगी ख़्वाब है...*

बहरहाल, पानी की तलाश में वह आदमी, जिसका फ़िल्म में न कोई नाम बताया गया है, न कोई ठौर...एक इमारत में घुसता है, एक सिपाही उसे देख लेता है। अपने ही बनाए इस फ़रेबी समाज और समुदाय में डरा हुआ शहरी-वर्ग इस सीधे-सादे बन्दे को चोर समझ बैठता है। पूरी इमारत में गूँज उठती है—'चोर...चोर।' 'जागते रहो' चोर समझ लिये गए व्यक्ति के जीवन की इस एक बदनसीब रात की कहानी है, जहाँ महानगर की उस इमारत में वह क्या-क्या नहीं देखता। पकड़े जाने के डर से यहाँ-वहाँ भागता-छिपता रहता है। उसे इमारत में चोरी-छिपे पलता इश्क़, घरेलू झगड़े, टूटता दाम्पत्य, शराबख़ोरी, मुहल्ले की गुंडागर्दी, धोखेबाज़ी, जुआ, शक, नकली नोटों का कारोबार क्या-क्या नज़र नहीं आता! इसी तरह बचते-बचाते वह चुपके से एक घर में घुसकर छिप जाता है। यह उसी शराबी का घर है जो उसे शुरुआत में नज़र आता है। उसकी सीधी-सादी पत्नी उसका इन्तज़ार कर रही है। मोतीलाल

शराब की लत के शिकार हैं। अपने वैवाहिक-जीवन से असन्तुष्ट हैं। वो चाहते हैं कि पत्नी अपने संस्कारों को भूलकर उनके शराबी दोस्तों के बीच बैठे, उनका मनोरंजन करे। पत्नी के लाख समझाने पर भी समझते नहीं हैं। उसे गाना गाने को कहते हैं और यहाँ आता है शैलेन्द्र की गीत-यात्रा का एक बहुत अद्भुत गीत। एक अनमोल नगीना। यह गाना एक स्त्री की आकांक्षाओं, सपनों, उसकी दैहिकता का इज़हार है। सम्भवत: हिन्दी सिनेमा में यह अभिव्यक्ति इतने लालित्य के साथ इससे पहले कहीं नहीं देखी गई है। आप पाएँगे कि हिन्दी सिनेमा दैहिकता की अभिव्यक्ति के लिए अक्सर बहुत मादक और भड़कीला होता रहा है, सस्तेपन के कगार तक पहुँचता। सच में यह गाना शैलेन्द्र के लिए तलवार की धार रहा होगा। मोतीलाल की दबी-कुचली और मजबूर पत्नी की भूमिका में अभिनेत्री सुमित्रा देवी हैं जो एक शराबी, सामन्ती और पुरुषवादी किरदार के आदेश पर उसके लिए गा रही हैं और इस बहाने अपनी दबी हुई भावनाओं को थोड़े संकोच के साथ सामने रख रही हैं—

ठंडी-ठंडी सावन की फुहार
पिया आज खिड़की खुली मत छोड़ो
आवे झोंके से पगली बयार
पिया आज बाती जली मत छोड़ो॥

गाने की तड़प को उभारने के लिए बहुत गाढ़े सारंगी की विकल तान से इसे शुरू किया गया है। आशा भोसले की एक-एक शब्द की अदायगी आपको उदासी से भर देती है। हिन्दी सिनेमा में महिला गीतकारों की बहुधा अनुपस्थिति ही रही है। ऐसे में महिला किरदारों के जज़्बात का इज़हार पुरुष गीतकारों के कन्धों पर आन पड़ा और ऐसे अनेक उदाहरण मिल जाएँगे जहाँ शैलेन्द्र ने इस ज़िम्मेदारी को बहुत संवेदनशीलता के साथ निभाया है। बहुत सारी फ़िल्में ऐसी हैं जहाँ उन्होंने महिला किरदार के लिए सिचुएशन के मुताबिक़ मार्मिक और चौंकानेवाले गीत रचे। ऐसे गीत जिन्हें पढ़-सुनकर कभी-कभी हम कौतूहल और आश्चर्य से भर जाते हैं—

दीये की जोती अँखियों में लागे
पलकों पे निंदिया सवार
पिया आज बाती जली मत छोड़ो॥

यहाँ राजकपूर गाँव से शहर आए ऐसे व्यक्ति की भूमिका में हैं जो प्यास से विकल है—उन्हें चोर समझ लिया जाता है और वो एक इमारत में यहाँ-वहाँ छिपते फिर रहे हैं। हम उनकी नज़रों से ही सुमित्रा देवी की आँखों में चमकते आँसू देख रहे हैं, उनके जीवन की वीरानी, उनकी तड़प देख रहे हैं। ये उन तमाम महिलाओं के लिए रचा गया गीत है जिन्हें पुरुषों की सामन्ती दुनिया में महज़ एक वस्तु समझ लिया जाता है, जिनके जज़्बात की क़द्र नहीं की जाती। ये अहसास तक नहीं होता कि अपनी देह की अनुभूति के बन्द खुलने के बाद उसकी अपनी दैहिक आवश्यकताएँ भी होती हैं। उसका एक कोमल मन होता है, जो तड़पता है-तरसता है—

पपीहे ने मन की अग्नि भुला ली
प्यासा रहा मेरा प्यार
पिया आज बाती जली मत छोड़ो॥

पिया आज बाती जली मत छोड़ो जहाँ एक तरफ़ एक बोल्ड स्टेटमेंट है, वहीं दूसरी तरफ़ विनती है, एक विकल पुकार है, जिसे ठुकरा दिया जाता है। गाना ख़त्म होते ही मोतीलाल ज़ोर से डाँटते हैं—'बन्द करो, ये कोई गाना है, कोई हिट गाना सुनाओ। ऐसा गाना गाओ, जिसमें कोई जान हो, कुछ तड़प हो। कुछ तो हो। तुमने वो लोशे वई वई गाना सुना है।' इसके बाद वो एक रिकॉर्ड लगाते हैं और शुरू होता है इस फ़िल्म का सबसे कम चर्चित पर मस्ती भरा गाना। शराब के नशे में मोतीलाल राजकपूर को एक सुन्दरी समझ बैठते हैं। ये सुन्दरी उनकी कल्पना में गाना गा-गाकर नृत्य कर रही है—

लोशे वई लोशे वई
मैंने जो ली अँगड़ाई
धीरे से मुस्काई
तेरी महफ़िल से सदा ये आई
लोशे वई वई॥

ज़ाहिर है कि आपके मन में ये सवाल उठ रहा होगा कि 'लोशे वई वई' आख़िर क्या है। खोजबीन करने पर पता चला कि ये असल में पश्तो शब्द हैं। और सामान्य बोलचाल में 'लोशे वई वई' का इस्तेमाल होता है। बहुत सारे पश्तो गानों में भी इसका इस्तेमाल हुआ है।

1978 में पाकिस्तान में एक फ़िल्म आई थी 'राजू रॉकेट', इसके एक गाने में नाहीद अख़्तर गाती हैं—*वई वई क़ुरबान लोशे/ दिलबर दिलजान लोशे।* 1964 में आई 'ख़ुफ़िया महल' में भी एक गाना है *वई वई क़ुरबान।* इसी तरह 1965 में आई फ़िल्म 'दो दुश्मन' का एक गाना है—*वई वई लोशे ओए दिलबर इश्क़े-क़ुरबान।* सम्भवत: संगीतकार सलिल चौधरी ने एक मस्ती भरे गाने के लिए किसी पश्तो ट्यून से प्रेरणा ली होगी और शैलेन्द्र से उस पर गाना लिखने को कहा गया होगा। इस गाने को संध्या मुखर्जी, हरिधन और साथियों ने गाया है—

गाल-गुलाबी आँखें मेरी नीलम की
मैं हँसी लोग समझे के बिजली चमकी
मेरी लट-लहराई के जैसे काली घटा लहराई
मैंने जो ली अँगड़ाई धीरे से मुस्काई
तेरी महफ़िल से सदा ये आई॥
लोशे वई वई॥

'जागते रहो' का ये सबसे कम चर्चित गीत है। एक फ़िल्मी गीतकार के तौर पर शैलेन्द्र की रेंज देखिए कि एक ही सिचुएशन पर उन्हें दो गीत लिखने पड़े। शराबी पति की बेफ़िज़ूल माँग पर पत्नी गाना गा रही है। एक तरफ़ वो अपने मन की छिपी हुई कोमल भावनाएँ अभिव्यक्त करती है तो दूसरी तरफ़ एक मस्ती भरा मादक गीत गाती है। एक ही गीतकार, एक ही सिचुएशन और दो अलग-अलग ध्रुवों पर खड़े गीत। सचमुच गीतकारी तलवार की धार पर चलने जैसा काम है।

'जागते रहो' में एक गाने को छोड़कर बाक़ी सारे गाने शैलेन्द्र के हैं। इस फ़िल्म में एक पंजाबी गाना है—बहुत ही व्यंग्यात्मक, तीखा गाना—इसे प्रेम धवन ने लिखा है—

हक़ दूजे दा मार-मार के
बन गए लोग अमीर
मैं एनूं कैंदी चोरी, दुनिया कैंदी तकदीर
कि मैं झूठ बोलियाँ, कि मैं कुफ़्र तोलियाँ
कोई न जी कोई ना।

इस फ़िल्म की बात करते हुए हमने बार-बार बताया कि ये फ़िल्म गाँव के एक सीधे-सादे प्यासे व्यक्ति की किसी बदनसीब रात में पानी की तलाश की कहानी है। पूरी फ़िल्म में जब भी राजकपूर को पानी मिलता है और वो पीने को होते हैं—तभी कोई हंगामा, कोई हादसा घट जाता है और उन्हें भाग खड़े होना पड़ता है, छिप जाना पड़ता है। पूरी इमारत के लोग उनके पीछे पड़े हैं, जान बचाकर भागते राजकपूर इमारत की छत पर चढ़ जाते हैं और तंग आकर हाथ में डंडा लेकर इस वहशी भीड़ से अपनी व्यथा कहते हैं—

> ग़रीब किसान का बेटा हूँ मैं, नौकरी ढूँढ़ने शहर में आया था। प्यास से मेरी छाती फट रही थी, दो घूँट पानी पीने अपने मकान में आ गया। यही मेरा कुसूर है ना। जो आप लोग मुझे चोर-चोर बोलकर इस तरह पीछे पड़ गए जैसे में आदमी नहीं हूँ बावला कुत्ता हूँ। इतने बड़े मकान में मैं जहाँ भी गया हूँ वहाँ हर किसिम की चोरी मैंने देखी है।

इसके बाद वो शहर वालों के दोगले चरित्र का पर्दाफ़ाश करते हुए वहाँ से भाग निकलते हैं। एक घर में घुसते हैं और एक नन्ही बच्ची से उनका सामना होता है, वह पूछती है—'तुम चोर हो?' इतने में पुलिस की गाड़ी सायरन बजाती हुई आती है। अब कोई रास्ता नहीं है। दहशत, भय और बेबसी से घिरा गाँव का ये भोला-भाला व्यक्ति ख़ौफ़नाक भविष्य की कल्पना करके अचानक अचेत होकर गिर पड़ता है और लता मंगेशकर की आवाज़ में शैलेन्द्र का गीत गूँजता है—

जागो
जागो, जागो...
जग उजियारा छाए
मन का अँधेरा जाए
किरणों की रानी गाए
जागो हे मेरे मन, मोहन प्यारे
जागो मोहन प्यारे, जागो॥
जागो रे जागो, सब कलियाँ जागीं

नगर-नगर सब गलियाँ जागीं
जागो रे जागो रे॥
जागो रे जागो रे जग जग॥
जागो, मोहन प्यारे जागो
नव युग चूमे नैन तिहारे
जागो, मोहन प्यारे॥

ये एक नई उम्मीद और एक नई सुबह का गाना है। परदे पर नरगिस आती हैं अपने उजले-मासूम चेहरे के साथ। वे हाथ जोड़कर प्रार्थना कर रही हैं। एक बेहतर दुनिया रचने की प्रार्थना। संसार के एक नई सुबह में जागृत होने की प्रार्थना। एक ऐसा संसार जो उस आख़िरी मनुष्य के साथ खड़ा हो जिसके पास न पाने को कुछ है न खोने को कुछ। शैलेन्द्र का यह गीत गहन निराशा के क्षणों में संसार के समक्ष एक कौंधता प्रकाश-पुंज बन जाता है। नन्ही बच्ची बुरी तरह डरे हुए इस व्यक्ति से मासूमियत से पूछती है—'डरते हो, क्यों? तुमने तो कुछ भी नहीं किया'—

जिसने मन का दीप जलाया
दुनिया को उसने ही उजरा पाया
मत रहना अँखियों के सहारे
जागो मोहन प्यारे जागो॥

शैलेन्द्र कभी न ख़त्म होनेवाली उम्मीद के गीतकार हैं। वो हमेशा एक बेहतर संसार पर इतना पक्का भरोसा जताते हैं कि मन हौसले से भर उठता है। शैलेन्द्र यहाँ लेकर आए हैं एक नई शुरुआत का गीत, एक सुनहरी सुबह का गीत—

किरण परी गगरी छलकाए
ज्योत का प्यासा प्यास बुझाए
फूल बने मन के अंगारे
जागो, मोहन प्यारे जागो॥

नरगिस तुलसी-चौरे पर जल चढ़ा रही हैं, कबूतरों को पानी दे रही हैं तभी गाँव का ये प्यासा व्यक्ति पानी पिलाने की विनती करता है। हिन्दी सिनेमा का

एक महान दृश्य घटित होता है। नरगिस राजकपूर को अँजुरी में पानी पिला रही हैं। इस बीच लता का गूँजता स्वर—'जागो...' और फ़िल्म समाप्त हो जाती है। मानो शैलेन्द्र अपने इस गीत के माध्यम से संसार को जागने का सन्देश दे रहे हों।

ये रुपहले परदे पर राजकपूर और नरगिस की एक साथ आख़िरी उपस्थिति थी। राजकपूर और नरगिस ने अपने करियर में कुल सोलह फ़िल्में एक साथ कीं। ये फ़िल्में थीं—'आग' (1948), 'बरसात' (1949), 'अन्दाज़' (1949), 'प्यार' (1950), 'आवारा' (1951), 'जान-पहचान' (1950), 'बेवफ़ा' (1952), 'अनहोनी' (1952), 'अम्बर' (1952), 'आशियाना' (1952), 'आह' (1953), 'धुन' (1953), 'पापी' (1953), 'श्री 420' (1955), 'चोरी-चोरी' (1956), 'जागते रहो' (1956)। सन् 1956 के बाद राजकपूर और नरगिस की जोड़ी परदे पर कभी साथ नज़र नहीं आई।

फ़िल्म 'जागते रहो' की शुरुआत में एक प्यासा ग्रामीण व्यक्ति है—जो पानी की तलाश में भटक रहा है। पुलिस उसे तंग करती है। वो व्यक्ति कुत्ते के साथ साझा करके चने खा रहा है और तभी गली में दूर एक शराबी कबीर का दोहा गाते हुए चला आ रहा है—

रंगी को नारंगी कहें, बने दूध को खोया
चलती को गाड़ी कहें, देख कबीरा रोया॥

ये अभिनेता मोतीलाल हैं जो अपनी तरंग में गाते हुए चले आ रहे हैं—

ज़िन्दगी ख़्वाब है
ख़्वाब में झूठ क्या, और भला सच है क्या?
सब सच है
ज़िन्दगी ख़्वाब है॥

ऑस्ट्रेलियाई एबओरोजिन मोटे तौर पर मानते हैं कि ये संसार ईश्वर का स्वप्न है। ईश्वर ने अपने स्वप्न में संसार को रचा है। ऑस्ट्रेलियाई जनजातीय लोगों का ये मानना है कि ईश्वर के इस स्वप्न का कोई अन्तिम छोर नहीं है। हमारा अतीत, वर्तमान और भविष्य इसी स्वप्न का हिस्सा है। ये फ़लसफ़ा कमाल का है। कभी-कभी लगता है जीवन स्वप्न ही तो है, इस गाने में शैलेन्द्र भी यही कह रहे हैं। शैलेन्द्र एक शराबी किरदार के लिए रचे गए इस गाने में

भी फ़लसफ़े की रोशनी बिखेरते चले जाते हैं। ऐसा लगता है मानो वो ख़ुद के लिए कह रहे हैं—

दिल ने हमसे जो कहा, हमने वैसा ही किया
फिर कभी फ़ुरसत से सोचेंगे, बुरा था या भला
ज़िन्दगी ख़्वाब है...

अपनी तरह से जिया जाए या ज़माने की उम्मीदों के मुताबिक़? ये सवाल शैलेन्द्र को हमेशा से परेशान करता रहा। पर उन्होंने कभी समझौता नहीं किया। वो हमेशा अपनी मरज़ी का जिये। फ़िल्म 'छोटी-छोटी बातें' के एक गाने में उन्होंने यही सवाल उठाया था—*कुछ और ज़माना कहता है/ कुछ और है ज़िद मेरे दिल की।* बहरहाल, 'जागते रहो' के इस गाने के हर अन्तरे में उन्होंने जादू रचा है। ये गीत इस मायने में अद्‌भुत है कि इसकी पृष्ठभूमि में बस एक शराबी व्यक्ति है। गीत का सारा वितान बतौर गीतकार शैलेन्द्र की हुनरमन्दी की देन है—

एक क़तरा मय का जब, पत्थर के होंठों पर पड़ा
उसके सीने में भी दिल धड़का, ये उसने भी कहा
क्या?
ज़िन्दगी ख़्वाब है॥

'जागते रहो' के कथानक के मुताबिक़ राजकपूर एक सीधे-सच्चे, प्यासे ग़रीब ग्रामीण हैं। उन्हें पानी नहीं मिल रहा है। मोतीलाल उन्हें शराब की कुछ बूँद पिलाने की कोशिश करते हैं। पर इस ग्रामीण को प्यासा रह जाना मंज़ूर है, शराब चखना मंज़ूर नहीं—

एक प्याली भरके मैंने ग़म के मारे दिल को दी
ज़हर ने मारा ज़हर को, मुर्दे में फिर जान आ गई
ज़िन्दगी ख़्वाब है... ॥

'जागते रहो' का ये गीत रचते समय शैलेन्द्र ने सपने में भी नहीं सोचा होगा कि जीवन उनसे ये गीत दोबारा लिखवाएगा, वह भी नई शक्ल, नये अर्थों और नये हालात में। 1965 में अभिनेता मोतीलाल ने अपना एक ख़्वाब पूरा किया फ़िल्म 'छोटी-छोटी बातें' बनाकर। फ़िल्म रिलीज़ होने के कुछ महीने

पहले 17 जून, 1965 को चौवन साल की उम्र में मोतीलाल ने इस फ़ानी दुनिया को अलविदा कह दिया था। जब मोतीलाल नहीं रहे, तो उनकी याद में शैलेन्द्र ने एक गीत रचा—

ज़िन्दगी ख़्वाब है/ था हमें ये पता/ पर हमें ज़िन्दगी से बहुत प्यार था।

ज़िन्दगी ख़्वाब है—एक गीत, एक ख़याल, दो रूप। शैलेन्द्र सही मायनों में गीतों के जादूगर थे।

ज़िन्दगी का अजब फ़साना है

♫

अपनी गीत-यात्रा में शैलेन्द्र ने दो गानों की एक जोड़ी रची है। वो भी अलग-अलग फ़िल्मों में। 1956 में आई फ़िल्म 'जागते रहो' के एक गाने में वे लिखते हैं—*ज़िन्दगी ख़्वाब है....ख़्वाब में झूठ है क्या और भला सच है क्या।* इस फ़िल्म के आने के नौ बरस बाद 1965 में आई फ़िल्म 'छोटी-छोटी बातें' में शैलेन्द्र लिखते हैं—*ज़िन्दगी ख़्वाब है, था हमें ये पता।* मुझे नहीं लगता कि हिन्दी सिनेमा के इतिहास में गानों की ऐसी कोई दूसरी अर्थपूर्ण जोड़ी है। संयोग ये भी है कि इन दोनों गानों का ताल्लुक़ अभिनेता मोतीलाल से है।

ग़ैर-फ़िल्मी गीतों की दुनिया में ऐसी एक जोड़ी गुलज़ार ने रची थी जब उन्होंने लिखा—*अभी न पर्दा गिराओ* और *गिरा दो पर्दा।* ये गीत हेमन्त कुमार ने गाए थे। 1965 वह साल है जब 'गाइड' आई थी, 'वक़्त' और 'जब जब फूल खिले' जैसी फ़िल्में आई थीं। तब तक सिनेमा रंगीन होने लगा था। पर अभिनेता मोतीलाल ने इस बरस अपना एक श्वेत-श्याम ख़्वाब पूरा किया—'छोटी-छोटी बातें' बनाकर। असल में ये फ़िल्म काफ़ी पहले शुरू हुई थी पर अनिल बिस्वास ने अपने एक इंटरव्यू में बताया था कि मोतीलाल को लकवा लग गया था, ऊपर से आर्थिक परेशानियाँ...जिनकी वजह से फ़िल्म अटक गई थी। जब मोतीलाल नहीं रहे, तो उनकी याद में शैलेन्द्र ने यह गीत रचा। इसे अनिल बिस्वास के संगीत निर्देशन और मुकेश की आवाज़ में रिकॉर्ड किया गया और फ़िल्म के टाइटल के साथ जोड़ा गया था। फ़िल्म के रिकॉर्ड पर भी इसे जारी किया गया था। ये अनिल बिस्वास की भी मुम्बई में आख़िरी फ़िल्म थी। एक पूरे सघन जीवन की कहानी है यह गीत—

ज़िन्दगी ख़्वाब है, था हमें भी पता
पर हमें ज़िन्दगी से बहुत प्यार था॥
सुख भी थे, दुख भी थे, दिल को घेरे हुए
चाहे जैसा था, रंगीन संसार था॥
आ गई थी शिकायत लबों तक मगर
किससे कहते तो क्या, कहना बेकार था॥

कैसी विडम्बना थी कि इस गाने को वही मुकेश गा रहे थे जो मोतीलाल के दूर के रिश्तेदार थे। मुकेश अपनी बहन की शादी में गा रहे थे, मोतीलाल ने सुना और उन्हें मुम्बई ले आए थे। वह भी उन्हीं अनिल बिस्वास के संगीत-निर्देशन में जिन्होंने उनसे पहला पार्श्वगीत गवाया था, *दिल जलता है तो जलने दे* ('पहली नज़र', 1945)। इस गाने को आप खोज कर ज़रूर सुनें। एकदम न के बराबर साज़ हैं गाने में, मुकेश की ख़ालिस आवाज़ और बाँसुरी की उदास तान—

चल पड़े दर्द पीकर तो चलते रहे
हार कर बैठ जाने से इनकार था॥
चन्द दिन था बसेरा हमारा यहाँ
हम भी मेहमान थे, घर तो उस पार था॥
हमसफ़र...एक दिन तो बिछड़ना ही था
अलविदा अलविदा अलविदा अलविदा॥

अभिनेता मोतीलाल ने इस फ़िल्म की कथा-पटकथा-संवाद भी लिखे और इसका निर्माण और निर्देशन भी किया था। उन्होंने इस फ़िल्म के निर्माण में अपनी सारी ऊर्जा और सारी पूँजी लगा दी थी। फ़िल्म 'छोटी-छोटी बातें' हमें जीवन का दर्शन सिखाती है। फ़िल्म के मुख्य किरदार का नाम भी मोतीलाल है जो एक प्राइवेट कम्पनी में एक अदने-से क्लर्क हैं। तनख़्वाह इतनी है कि किसी तरह घर का ख़र्च चल जाए। परिवार में बेटा सुरेश, बेटी मुन्नी और पत्नी हैं जिन्हें भौतिकवादी जीवन से प्यार है। उन्हें मोतीलाल की कोई परवाह नहीं, बस उसे मिलनेवाले पैसों से मतलब है। वह अपने ख़र्च काट कर घर के लोगों की ज़रूरतें पूरी करते रहते हैं। एक दिन एक वकील से उन्हें ख़बर मिलती है कि उनके रिश्ते के एक भाई उनके लिए अफ्रीका में

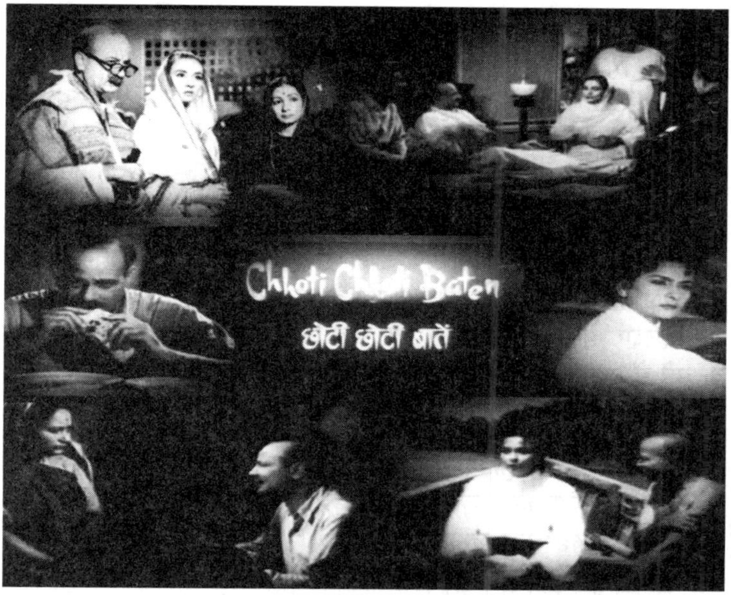

बड़ा कारोबार और ढेर सारा पैसा छोड़ गए हैं। मोतीलाल अपने परिवार के लिए पैसों का इन्तज़ाम कर, नौकरी छोड़कर घर से निकल पड़ते हैं। शान्ति और सुकून की तलाश में।

ट्रेन में टिकट-चेकर से उनकी बातचीत होती है और उसकी सलाह के बाद मोतीलाल चन्दनपुर पहुँच जाते हैं। यहाँ चौधरी का घर किराए पर लेते हैं। चौधरी की बेटी राधा उनके खाने और रहने का बढ़िया इन्तज़ाम कर देती है। शहरी जीवन से यहाँ आए मोतीलाल को गाँव वालों की आत्मीयता और उनका मददगार स्वभाव हैरत में डालता है। वह भी गाँव वालों की भरसक मदद करते हैं। उनकी भलाई के लिए काम करते हैं। एक दिन नदी में तैरते हुए मोतीलाल निढाल हो जाते हैं और जान बचाने के लिए एक महिला शान्ता की नौका में पनाह लेते हैं। शान्ता को पेंटिंग का शौक़ है और वह गाँव के स्कूल में बच्चों को पढ़ाती भी है। मोतीलाल निढाल पड़े हैं और ढलती साँझ में नौका पर शान्ता गीत गाती है—

कुछ और ज़माना कहता है, कुछ और है ज़िद मेरे दिल की
मैं बात ज़माने की मानूँ, या बात सुनूँ अपने दिल की॥
दुनिया ने हमें बेरहमी से ठुकरा जो दिया, अच्छा ही किया
नादाँ हम समझे बैठे थे, निभती है यहाँ दिल से दिल की
कुछ और ज़माना कहता है॥

शान्ता एक आधुनिक और आज़ाद-ख़याल महिला है। अविवाहित है। गाँव में अपनी बहन और लोलुप जीजा के साथ रहती है जो मौक़ा पाते ही बार-बार उसे छेड़ने की कोशिश करता है, उसे बदनाम भी करता है। शान्ता का किरदार अभिनेत्री नादिरा ने क्या ख़ूब निभाया है! नादिरा और मोतीलाल के बारे में एक तथ्य यह भी है कि ज़िन्दगी की राहों में ये दोनों कलाकार कई बरस तक एक साथ चले थे—

इंसाफ़, मोहब्बत, सच्चाई, वो रहम-ओ-करम के दिखलावे
कुछ कहते ज़ुबाँ शरमाती है, पूछो न जलन मेरे दिल की
कुछ और ज़माना कहता है॥

शैलेन्द्र इस गाने में बतौर एक गीतकार अपनी बात कहते भी नज़र आते हैं। ये सवाल उनके समक्ष सदा रहा कि *मैं बात ज़माने की मानूँ, या बात सुनूँ अपने दिल की।* उन्होंने जीवन-भर जो किया अपने मन का किया, अपनी शर्तों पर किया। शैलेन्द्र ने जब फ़िल्म-निर्माण का फ़ैसला किया तो 'तीसरी क़सम' जैसी कालजयी फ़िल्म बनाई और इतिहास रच दिया। वे रेलवे वर्कशॉप में काम करते हुए कविता करना चाहते थे, फ़िल्मी-गीतकार नहीं बनना चाहते थे पर हालात उन्हें फ़िल्म-संसार की तरफ़ खींचते चले गए। शैलेन्द्र ने गीतकारी का अपना मुहावरा रचा। उन्होंने फ़िल्म-स्क्रिप्ट की हदों में रहकर भी अपने गानों में अपने समय और समाज पर तीखी टिप्पणी की। यही वजह है कि आज इतने बरस बाद भी उनके गीत इतने प्रासंगिक नज़र आते हैं—

गो बस्ती है इनसानों की, इनसान मगर ढूँढ़े न मिला
पत्थर के बुतों से क्या कीजे, फ़रियाद भला टूटे दिल की
कुछ और ज़माना कहता है॥

ये गाना मीना कपूर ने गाया है, कितना दुखद है कि *रिमझिम बरसे*

पानी आज मोरे अँगना ('परदेसी', 1957) जैसे गीत के इस चंचल स्वर को हम फ़िल्मों में ज़्यादा नहीं सुन पाए और 'छोटी-छोटी बातें' का ये गीत उनकी स्वर-यात्रा का आख़िरी फ़िल्मी-गीत बन गया। उन्होंने फ़िल्म-संसार को अलविदा कह दिया। फ़िल्म 'छोटी-छोटी बातें' के संगीतकार थे अनिल बिस्वास। यह वो दौर था जब अनिल बिस्वास मुम्बई के फ़िल्म-उद्योग के नए चलन से ऊब गए थे और उन्होंने दिल्ली जाकर आकाशवाणी वाद्य-वृंद के लिए काम करने का फ़ैसला किया था। मोतीलाल के अनुरोध पर उन्होंने इस फ़िल्म का संगीत देना स्वीकार किया था। मीना कपूर अनिल बिस्वास की जीवन-संगिनी थीं। शैलेन्द्र इससे पहले अनिल बिस्वास के लिए 1962 में आई निर्देशक महेश कौल की फ़िल्म 'सौतेला भाई' में गीत लिख चुके थे।

'छोटी-छोटी बातें' आगे बढ़ती है। इस बीच गाँव में एक संगीतमय कार्यक्रम का आयोजन होता है। जिसमें राधा ये गाना गाती है—

मोरी बाली रे उमरिया अब कैसे बीते राम
रो-रो के बोली राधा
मोहे तजके गयो श्याम॥

'छोटी-छोटी बातें' में पिता से अपार धन पाकर बेटा सुरेश बिगड़ जाता है। रेस में अपनी सारी दौलत गँवा बैठता है। यह घटना ख़ुद मोतीलाल के अपने जीवन से प्रेरित है। मोतीलाल को रेस और जुए का शौक़ था और उन्होंने अपने जीवन में बहुत पैसे इसमें गँवाए। इस नाकामी से सुरेश का हृदय-परिवर्तन होता है और वह अपने पिता के पास चन्दनपुर आकर गाँव की भलाई के कामों में जुड़ जाता है। राधा से उसकी नज़दीकी बढ़ती है पर राधा के जीवन का एक दुख है जिसके रहते वो इस रिश्ते को लेकर पसोपेश में है। बचपन में उसकी शादी कर दी गई थी और वो तभी विधवा हो गई थी—

ज़िन्दगी का अजब फ़साना है
रोते-रोते भी मुस्कुराना है॥
इश्क़ में जानते हैं जान गई
फिर भी कहते हैं आज़माना है॥

शैलेन्द्र का लिखा ये गीत लता मंगेशकर और मुकेश ने गाया है। गाना

मोती सागर और मंजू पर फ़िल्माया गया है। 'छोटी-छोटी बातें' में शैलेन्द्र ने दूसरी फ़िल्मों से बिलकुल अलग शैली अपनाई है। इसमें उन्होंने उर्दू अल्फ़ाज़ का इस्तेमाल काफ़ी किया है। अनिल बिस्वास हिन्दी फ़िल्म संगीत के पितामह कहे जाते हैं। उनके बेमिसाल संगीत की बानगी है यह गीत। अपनी सादगी और अपनी बुनावट में बेमिसाल।

कैसी मुश्किल है कोई क्या जाने
आग को आग से बुझाना है॥
दिल लगाया था पर न थी ये ख़बर
मौत का ये भी एक बहाना है॥
दिल तो कहता है तेरे पास चलूँ
क्या करूँ राह में ज़माना है॥

'छोटी-छोटी बातें' का क्लाइमेक्स बड़ा नाटकीय है। सेठ गाँव में ये बात फैला देता है कि मोतीलाल और शान्ता के अवैध-सम्बन्ध हैं। गाँव के तमाम लोग इस बात का फ़ैसला करने के लिए मोतीलाल के घर पहुँचते हैं, जहाँ सच सामने आता है पर मोतीलाल नहीं मिलते। सारे लोग उन्हें खोजने निकल पड़ते हैं। वो एक पेड़ के नीचे सोए मिलते हैं। गाँव वाले अपनी शर्मिन्दगी जताते हैं पर कोई जवाब नहीं मिलता। शान्ता उन्हें हिलाकर जगाने की कोशिश करती है। पता चलता है कि वो दुनिया छोड़कर जा चुके हैं।

अभिनेता मोतीलाल ने फ़िल्म 'छोटी-छोटी बातें' के ज़रिये ये दिखाने की कोशिश की है कि ज़िन्दगी में भौतिक सुख-सुविधाओं के बजाय छोटी-छोटी बातें ही मायने रखती हैं। छोटे-छोटे सुख, भलाई के छोटे-छोटे काम, साथ के छोटे-छोटे लम्हे। शैलेन्द्र ने फ़िल्म के अन्त के लिए एक मार्मिक गीत रचा है। मन्ना डे का गाया ये गीत दो भागों में है—

अन्धी है दुनिया मतलब की दुनिया
हाय री दुनिया
यहाँ दिल का करे न कोई मोल प्यारे
अन्धी है दुनिया प्यारे, मतलब की दुनिया॥
आँख के अन्धे लाख में एक दो
मन के हैं अन्धे हज़ार

क्यों हमने रो-रो नैन गँवाए
कोई भी करे न विचार प्यारे॥
बेच-ख़रीद ले जो जी चाहे
दुनिया बनी है बाज़ार
राम का नाम पुकारनेवाले
तू अपने दाम पुकार प्यारे॥

गाँव में एक अजनबी आया। उसने सबकी मदद की। सच्चे दिल से गाँव का भला चाहा। यही नहीं ख़ुदकुशी की तरफ़ बढ़ते अपने बेटे को मोतीलाल समझाते हुए कहते हैं—

> सबसे अच्छा तरीक़ा ये है कि अपनी ख़ुदग़र्ज़ी को मार डालो और दूसरे के काम आओ। अपने आपे को मारकर किसी दूसरे के काम आना, ये भी एक क़िस्म की ख़ुदकुशी है।

पर अफ़सोस, सुकून की तलाश में चन्दनपुर आए मोतीलाल को सुकून जीते जी तो नहीं मिल सका—

कोई न पूछे दिल वाले को
राजा हों चाहे हों फ़क़ीर
पैसा ही बोले पैसा ही प्याले
पैसा ही आलमगीर प्यारे॥
जग में ज्ञानी लाखों आए
समझा के सब गए हार
हाय री दुनिया रोटी माँगे
कोई न माँगे प्यार॥

संगीतकार अनिल बिस्वास ने एक इंटरव्यू में शैलेन्द्र और मोतीलाल को रुँधे गले के साथ याद किया था और कहा था कि दोनों विलक्षण कलाकार थे। संसार ने इन्हें कितनी जल्दी खो दिया।

क्या लाए थे क्या ले जाओगे
ख़ाली रहेंगे दोनों हाथ
रह गई तेरे करम की गठरी

कुछ भी गया न तेरे साथ प्यारे
अन्धी है दुनिया॥

कितनी अजीब बात है कि अपनी महत्त्वाकांक्षी फ़िल्म 'छोटी-छोटी बातें' में अपनी ही मौत का दृश्य फ़िल्मानेवाले मोतीलाल इस फ़िल्म के रिलीज़ होने से पहले ही चल बसे। जीवन कितना नाटकीय है! मोतीलाल और शैलेन्द्र के जीवन में फ़िल्म निर्माण को लेकर कैसी समानता नज़र आती है। मोतीलाल की बनाई, उन्हीं की निर्देशित फ़िल्म 'छोटी-छोटी बातें' रिलीज़ हुई थी 16 सितम्बर, 1965 को। तब तक मोतीलाल के जीवन की किताब के पन्ने ख़त्म हो चुके थे। मोतीलाल के चले जाने के बाद मुकेश ने इस फ़िल्म को पूरा करवाया और रिलीज़ करवाया। उस समय तो फ़िल्म नहीं चली पर आज यह हिन्दी सिनेमा की एक महत्त्वपूर्ण फ़िल्म मानी जाती है। बहुत वक़्त तक इसका कोई वीडियो कैसेट या डीवीडी उपलब्ध नहीं था और सिनेमा के दीवाने इसे केवल दूरदर्शन पर देख सके थे। 'छोटी-छोटी बातें' को तेरहवें राष्ट्रीय फ़िल्म पुरस्कारों में तीसरी सर्वश्रेष्ठ फ़िल्म और सर्वश्रेष्ठ कथा का राष्ट्रीय पुरस्कार मिला था।

इसी तरह शैलेन्द्र ने ठान लिया था उन्हें फणीश्वरनाथ रेणु की कहानी 'मारे गए गुलफ़ाम' पर फ़िल्म बनानी ही है। छह साल के संघर्ष के बाद आख़िरकार 4 मार्च, 1966 को बासु भट्टाचार्य के निर्देशन वाली यह फ़िल्म 'तीसरी क़सम' रिलीज़ हुई। फ़िल्म को 10 अक्तूबर, 1967 को दिल्ली में राष्ट्रपति का स्वर्ण पदक भी प्राप्त हुआ जिसे आज 'सर्वश्रेष्ठ फ़िल्म के राष्ट्रीय पुरस्कार' के रूप में जाना जाता है। पर तब तक शैलेन्द्र की झोली से भी साँसों के सिक्के ख़त्म हो चुके थे। 14 दिसम्बर, 1966 को राजकपूर के जन्मदिन वाली तारीख़ को नॉर्थकोट नर्सिंग होम में शैलेन्द्र का निधन हो गया। राजकपूर ने शैलेन्द्र को खो देने के बाद कहा था—"मेरे दोस्त ने जाने के लिए कौन सा दिन चुना, किसी का जन्म, किसी का मरण, कवि था ना, इस बात को ख़ूब समझता था।"

यह कड़वा सच है कि शैलेन्द्र और मोतीलाल दोनों के जीवन का अन्तिम दौर फ़िल्म निर्माण से जुड़े संघर्ष में बीता। यह भी कि संसार ने इन दोनों कलाकारों का बड़ा फ़ायदा उठाया। शैलेन्द्र जब 'तीसरी क़सम' बना रहे थे तो प्रोडक्शन से जुड़े लोगों ने अनाप-शनाप पैसे ख़र्च करवाए। शैलेन्द्र को फ़िल्म

बनाने का अनुभव नहीं था, न ही मोतीलाल को अनुभव था। दोनों ने ही ठोकरें खाकर अपने-अपने सपने को पूरा किया और हिन्दी सिनेमा के इतिहास की दो कालजयी फ़िल्में सामने आईं—'तीसरी कसम' और 'छोटी-छोटी बातें।' कैसा संयोग है कि शैलेन्द्र इन दोनों फ़िल्मों से जुड़े थे। यह भी नहीं भूलना चाहिए कि शैलेन्द्र के जाने के बाद उनके परिवार के हिस्से में संघर्ष आया। पिता, पति, घर के मुखिया को खो देने का ग़म। केवल तैंतालीस बरस की उम्र में शैलेन्द्र का इस असार संसार से चले जाना एक कच्चे परिवार के लिए बहुत बड़ा झटका था। दो रचनात्मक व्यक्तित्व। दोनों ने फ़िल्म-निर्माण का सपना पाला। इस सुनहरे सपने ने उन दोनों को डस लिया। ज़रा सोचिए शैलेन्द्र और जीते तो गानों की कितनी अशर्फ़ियाँ हमें दे जाते। मोतीलाल और जीते तो जाने कितने किरदारों में अपने अभिनय से जान फूँक देते।

'छोटी-छोटी बातें' के यूँ तो सारे गाने कमाल के हैं, पर सबसे ज़्यादा मायने रखता है—*ज़िन्दगी ख़्वाब है, था हमें ये पता...*क्योंकि इस गाने में शैलेन्द्र ने जीवन का निचोड़ पिरो दिया है। इसके बावजूद ये निराशा का गीत नहीं है, उम्मीद का गीत है, हिम्मत का गीत है—

चल पड़े दर्द पीकर तो चलते रहे
हार कर बैठ जाने से इनकार था

जीवन किस तरह के भावनात्मक झटके देता है इसकी मिसाल है इस गाने के पीछे की कहानी। मोतीलाल हिन्दी सिनेमा में सहज अभिनय और संवाद अदायगी वाले पहले कलाकार थे। उन्हें कामयाबी भी ख़ूब मिली। मोतीलाल को घोड़ों की रेस पर दाँव लगाने का शौक़ था। जुए का भी। क्रिकेट से प्यार था। और विमान भी उड़ाया करते थे। कामयाबी के घोड़े दौड़ते हुए मोतीलाल से बहुत आगे निकल गए और वो हाँफते हुए पीछे कहीं रह गए। फिर फ़िल्म बनाने का शौक़ चढ़ा तो जान पर बन आई। जीवन में तंगी के दिन आ गए थे। 'छोटी-छोटी बातें' न सिर्फ़ मोतीलाल के जीवन की आख़िरी फ़िल्म थी बल्कि मुम्बई में संगीतकार अनिल बिस्वास की फ़िल्म-यात्रा की भी अन्तिम फ़िल्म थी। मार्च 1963 में अनिल दा ने दिल्ली आकाशवाणी ज्वॉइन कर लिया था।

कहा जाता है कि पार्श्वगायक मुकेश ने अनिल बिस्वास को दिल्ली फ़ोन किया था और कहा था कि फ़िल्म की शूटिंग ख़त्म हो चुकी है पर बैकग्राउंड

म्यूज़िक का काम बाक़ी है, आप फ़ौरन आ जाएँ तो मैं फ़िल्म रिलीज़ करवा दूँगा। अनिल दा ने आकाशवाणी से छुट्टी ली और यह सोचकर ख़ुशी-ख़ुशी मुम्बई आए कि चलो अपने दोस्त की फ़िल्म रिलीज़ हो रही है।

मुम्बई आने पर पता चला कि मोतीलाल तो ब्रीच कैंडी अस्पताल में भर्ती हैं। अनिल बिस्वास ने सिर्फ़ दो दिनों में 'छोटी-छोटी बातें' का पार्श्व-संगीत तैयार किया था, इसमें संतूर, सितार, बाँसुरी, सरोद और ड्रम्स का इस्तेमाल किया गया था। काम पूरा होने पर उन्होंने मोतीलाल को तक़रीबन रात आठ बजे फ़ोन किया और कहा, मोती, मैंने काम पूरा कर दिया है। मोतीलाल ने राहत की साँस ली। उन्होंने पूछा कि आप मुझसे मिलने कब आ रहे हैं। अनिल दा ने कहा, कल सुबह ग्यारह बजे मिलते हैं। पर सुबह ख़बर आई कि मोतीलाल नहीं रहे। फ़िल्म की रिलीज़ की पार्टी के बजाय अनिल दा मोतीलाल के अन्तिम-संस्कार में शामिल हुए।

इस दुखद अन्त को शैलेन्द्र ने अपने शब्द दिए हैं—*हमसफ़र...एक दिन तो बिछड़ना ही था। अलविदा अलविदा अलविदा अलविदा...*

भला किसकी आँखें इसे सुनकर नम न हो जाएँगी और दिल में एक ख़लिश-सी महसूस न होगी। याद रहे शैलेन्द्र ने ये गाना किसी फ़िल्म की सिचुएशन पर नहीं ज़िन्दगी की सिचुएशन पर लिखा, एक महान कलाकार की विदाई पर लिखा। तीन मिनट सात सेकेंड के इस गाने को जितनी बार सुनें, आँखें बरस-बरस पड़ती हैं।

यहाँ हम ज़ोर देकर कहना चाहेंगे कि शैलेन्द्र के गीतों को संसार को रोशनी दिखानेवाले 'लाइट-हाउस' की तरह देखा जाना चाहिए। जीवन की आशाएँ उनके गानों में छलक-छलक पड़ती थीं। दर्शन तो ऐसा कि ख़बरदार करते थे, संसार से बचकर रहना, माया है, कुछ हाथ न लगेगा आगे। *कहते हैं ज्ञानी/ दुनिया है फ़ानी* कहनेवाले शैलेन्द्र यह भी कहते हैं—

कविराज कहे, न ये ताज रहे,
न ये राज रहे, न राजघराना
प्रीत और प्रीत का गीत रहे
कभी लूट सका न कोई ये ख़ज़ाना...

वो सत्ता और ताक़त की चकाचौंध और उसके चक्रव्यूह में फँसे लोगों को ख़बरदार करते हुए कहते हैं—

तुम्हारे महल चौबारे यहीं रह जाएँगे सारे
अकड़ किस बात की प्यारे...

शैलेन्द्र के भीतर दार्शनिकता की पैठ बड़ी गहरी रही है। वे सदा एक सहज-सरल जीवन के समर्थक रहे, फ़िल्मी-दायरे में गानों के भीतर उन्होंने गागर में सागर भरने की गुंजाइश निकाली। उनके कई गानों के जुमले ऐसे हैं जो अपने आप में एक स्टेटमेंट हैं—

सहज है सीधी राह पे चलना
देखके उलझन बचके निकलना...

कहना न होगा कि शैलेन्द्र ज़िन्दगी की जिजीविषा के कवि हैं। उनका विश्वास थककर बैठ जाने में नहीं है, बल्कि जूझते चले जाने में है। 'दूर गगन की छाँव में' के शीर्षक गीत में वह कहते हैं—

माना कि गहरी है धारा
पर है कहीं तो किनारा
तू भी मिला आशा के सुर में
मन का ये इकतारा॥

शैलेन्द्र वह गीतकार हैं जिन्होंने पथरीले रास्तों पर चलते हुए ज़िन्दगी की जद्दोजहद के बीच भी मुस्कुराने और मुस्कुराहटें बाँटने का सन्देश दिया है—

माना अपनी जेब से फ़क़ीर हैं
फिर भी यारों दिल के हम अमीर हैं
मिटे जो प्यार के लिए वो ज़िन्दगी
जले बहार के लिए वो ज़िन्दगी
किसी को हो न हो हमें तो एतबार
जीना इसी का नाम है॥
किसी की मुस्कुराहटों पे हो निसार
किसी का दर्द मिल सके तो ले उधार
किसी के वास्ते हो तेरे दिल में प्यार
जीना इसी का नाम है॥

आधुनिक जीवन के थपेड़े सहते, रोज़ अवसाद और निराशा की लहर का सामना करते हम लोगों को शैलेन्द्र के गीत दुलराते हैं, उम्मीद बँधाते हैं, हिम्मत देते हैं—

मिलने दो अब दिल से दिल को, मिटने दो मजबूरियों को
शीशे में अपने डुबो दो, सब फ़ासलों-दूरियों को
आँखों में मैं मुस्कुराऊँ तुम्हारी, जो तुम मुस्कुराओ
महफ़िल में अब कौन है अजनबी, तुम मेरे पास आओ
दिल की गिरह खोल दो, चुप न बैठो, कोई गीत गाओ॥

शैलेन्द्र गीतकारी की दुनिया का ध्रुव-तारा हैं। चाहे तकनीक कितनी ऊँची सीढ़ियाँ चढ़ ले, चाहे आर्टिफिशियल इंटेलिजेंस गाने बनाने में कितना ही दख़ल दे डाले, चाहे स्टूडियो में बैठकर कितनी ही कलाबाज़ियाँ सम्भव हो जाएँ लेकिन जब कभी स्क्रिप्ट में गहरे धँसे, कविताई के पैमाने पर खरे गीतों का ज़िक्र होगा शैलेन्द्र के गीत हमेशा रोशनी दिखाएँगे। ज़िन्दगी की राहों में जब हमें सबसे ज़्यादा ज़रूरत होगी, शैलेन्द्र के गीत अपने स्वर्ण-स्पर्श से हमें आलोकित कर देंगे। ये विश्वास दिलाएँगे कि अभी भी मुस्कुराते हुए जिया जा सकता है।

भेद ये गहरा बात ज़रा-सी

♫

बिमल रॉय की फ़िल्मोग्राफ़ी की सबसे चौंकानेवाली फ़िल्म है 'मधुमति।' पुनर्जन्म, भटकती आत्मा, मिलना-बिछुड़ना पहली नज़र में ठेठ हिन्दी मसाला फ़िल्म की सामग्री लग सकती है। ये सच है कि आगे चलकर 'मधुमति' वो बुनियाद बनी, जिस पर हिन्दी सिनेमा की कई कमर्शियल हिट फ़िल्मों ने अपने वैभव के राजमहल खड़े कर लिये। सिनेमा के अध्येताओं को 'मधुमति' इसलिए और भी चौंकाती है कि इसे बीहड़ यथार्थवादी फ़िल्मकार और लेखक ऋत्विक घटक ने लिखा था। आगे चलकर उन्होंने 'मेघे ढाका तारा' जैसी घोर यथार्थवादी फ़िल्म बनाई और पूरे विश्व में भारतीय सिनेमा का परचम लहराया। 1957 में ऋषिकेश मुखर्जी ने जब निर्देशन की दुनिया में क़दम रखा तो उनकी पहली फ़िल्म 'मुसाफ़िर' की पटकथा भी ऋत्विक घटक ने (ऋषि दा के साथ) लिखी थी।

बिमल रॉय की बेटी रिंकी भट्टाचार्य ने अपनी पुस्तक 'Bimal Roy's MADHUMATI, Untold stories from behind the scenes' में लिखा है कि जब ऋत्विक घटक ने बिमल रॉय को यह कहानी सुनाई तो उन्होंने तीन सौ रुपये की बड़ी रकम देकर उन्हें साइन कर लिया।

मोहन स्टूडियो में जहाँ बिमल रॉय प्रोडक्शन का ऑफ़िस था, यूनिट के दूसरे लोगों के साथ बैठकर ऋत्विक मज़े से बीड़ी पी रहे थे और लोगों से कह रहे थे—

> मैंने कैपिटलिस्ट बिमल रॉय के लिए भूत की ऐसी कहानी लिखी है कि इस पर फ़िल्म बनाने में वो बर्बाद हो जाएगा।

यह बात मज़ाक़ में कही गई थी या गम्भीरता से...ये एक रहस्य है। कहना न होगा कि 'मधुमति' बिमल रॉय की सबसे कामयाब फ़िल्मों में से एक रही और इस फ़िल्म के गीतकार चुने गए शैलेन्द्र, जो इससे पहले बिमल रॉय के लिए 1953 में 'दो बीघा ज़मीन' और 1955 में 'नौकरी' के गीत लिख चुके थे। और आगे चलकर 'यहूदी', 'परख' और 'बन्दिनी' के गीत लिखनेवाले थे। ये बिमल रॉय की निर्देशकीय-यात्रा की फ़िल्में हैं। उनके कई सहायक निर्देशक जब स्वतंत्र निर्देशक बने तो उनकी फ़िल्मों में भी शैलेन्द्र के गीत आए। यानी 'मधुमति' बिमल रॉय और शैलेन्द्र की सह-यात्रा का लगभग मध्य-बिन्दु है।

देवेन्द्र (दिलीप कुमार) बारिश की वजह से एक पुरानी हवेली में क्या रुकता है, कोई पुरानी गिरह खुल जाती है। उसे अपने पिछले जन्म की बातें याद हो आती हैं। पिछले जन्म में वो आनन्द था। इस पहाड़ी इलाक़े के क्रूर राजा उग्र नारायण का मैनेजर। 'मधुमति' के बारे में एक बात और ख़ास है। इसके संवाद राजिन्दर सिंह बेदी ने लिखे थे। उर्दू के नामी लेखक और फ़िल्मकार। उन्होंने आगे चलकर 'एक चादर मैली सी' और 'गरम कोट' जैसी रचनाएँ और 'दस्तक' जैसी फ़िल्म दी। अब देवेन्द्र के इन संवादों के सहारे फ़िल्म के पहले गाने की तरफ़ चलते हैं—

> न जाने कब की बात है, शायद पिछले जनम की। जब मैं इस पहाड़ी इलाक़े में उग्र नारायण के जंगलों का मैनेजर बनकर आया था। कितना ख़ूबसूरत दिन था वो। क़ुदरत की हर चीज़ गा रही थी...जैसे मेरे ही स्वागत के लिए।

यहाँ बिमल रॉय गाने की जादुई पृष्ठभूमि रचते हैं। ब्लैक एंड व्हाइट फ़िल्म के कैनवस पर खिला और खुला आसमान, पंछियों की आवाज़ें, घना जंगल, ऊँचे पेड़, दूर तक फैली वादियाँ और कुहासा। 'मधुमति' कुहासे में घिरी फ़िल्म है। ये कुहासा इस पूरी फ़िल्म में जगह-जगह नज़र आता है... दूर पहाड़ी औरतें बर्तन लेकर पानी भरने जा रही हैं...उनका लहरदार कोरस। पेड़ पर बैठे एक पंछी का चहचहाना और बकरियों को लेकर जा रहे एक चरवाहे का—हुर्र...हुर्र...

सुहाना सफ़र और ये मौसम हसीं
हमें डर है हम खो न जाएँ कहीं

एक दिन सलिल चौधरी और शैलेन्द्र दोनों यूँ ही घूमने खंडाला घाट चले गए थे। उन दिनों फ़िल्मी दुनिया के काफ़ी लोग मुम्बई के कोलाहल से दूर रचनात्मक प्रेरणा के लिए वहाँ घूमने चले जाते थे। वहाँ उन्होंने देखा कि एक चरवाहा अपनी बकरियों को 'हुर्र...हुर्र' की आवाज़ के साथ ले जा रहा है। ये वही दिन थे जब 'मधुमति' का संगीत तैयार किया जा रहा था। वहीं खंडाला घाट पर सलिल चौधरी ने 'सुहाना सफ़र' का शुरुआती हिस्सा कम्पोज़ कर लिया था और उसमें चरवाहे की उस 'हुर्र...हुर्र' की पुकार भी रखी थी—

ये कौन हँसता है फूलों में छुपकर
बहार बेचैन है किसकी धुन पर
कहीं गुन-गुन कहीं रुन-झुन
कि जैसे नाचे ज़मीं॥

शैलेन्द्र के गीतों की जड़ें पटकथा में बहुत गहरे उतरती थीं। आनन्द पहाड़

की इस ख़ूबसूरती को देखकर स्तब्ध है। बलखाती नदी, झरने, पंछी, फूल और ये वादी, ये गुनगुन और रुनझुन...वो एक बेफ़िक्र नौजवान है जिसके कन्धे पर लटके बैग में ड्रॉइंग-बुक और स्केचिंग का सामान है। स्वेटर को कन्धे पर बाँध रखा है उसने। एक नई नौकरी पर आया है। आगे क्या होगा, कैसा होगा उसका जीवन, उसे पता नहीं—*हमें डर है हम खो न जाएँ कहीं* और अगले अन्तरे की पंक्ति *मेरी दुनिया, मेरे सपने मिलेंगे शायद यहीं* इसी का इशारा करती हैं—

ये गोरी नदियों का चलना उछलकर
कि जैसे अल्हड़ चले पी से मिलकर
प्यारे-प्यारे ये नज़ारे, निखार है हर कहीं॥

फ़िल्मी-गीतों को उनकी फ़िल्म से 'बाहर' सुनना एक अलग अनुभव है और फ़िल्म के 'भीतर' देखना बिलकुल अलग अनुभव। फ़िल्म के भीतर गाने उसकी कहानी के साथी होते हैं और फ़िल्म से बाहर हमारे जीवन, स्मृतियों और अनुभवों के साथी बन जाते हैं। गानों को ऑडियो में सुनते हुए हमें अहसास भी नहीं होता कि फ़िल्मकार का क्या मन्तव्य रहा होगा गाने और उसके फ़िल्मांकन का। बिमल रॉय कोई सामान्य फ़िल्मकार नहीं थे। सिनेमा को लेकर उनकी अपनी सोच, अपनी शैली थी। आनन्द एक जगह रुकता है और घाटी से पुकार लगाता है—'ओ हो हो', गूँज समवेत स्वरों में वापस आती है—'हम्मम हम्मम'...'हम्मम हम्मम।' अब अपने सुर को ऊँचा करता है—'ओ हो...।' और वैसी ही गूँज वापस आती है पर समवेत स्वरों में। पता नहीं ये बिमल रॉय की कल्पना का वितान है या फिर सलिल चौधरी की रचनात्मक टेर, पर मुझे ये प्रकृति और पुरुष के मिलन का रूपक लगता है। जाने कैसे शैलेन्द्र के बोल भी इस परिकल्पना को साकार करते हुए ही रचे गए हैं—

वो आसमाँ झुक रहा है ज़मीं पर
ये मिलन हमने देखा यहीं पर
मेरी दुनिया, मेरे सपने मिलेंगे शायद यहीं॥

फ़िल्म के पार इस गीत का सफ़र बड़ा रोचक रहा है। ट्रेन, बस, कार, बाइक कोई सफ़र हो या पिकनिक या शहर से बाहर की दौड़—क़ुदरत के ख़ूबसूरत नज़ारे देखकर अक्सर लोगों के होंठों पर यह गीत सज उठता है।

मूल रूप से इस गीत को गाने के लिए तलत महमूद का चुनाव किया गया था लेकिन ख़ुद तलत ने एक ख़ास वजह से मुकेश का नाम सुझाया और इस तरह गाना उस आवाज़ में सामने आया।

सलिल चौधरी ने आकाशवाणी को दिए एक अंग्रेज़ी इंटरव्यू में कहा था कि उन्होंने इस फ़िल्म के सारे गानों की धुन पहले बनाई और शैलेन्द्र ने बाद में इन पर गाने रचे। इस तथ्य की रोशनी में बतौर गीतकार शैलेन्द्र का कवि-कर्म कितना अर्थपूर्ण हो जाता है! 'मधुमति' के रिकॉर्ड पर कुल ग्यारह गाने हैं जबकि फ़िल्म में नौ ही गाने हैं। ज़ाहिर है कि हमें नहीं पता ये दो गाने एडिटिंग के दौरान काट दिए गए या फिर फ़िल्माए हीनहीं गए। पर फ़िल्म की स्क्रिप्ट में इनकी तयशुदा जगह रही होगी तभी तो इन्हें लिखा और रिकॉर्ड किया गया। जो दो गाने फ़िल्म में नहीं हैं, पहले उनकी बातें।

'मधुमति' के रिकॉर्ड पर एक गीत है *कंचा ले कांची लै लाग्यो*। ख़ुद सलिल दा ने कहा है कि ये एक नेपाली लोकगीत है। मज़ेदार बात यह है कि बचपन में सलिल दा ने किसी गोरखा दरबान से एक धुन सुनी, जो उन्हें बार-बार हॉन्ट करती थी। उन्होंने आगे चलकर इसी धुन पर फ़िल्म 'नौकरी' के लिए गाना तैयार किया—*छोटा-सा घर होगा, बादलों की छाँव में*। दुनिया-भर के लोक-संगीत से सलिल दा को कितना लगाव था, इसकी मिसाल उनके गानों के ख़ज़ाने में मिलती है। *धरती कहे पुकार के, सुहाना सफ़र, छोटा-सा घर होगा* जैसे गाने असल में दुनिया के अलग-अलग हिस्सों की लोक-धुनों पर रचे गए हैं। नहीं पता कि यह गाना फ़िल्म में कहाँ आया होगा। पर इसकी लेखनी काफ़ी मायने रखती है। 'मधुमति' के गानों में सलिल दा का संगीत-कौशल पूरे शबाब पर है। पहाड़ी ड्रम्स, बाँसुरी की मादक मधुर तान, कोरस की महीन बुनावट और उस पर स्ट्रिंग्स और गायकी—

कंचा ले कंची लै लाग्यो
घंटी बजे लालटेनवा ले लो।
नये-नये राजा की नई टकसाल हो
नये पैसे को लेकर आया है नया साल।
कंचा ले कंची लै लाग्यो॥

शैलेन्द्र के सामने स्पष्ट रहा होगा कि इस गाने को पहाड़ी ग्रामीण गा रहे हैं। इसलिए उन्होंने इस गाने में वैसे ही प्रतीक, भावनाएँ और बुनावट रखी

हैं। जो खरजदार आवाज़ आपको सुनाई पड़ती है वो ग़ुलाम मोहम्मद की है। इसके अलावा इस गाने में आशा भोसले और सबिता बैनर्जी (सलिल दा की पत्नी) की भी आवाज़ें हैं। गाने में कोरस बहुत ही नाटकीय, अद्भुत और प्रभावी है जिससे गाना एकदम जनगीत की शक्ल ले लेता है। और फिर वह शानदार मैंडोलिन—

ओ मोरे माली घर आ जा
कल परसों गिन-गिन के
बलमा बीते बरसों
कोई पाती न सन्देसा
पीली पड़ गई सरसों।
कांचा ले कांची लै लाग्यो॥

यहाँ से अचानक गाने का स्वरूप बदल जाता है और कोरस गाने के बढ़े हुए टेम्पो के साथ हमें झूमने पर मजबूर कर देता है। ज़रा सोचिए कि नौकरी पर परदेस गए गोरखा की कांची की कसक को शैलेन्द्र ने कितनी कुशलता से अपने शब्दों में पिरोया है—

रुत मतवाली, झूमे डाली-डाली
जाने जग सारा, जाने न माली
कली मुस्काए, भँवरे को बुलाए
जाने जग सारा, जाने न माली॥
हमरे दिल में सौ-सौ अरमान
हाय बलम न जाने।
ना जाने बालमा न जाने॥
डाली झुकी अमियाँ गदराई
कोयल गाये गाने।
ना जाने बालमा न जाने॥
मन मोरे सजनी, प्यार की अग्नि
जाने जग सारा, जाने न माली॥
रुत मतवाली, झूमे डाली-डाली
जाने जग सारा, जाने न माली॥

फ़िल्म में इस गाने की एक ही पंक्ति सुनाई पड़ती है जब गाँव के मर्द और औरतें घाटी में क़तार बनाकर मेले को जा रहे हैं और आनन्द ऊपर से देख रहा है। काश, ये गीत फ़िल्म में पूरा आता, तो शैलेन्द्र और सलिल चौधरी के मणिकांचन-योग की ख्याति थोड़ी और बढ़ जाती! हालाँकि 'मधुमति' के रिकॉर्ड पर एक और गीत है जो फ़िल्म में नहीं आया। लकड़हारों का एक श्रम-गीत जिसे लिखा है मजरूह सुल्तानपुरी ने—

तन जले मन जलता रहे
हाँ ख़ून पसीना ढलता रहे
जीवन का आरा चलता रहे
हो, ये है ज़िन्दगी प्यारे
काँटों में दिन गुज़ारे
फिर भी न हारे॥

असल में सलिल दा को इस गाने की प्रेरणा अमेरिका के मशहूर लोकगीत 'सिक्सटीन टन' से मिली थी। ये गीत केंटकी के कोयला खदानों के मज़दूरों के संघर्ष का गीत है। इसे 1947 में मर्ल ट्रैविस ने तैयार किया था। क्या बिमल दा के पास मजरूह सुल्तानपुरी का ये गाना पहले से पड़ा था? किसी और फ़िल्म के लिए लिखवाया गया था? चूँकि शैलेन्द्र इस फ़िल्म में मौजूद थे इसलिए सम्भव है कि इस गाने के पीछे कोई दास्तान छिपी हुई हो।

'मधुमति' का जो गीत फ़िल्म की 'आत्मा' है या कहें फ़िल्म में 'आत्मा' का गीत भी है वह है—*आ जा रे परदेसी*। यह गाना फ़िल्म की कहानी में बुना एक बारीक ज़रीदार धागा है जिसकी गूँज बार-बार सुनाई पड़ती है। बिना साज़ों के बस लता के स्वर की जज़्बाती पुकार—

आ जा रे परदेसी...
मैं तो कब से खड़ी इस पार
ये अँखियाँ थक गईं पंथ निहार

चूँकि 'मधुमति' पुनर्जन्म के इर्द-गिर्द बुनी कहानी है, इसलिए बिमल रॉय ने इसकी सघनता को बढ़ाने के लिए इस गाने का सहारा लिया है, जिसे फ़िल्म का 'थीम-सॉन्ग' भी कहा जा सकता है। सलिल चौधरी कहा करते थे कि मैंने कभी भी 'इंटरल्यूड म्यूज़िक' को सिर्फ़ भरावट के लिए नहीं रखा

बल्कि उसे हमेशा मुख्य-संगीत का एक अटूट हिस्सा बनाया इसलिए लोग मेरे ज़्यादातर गानों के 'इंटरल्यूड' को भी गाते-गुनगुनाते हैं। *आ जा रे परदेसी* के फ़र्स्ट इंटरल्यूड में सलिल दा ने मैंडोलिन पर *घड़ी-घड़ी मेरा दिल धड़के* का टुकड़ा पिरोया है।

मैं दीये की एक ही बाती
जल न सकी, जो बुझ भी न पाती
आ मिल मेरे जीवन-साथी ओ।
आ जा रे॥

मधुमति एक आदिवासी लड़की है। जंगल, पहाड़, झरने, पंछी-तितलियाँ सब उसका और उसके साथी आदिवासियों का है। क़ुदरत के साथ एक धुन-एक ताल पर जीनेवाले लोग हैं ये। आनन्द का उससे मिलना बड़े रहस्यमय हालात में होता है। उसे वह दिखती-छिपती रहती है। आनन्द बदहवासी में पीछे-पीछे दौड़ता रहता है। यह मृत्यु और पुनर्जन्म के कुहासे के आर-पार रची गई इस कहानी की माँग भी है। शैलेन्द्र ने इसे नेह, राग, रस और रंग में रचा-बसाकर लिखा है—

तुम संग जनम-जनम के फेरे
भूल गए क्यों साजन मेरे
तड़पत हूँ मैं साँझ सबेरे ओ।
आ जा रे॥

एक महान गीतकार वह होता है जो बहुत साधारण भावों को अभिव्यक्त करने में भी कोई गहरी बात कह दे। ऐसे शब्द, जो सूक्ति बन जाएँ। यह ऐसे ही कालजयी-गीत नहीं बन गया है। शैलेन्द्र जब *मैं दीये की एक ही बाती/ जल न सकी जो बुझ भी न पाती* या *मैं नदिया फिर भी मैं प्यासी/ भेद ये गहरा बात ज़रा-सी* कहते हैं तो ये उलटबाँसी मन में कहीं बहुत गहरे उतर जाती है। फ़िल्म देखें तो हम साफ़ समझ पाते हैं कि कैसे मधुमति के किरदार की पीड़ा, उसके जीवन के अधूरेपन को उन्होंने इन पंक्तियों में उतारकर रख दिया है—

मैं नदिया फिर भी मैं प्यासी
भेद ये गहरा बात ज़रा-सी

बिन तेरे हर साँस उदासी ओ
आ जा रे॥

शैलेन्द्र की गीतकारी के फ़लसफ़े को अगर किसी एक जुमले में व्यक्त करना हो तो यही कहा जा सकता है—*भेद ये गहरा बात ज़रा-सी।* ज़रा-सी लगनेवाली बड़ी गहरी और सरोकारों वाली बात वे बड़ी सहजता और सरलता से अपने गानों में पिरोते चले आए हैं। उनके गानों में ऐसे छोटे-छोटे वाक्य आपको कई जगह मिल जाएँगे जो आम ज़िन्दगी के मुहावरे बन चुके हैं। अब इस गाने की रचना-प्रक्रिया का एक और आयाम। कम लोग जानते हैं कि *आ जा रे परदेसी* का बीज फ़िल्म 'जागते रहो' में छिपा है। फ़िल्म में जब-जब राजकपूर पानी खोजकर पीने की कोशिश करते हैं कुछ-न-कुछ हंगामा हो जाता है और वो प्यासे रह जाते हैं, तड़पते रह जाते हैं। उस अधूरी प्यास और तड़प को उभारने के लिए सलिल दा ने एक धुन रखी थी। जब-जब राजकपूर पानी की तलाश में नाकाम रहते हैं तब-तब एक विकल धुन बजती है। 'मधुमति' की सिटिंग के दौरान शैलेन्द्र ने जब ये धुन सुनी तो कहा—'दादा ये ट्यून कमाल है—क्यों न इस पर गाना बना लिया जाए।' उन्हीं ने ये पहली पंक्ति लिखी थी—*आ जा रे परदेसी।* 'मधुमति' 1958 में आई और फ़िल्मफ़ेयर पुरस्कारों में सर्वश्रेष्ठ पार्श्व-गायक का पुरस्कार 1959 में शुरू हुआ। लता मंगेशकर को इस गाने के लिए अपना पहला फ़िल्मफ़ेयर पुरस्कार मिला था। यानी सर्वश्रेष्ठ गायक का पहला पुरस्कार लता जी ने जीता। अगले बरस मुकेश ने यह पुरस्कार फ़िल्म 'अनाड़ी' के गाने *सब कुछ सीखा हमने* के लिए जीता। इत्तेफ़ाक़ देखिए कि इसे भी शैलेन्द्र ने ही लिखा था। 'मधुमति' ने एक-दो नहीं पूरे नौ फ़िल्मफ़ेयर अवॉर्ड जीते थे। सर्वश्रेष्ठ निर्देशक, फ़िल्म, सहायक अभिनेता, संगीतकार, पार्श्वगायिका, संवाद, कला-निर्देशक, छायांकन और सम्पादन के फ़िल्मफ़ेयर अवॉर्ड।

आनन्द मेले में जाता है और वहाँ गाँव की महिलाएँ मिलकर गीत गा रही हैं, नाच रही हैं। मधुमति भी उनमें से एक है। ये गाना है—*जुल्मी संग आँख लड़ी रे।* सलिल दा ने अपने कई इंटरव्यूज़ में अक्सर ज़िक्र किया है कि इस गाने के लिए उन्होंने एक कुमाऊँनी लोक-धुन का इस्तेमाल किया था।

जुल्मी संग आँख लड़ी, जुल्मी संग आँख लड़ी रे
सखी मैं का से कहूँ, री सखी मैं का से कहूँ

जाने कैसे ये बात बढ़ी रे।
वो छुप-छुपके बँसरी बजाए
सुनाए मुझे मस्ती में डूबा हुआ राग रे
मोहे तारों की छाँव में बुलाए
चुराये मेरी निंदिया, मैं रह जाऊँ जाग रे
लगे दिन छोटा रात बड़ी रे
जुल्मी संग आँख लड़ी रे॥

लोक-धुन पर रचे शैलेन्द्र के इस गीत की बनावट किसी आधुनिक लोकगीत की तरह ही है। धुन पर रचते हुए उन्होंने अपना लालित्य और अपनी अदा नहीं छोड़ी है। *लगे दिन छोटा रात बड़ी रे* जैसी पंक्ति इसकी मिसाल हैं। 'मधुमति' के सारे गाने सलिल चौधरी के बेमिसाल संगीत-संयोजन के लिए भी याद किए जाने चाहिए। यानी सिर्फ़ धुन नहीं, गानों की पूरी पैकेजिंग, वाद्य-यंत्रों का सूझबूझ से भरा इस्तेमाल। इस गाने को ही लीजिए, इसका इंट्रोडक्शन म्यूज़िक मैंडोलिन की मीठी धुन और कोरस की भव्यता से सजा हुआ है। इस फ़िल्म के गानों में मैंडोलिन बजाया था फ़िल्म-उद्योग के सम्मानित मैंडोलिन वादक परशुराम हल्दीपुर ने। चूँकि ये गाना मधुमति गाँव के मेले में सखियों के साथ गाती है इसलिए कोरस इस गाने का अभिन्न अंग तो होना ही था।

फ़िल्म में आगे चलकर मधुमति के इन्तज़ार का गीत आता है—*घड़ी-घड़ी मोरा दिल धड़के।* ये गाना भी मैंडोलिन और पायल की छन-छन की सुन्दर झालर से सज़ा है। इन्तज़ार का बहुत ही प्यारा गीत लिखा है शैलेन्द्र ने। आज इतने दशकों बाद भी इसकी लोकप्रियता में कोई कमी नहीं आई है। इतने बरसों बाद भी शैलेन्द्र के न जाने कितने गाने, सारे अन्तरों के बोल तक संगीत के क़द्रदानों को पूरी तरह याद हैं जबकि आज के गानों के मुखड़े भी याद रह जाएँ तो ग़नीमत है।

घड़ी-घड़ी मोरा दिल धड़के
हाय धड़के क्यों धड़के
आज मिलन की बेला में
सर से चुनरिया क्यों सरके
घड़ी-घड़ी मोरा दिल धड़के॥
सारी उमर के बदले मैंने माँगी थी ये शाम

आज यहीं खो जाऊँगी मैं उनकी बाँहें थाम
प्यार मिला आँचल भरके दिल धड़के, क्यों धड़के
आज मिलन की बेला में सर से चुनरिया क्यों सरके
घड़ी-घड़ी मोरा दिल धड़के॥

एक उदास गीत भी है—*टूटे हुए ख़्वाबों ने* जो अपनी सिचुएशन को बख़ूबी निभाता है। मधुमति गुम हो चुकी है। उग्र नारायण की हवस का शिकार बनने के बजाय उसने हवेली से कूद जाने का रास्ता चुना है। आनन्द को पता ही नहीं कि वो अब इस संसार में नहीं रही। वो सारा दिन जंगल में मधुमति को खोजता फिरता है और थककर चूर हो जाता है। उसे मधु की आवाज़ गूँजती हुई सुनाई देती है—

आ जा रे परदेसी
घिर आई रात अँधेरा आया
तुझसे बिछड़ गई मेरी छाया

यह शैलेन्द्र का लिखा अतिरिक्त अन्तरा है *आ जा रे परदेसी का।* ये बिमल रॉय की निर्देशकीय कुशलता है और शैलेन्द्र की गीतकारी की जादूगरी। फ़िल्म के कथानक में घटे अनिष्ट को वो कैसे एक पंक्ति में कह डालते हैं—*तुझसे बिछड़ गई मेरी छाया।* जब चरणदास इस चाल का खुलासा करता है तो ग़ुस्से में आनन्द उग्र-नारायण की हवेली की तरफ़ निकल पड़ता है। वहाँ मुजरा चल रहा है—

तुम्हारा दिल मेरे दिल के बराबर हो नहीं सकता
वो शीशा हो नहीं सकता, ये पत्थर हो नहीं सकता॥

शैलेन्द्र ने यहाँ मशहूर शायर दाग़ देहलवी की पंक्तियों का इस्तेमाल किया है। इसके आगे का गीत शैलेन्द्र ने ख़ुद रचा है।

हम हाल-ए-दिल सुनाएँगे सुनिए कि न सुनिए
सौ बार मुस्कराएँगे सुनिए कि न सुनिए॥

फ़िल्म से परे आम ज़िन्दगी में भी इन पंक्तियों का इस्तेमाल तंज़ करने में ख़ूब किया जाता रहा है। फ़िल्म में इस्तेमाल इन पंक्तियों तक ही हुआ है। हालाँकि इस गाने को पूरा रिकॉर्ड किया गया था और इसका ऑडियो संस्करण

उपलब्ध है। ये गीत शैलेन्द्र की गीतकारी की विविधता की निशानी है। वे हिन्दी फ़िल्म में एक अंग्रेज़ी गीत रचते हैं—'एक फूल चार काँटे' का गीत—*ओ ब्यूटीफुल बेबी ऑफ़ ब्रॉडवे।* शैलेन्द्र खड़ी बोली का *शिवजी बिहाने चले* जैसा गीत भी रचते हैं। वे 'हाफ़ टिकट' में *चील-चील चिल्ला के कजरी सुनाए* भी लिखते हैं। वे 'पटरानी' में *रंग-रंगीली पगिया बाँधे आए ॠतुराजा* जैसा ललित गीत रचते हैं। वे 'वसन्त-बहार' में *केतकी गुलाब जूही चम्पक बन फूले* रचते हैं। और वही शैलेन्द्र यहाँ दाग़ देहलवी की एक क्लासिक ग़ज़ल की ज़मीन पर 'मधुमति' का पूरा गीत खिला देते हैं—

रहेगा इश्क़ तेरा ख़ाक में मिला के मुझे
हुए हैं इब्तिदा में रंज...इंतिहा के मुझे
हम हाल-ए-दिल सुनाएँगे॥
अजब है आह मेरी, नाम दाग़ है मेरा
तमाम शहर जला दोगे क्या जला के मुझे
हम हाल-ए-दिल सुनाएँगे॥

मधुमति ग़ायब हो चुकी है। आनन्द का जीवन सूना हो चुका है। वह मधुमति की पेंटिंग बनाता है। जंगल में शूटिंग चल रही है। उसे मधुमति की हमशक़्ल नज़र आती है। और इस संशय में उसे बुरी तरह ज़लील होना पड़ता है। मधुमति कहाँ गई। अगर ये मधुमति है तो ये उसे पहचान क्यों नहीं रही बदल क्यों गई है। आनन्द का दिल छलनी है। उसकी उदासी की कोई सीमा नहीं है। यहाँ इस फ़िल्म का सबसे उदास गीत आता है जो अपनी लेखनी, गायकी और संगीत में अद्‌भुत है—

टूटे हुए ख़्वाबों ने हमको ये सिखाया है
दिल ने जिसे पाया था, आँखों ने गँवाया है॥

'मधुमति' को एक बार देखकर तसल्ली नहीं होती। ये इतनी महीन फ़िल्म है कि इसे जब-जब देखें इसके नये आयाम सामने आते हैं। आप महसूस कर पाते हैं कि शैलेन्द्र के गीत किस तरह फ़िल्म की कहानी और उसकी स्क्रिप्ट का हाथ पकड़कर चलते हैं। इस गाने में बजे सितार पर भी ध्यान दिया जाना चाहिए—

हम ढूँढ़ते हैं उनको जो मिलके नहीं मिलते
रूठे हैं न जाने क्यों मेहमाँ वो मेरे दिल के
क्या अपनी तमन्ना थी, क्या सामने आया है
दिल ने...

मधुमति का रहस्यमय तरीक़े से ग़ायब हो जाना आनन्द को तबाह कर देता है। वह उसे जंगल, पहाड़, दरिया सब जगह खोज चुका है। उन जगहों पर उसका इन्तज़ार करता है जहाँ दोनों मिला करते थे। पर मधुमति कहीं नहीं है। उसका कोई सुराग़ तक नहीं—

लौट आई सदा मेरी टकरा के सितारों से
उजड़ी हुई दुनिया के सुनसान किनारों से
पर अब ये तड़पना भी कुछ काम न आया है
दिल ने॥

'मधुमति' का एक महत्त्वपूर्ण गीत है *दिल तड़प तड़प के कह रहा है आ भी जा।* दिलचस्प बात ये है कि सलिल दा को इस धुन की प्रेरणा पोलैंड के एक लोकगीत से मिली थी, जिसके बोल हैं—*Szla dzieweczka do gajeczka.* अमूमन ये कह दिया जाता है कि फ़लां गाने की प्रेरणा पश्चिम के उस गाने से ली गई और फिर संगीतकार को कमतर आँक लिया जाता है। कम से कम सलिल दा के मामले में ऐसा नहीं होना चाहिए क्योंकि उन्होंने अगर कहीं से कोई प्रेरणा ली भी है तो धुन को सीधे नहीं उठाया, उसे इतना गूँथा है कि उसमें उनकी ख़ुशबू रच-बस गई है। शैलेन्द्र ऐसे मामलों में उनके साथ सदा खड़े नज़र आए हैं। कितनी दुश्वार धुनों पर उन्होंने गीत रचे।

तू नहीं ये तो ये बहार क्या बहार है
गुल नहीं खिले कि तेरा इन्तज़ार है
दिल तड़प-तड़प...

इस गाने में गिटार का सिग्नेचर और फिर जहाँ भी मुकेश मुखड़ा दोहराते हैं उसके पीछे लता के आलाप की रेशमी बुनावट...अहा, क्या गीत सुनने के इस आनन्द को शब्दों में बयाँ किया जा सकता है! बस बह चलिए इस धारा में। शैलेन्द्र के शब्द-शिल्प की बेहतरीन मिसाल है अगला अन्तरा जहाँ उन्होंने 'सदा' का इस्तेमाल दो अर्थों में किया है—

दिल धड़क-धड़क के दे रहा है ये सदा
तुम्हारी हो चुकी हूँ मैं तुम्हारे पास हूँ सदा॥
दिल तड़प-तड़प॥
तुमसे ही मेरी ज़िन्दगी का ये सिंगार है
जी रही हूँ मैं कि मुझको तुमसे प्यार है
दिल तड़प-तड़प॥

'मधुमति' में सलिल दा और शैलेन्द्र की प्रतिभा की ऊँचाई है—'बिछुआ।' अपने रेडियो इंटरव्यू में सलिल दा ने बताया था कि ये धुन उनके मन में बचपन में ही अंकित हो गई थी जब असम में उन्होंने कुलियों को इस धुन पर लोकगीत गाते हुए सुना था। जब 'मधुमति' बन रही थी तब उन्होंने 'तरर दररर तारारा' की शक्ल में शैलेन्द्र को ये धुन सुनाई और धुन के आख़िरी हिस्से को सुनकर शैलेन्द्र बोल उठे—'बिछुआ।' सलिल दा ने इस इंटरव्यू में ज़िक्र किया है कि लोग क़तई यक़ीन ही नहीं करते 'बिछुआ' ट्यून पर लिखा हुआ गीत है। इस गाने में जिस तरह की लोक-कथा बुनी गई है, सलिल दा ने इसे जिस तरह अपने साज़ों और कोरस से भरा है, यह गाना अविश्वसनीय, अकल्पनीय बन गया है। यह गीत नहीं मानो कोई गीत-नाट्य है, कोई आधुनिक लोक-कथा है। इस तरह के गीत हमें भरोसा दिलाते हैं कि जीनियस कलाकारों की रचनात्मकता की एक सामूहिक ऊर्जा होती है जो जादू रच देती है। क़रीब छह मिनट का गीत है *बिछुआ* जिसका आग़ाज बाँसुरी और ड्रम्स से रचे गए बहुत ही तिलिस्मी सिग्नेचर म्यूज़िक से होता है, शुरुआत का ये म्यूज़िक क़रीब 38 सेकेंड का मीठा नशा है जो आपको अपने साथ बहा ले जाता है—

ओ बिछुआ, हाय रे।
पीपल छैयाँ बैठी पल भर,
हो भरके गगरिया, हाय रे॥
दैया रे दैया रे
चढ़ गयो पापी बिछुआ॥
कैसो रे पापी बिछुआ॥

शैलेन्द्र ने यहाँ परिकल्पना की है कि एक युवती की काया से बिच्छू चिपक गया है और किसी तरह निकल नहीं रहा है। इस बिच्छू को एक बैद

या ओझा निकालने की भरसक कोशिश कर रहा है—

मंतर फेरूँ, कोमल काया,
छोड़ के जा रे। छू।
जा रे। जा रे। जा रे।

शैलेन्द्र की रची इस आधुनिक लोक-कथा का ये मोड़ देखिए कि बिच्छू के आगे बैद नाकाम है। कहना न होगा कि इस गीत की पूरी पैकेजिंग शुष्क से शुष्क व्यक्ति को भी थिरकने पर मजबूर कर देती है। उसके भीतर कोमलता अंकुरित कर देती है—

और भी चढ़ गयो, न गयो पापी बिछुआ
कैसी आग लगा गयो पापी बिछुआ
सारे बदन पे छा गयो पापी बिछुआ।
कैसो रे पापी बिछुआ, बिछुआ॥

और इसके बाद नायिका बताती है कि बैद या मन्तर से नहीं यहाँ काम पिया से बननेवाला है—

मंतर झूठा, बैद भी झूठा
पिया घर आ रे
आ रे।
देखो रे देखो रे देखो उतर गयो बिछुआ
टूट के रह गयो डंक उतर गयो बिछुआ
सैयाँ को देखके जाने किधर गयो बिछुआ
कैसो रे पापी बिछुआ, बिछुआ॥

शैलेन्द्र के एक अद्‌भुत गीत की चर्चा किये बग़ैर हम 'मधुमति' की बात पूरी नहीं कर सकते। ये कोई मामूली गीत नहीं है। हास्य-गीत के जामे में ये अन्योक्ति है, समाज पर करारा व्यंग्य है, ये गीत नहीं है मुहावरा है—

जंगल में मोर नाचा किसी ने न देखा
हम जो थोड़ी-सी पी के झूमे हाय रे सबने देखा॥
गोरी की गोल-गोल अँखियाँ शराबी
कर चुकी हैं कैसों-कैसों की ख़राबी

इनका ये ज़ोर-ज़ुल्म किसी ने न देखा
हम जो थोड़ी-सी...

शैलेन्द्र की गीत-यात्रा में आपको ऐसे कई मकाम मिलेंगे जहाँ वो किसी हास्य-गीत के ढाँचे में समाज पर करारा व्यंग्य करते हैं। अपनी कोई ऐसी बात कहते हैं जो सिनेमा के दायरे के पार जाती है। और किसी गीत को और ज़्यादा वैचारिक ऊँचाई प्रदान करती है—

किसी को हरे-हरे नोट का नशा है
किसी को बूट-सूट-कोट का नशा है
यारों हमें तो नौ टाँक का नशा है
हम जो थोड़ी-सी...

नशे की तरंग में दुनिया और उसके ग़म के पार चले जाने पर शैलेन्द्र के कुछ और भी गीत हैं। ये गाने अपने आप में एक बयान हैं। एक सफ़ाई हैं। 1959 में आई फ़िल्म 'मैं नशे में हूँ' के गाने में वो कहते हैं—

कल की यादें मिट रही हैं दर्द भी है कम
अब ज़रा आराम से आ जा रहा है दम
कम है अब दिल का तड़पना मैं नशे में हूँ
मुझको यारो माफ़ करना मैं नशे में हूँ।

इसी तरह 'जागते रहो' के सलिल चौधरी के स्वरबद्ध किए गाने में वो कहते हैं—

एक क़तरा मय का जब पत्थर के होंठों पर पड़ा
उसके सीने में भी दिल धड़का ये उसने भी कहा,
क्या...
ज़िन्दगी ख़्वाब है॥

शैलेन्द्र और सलिल चौधरी का नाता बड़ा गहरा था। दोनों के घर एक ही इलाक़े में थे। दोनों की बेटियों ने बताया कि दोनों तक़रीबन रोज़ मिलते थे। ज़रूरी नहीं कि दोनों के बीच संवाद हो। कभी-कभी तो चुपचाप साथ बैठे रहते थे। ऐसा अनुराग था। ध्यान रहे कि सलिल दा ने इस गाने में शैलेन्द्र को महज़ एक धुन दी थी जिस पर उन्होंने कथा का पूरा परिदृश्य रच लिया,

वो भी इतना आकर्षक, रूमानी, कोमल और नशीला तभी तो सलिल चौधरी अपने इंटरव्यू में ये कहते पाए गए—'मैं आज भी शैलेन्द्र को 'मिस' करता हूँ। वो बड़े ही कुशल गीतकार थे।' और मेरे ज़ेहन में कौंधती है शैलेन्द्र की पंक्ति *भेद ये गहरा बात ज़रा-सी।*

चूल्हा है ठंडा पड़ा और पेट में आग है

♫

कभी-कभी ये सोचकर हैरत होती है कि आधुनिक हिन्दी सिनेमा का एक कालजयी गीतकार कितना कम समय लेकर इस संसार में आया था। शैलेन्द्र का जन्म सन् 1923 में हुआ था। यही वो साल था जब मुकेश और देव आनन्द का भी जन्म हुआ था। शैलेन्द्र इन सबमें सबसे पहले गए। मुकेश उनके जाने के दस बरस बाद तक ज़िन्दा रहे और देव तो उससे भी ज़्यादा, शैलेन्द्र के दुनिया से विदा होने के बाद पैंतालीस बरस और रहे। एक रचनाकार की इतनी कम जीवन-यात्रा और उसमें इतना असरदार लेखन। वे केवल 43 बरस जिए। और गीतकारी के उनके सफ़र को अगर वर्षों में नापें तो ये आँकड़ा आता है केवल सत्रह-अठारह बरस। 'बरसात' 1949 में रिलीज़ हुई, मानकर चलते हैं कि इसके तक़रीबन एक बरस पहले उन्होंने इसके गीत रचे होंगे। इन सत्रह बरसों में वो दुनिया को कितना कुछ दे गए। गीतों की कितनी अद्भुत सौग़ात।

शैलेन्द्र ने आम-आदमी के जीवन और उसकी व्यथा को क़रीब से देखा। रेलवे कॉलोनी में, अपनी नौकरी के दौरान रेलवे के वर्कशॉप में। वो रेलवे में वेल्डिंग के स्पेशलिस्ट हो गए थे और उनकी तनख़्वाह डेढ़ सौ रुपये थी। मुम्बई में जीने के लिए इतने रुपये काफ़ी नहीं थे। वो ख़ुद भी जूझते और अपने आसपास रेलवे मज़दूरों और कुलियों को जूझते हुए देखते। वो ये देखते कि मुम्बई भयानक असमानता का शहर है। एक तरफ़ अपार वैभव है, चमक-दमक है, पैसों का भोंडा प्रदर्शन है तो दूसरी तरफ़ दो वक़्त की रोटी के लिए जद्दोजहद है, आसमान की खुली छत के नीचे कीड़े-मकोड़ों की तरह रहना है। तभी तो शैलेन्द्र ने अपनी एक कविता में लिखा था—

वे अन्न-अनाज उगाते
वे ऊँचे महल उठाते
कोयले, लोहे, सोने से
धरती पर स्वर्ग बसाते
वे पेट सभी का भरते
पर ख़ुद भूखे मरते।

इसी कविता में वो आगे लिखते हैं—

फिर वे हैं जो महलों में
तारों से कुछ ही नीचे
सुख से निज आँखें मीचे
निज सपने सच्चे करते
मख़मली बिस्तरों पर से

टेलीफ़ूनों के ऊपर
पैतृक पूँजी के बल से
बिन मेहनत के पैसे से
दुनिया को दोलित करते।

जो वर्ग-भेद को लेकर शैलेन्द्र के मन में बहुत रोष था। इसे उन्होंने अपनी कविताओं में तो उतारा ही पर फ़िल्म के दायरे में जहाँ मौक़ा आया उन्होंने बड़ी शिद्दत से आम आदमी के पक्ष में गीत रचे। 1959 में शैलेन्द्र को फ़िल्म 'उजाला' में गीत रचने का मौक़ा मिला। नरेश सहगल की यह एक सीधी-सादी फ़िल्म थी। दो भाइयों में एक ईमानदार और मेहनती है और दूसरा अपराध की राहों पर चल पड़ा है। ठीक इसी विषय पर आगे चलकर यश चोपड़ा ने 'दीवार' जैसी कामयाब और कालजयी फ़िल्म बनाई। पर यहाँ शैलेन्द्र के पास मौक़ा था उस आख़िरी आदमी के गीत रचने का, जिसका साथ कोई नहीं देता, उसकी अपनी मेहनत भी नहीं। उसे अपनी मेहनत के अच्छे और सच्चे दाम नहीं मिलते।

शम्मी कपूर फ़िल्म में रामू की भूमिका में हैं और राजकुमार कालू की भूमिका में। रामू नेक राह का मुसाफ़िर है और ज़िन्दगी की राहें कालू को ग़लत रास्तों पर ले गई हैं। रामू पूरे मोहल्ले में लोकप्रिय है, ख़ासकर बच्चों में। फ़िल्म शुरू होते ही हम देखते हैं कि तमाम बच्चे उसे देखते ही दौड़कर उसके पास चले आते हैं। कोई उसकी गोद में बैठता है, कोई उसके कन्धों पर सवार हो जाता है। सारे बच्चे खाने पर उसके साथ बैठे हैं। उसकी कमाई सीमित है। रोज़ कमाने और खाने का सिलसिला है और मोहल्ले के तमाम बच्चे उसके पास ही भोजन करते हैं। ऐसे में पड़ोसन थोड़ा अनाज माँगने आती है और पता चलता है कि घर पर कुछ है ही नहीं। अपने हिस्से का जो थोड़ा-बहुत खाना है वह बच्चों को खिला देता है और उनका दिल बहलाने के लिए कहता है कि आसमान की परी ने तुम बच्चों के लिए ढेर सारे पकवान भेजे हैं। यहाँ से शुरू होता है ये गाना।

ग़ौर करने की बात ये है कि शम्मी कपूर के करियर का ये वो शुरुआती दौर है जहाँ उन्होंने अपना मुहावरा पूरी तरह नहीं गढ़ा है। दो बरस पहले नासिर हुसैन की 'तुम-सा नहीं देखा' ज़रूर आई है, जिसने एक राह भर दिखाई है पर अभी उनकी अदाएँ शबाब पर आनी बाक़ी हैं। सुबोध मुखर्जी की फ़िल्म

'जंगली' आने में अभी देरी है। चूँकि 'जंगली' की बात चली है तो 'उजाला' के इस गाने पर आगे बढ़ने से पहले थोड़ा 'फ़्लैश फ़ॉरवर्ड' कर लिया जाए। 1961 में आई 'जंगली' में शम्मी कपूर की एक ख़ास शरारती नौजवान की इमेज लोकप्रिय हुई, जिसमें उस इमेज में शैलेन्द्र का बड़ा महत्त्वपूर्ण योगदान था। अमूमन हमारा ध्यान इस बात पर नहीं जाता कि *चाहे मुझे कोई जंगली कहे*...और *अई यई या सुकू सुकू* जैसे गाने शैलेन्द्र की कलम से ही निकले थे। ये इस मायने में हैरत की बात लगती है कि शैलेन्द्र को सामान्यत: गम्भीर और वैचारिक गानों का माहिर गीतकार समझा जाता रहा है। उनके हास्य-बोध वाले पक्ष पर ज़्यादा ध्यान नहीं दिया गया है।

तक़रीबन आधे मिनट का प्री-ल्यूड है इस गाने में जो खाने का इन्तज़ार करते भूखे बच्चों के साथ शम्मी कपूर के खेल के मुताबिक़ गढ़ा गया है। शम्मी कपूर बच्चों को तरह-तरह की शरारतों से बहला रहे हैं और गा रहे हैं—

सूरज ज़रा आ पास आ, आज सपनों की रोटी पकाएँगे हम
ऐ आसमाँ तू बड़ा मेहरबाँ, आज तुझको भी दावत खिलाएँगे हम

बड़ा मार्मिक है गाने को इस तरह फ़िल्माना। जिस दो पहिए वाली हाथ-गाड़ी पर माल ढोकर रामू अपनी रोज़ी-रोटी कमाता है, उसी पर ढेर सारे बच्चे सवार हैं। जो गाड़ी पर नहीं बैठ पाए वो क़तार बनाकर साथ चल रहे हैं। ये आज़ाद भारत की एक ग़रीब बस्ती के भूखे बच्चों और एक बेरोज़गार नौजवान की क़दम-ताल है। इंटरल्यूड में हारमोनिका यानी माउथ-ऑर्गन की प्यारी-सी धुन और पूरी बस्ती में घूमती बच्चों की प्रभात-फेरी। यहाँ हमें पूरी बस्ती के हालात नज़र आ रहे हैं, उनकी हालत रामू की हालत से अलग नहीं है—

चूल्हा है ठंडा पड़ा और पेट में आग है
गरमागरम रोटियाँ, कितना हसीं ख़्वाब है
सूरज ज़रा आ पास आ॥

ग़ौरतलब है कि यहाँ शम्मी कपूर के लिए प्ले-बैक मन्ना डे कर रहे हैं। शम्मी कपूर और मोहम्मद रफ़ी की सदाबहार जोड़ी वाला ज़माना अभी नहीं आया है। दिलचस्प ये है कि इस मिज़ाज के गाने के लिए मन्ना दा बड़ा ही मुफ़ीद स्वर हैं—

आलू टमाटर का साग, इमली की चटनी बने
रोटी करारी सिंके, घी उस पे असली लगे
सूरज ज़रा आ पास आ॥

शैलेन्द्र को सचमुच आलू टमाटर का साग और करारी रोटियाँ पसन्द थीं। उन्होंने इस गाने में अपने पसन्दीदा खाने का ज़िक्र कर दिया है। रोज़ कमाने और रोज़ खानेवालों के लिए किसी दिन सुकून से बैठकर मौज-मस्ती करना मुमकिन नहीं होता। उनकी ज़िन्दगी में कोई आराम नहीं, कोई अवकाश नहीं। यहाँ सम्भ्रान्त संसार पिकनिक मना रहा है और रामू बच्चों की टोली के साथ अपने एक सपने की बात कर रहा है—

बैठें कहीं छाँव में आ आज पिकनिक सही
ऐसे ही दिन की सदा हमको तमन्ना रही
सूरज ज़रा आ पास आ॥

शैलेन्द्र का ये गीत फ़िल्म 'उजाला' के भीतर रामू और मोहल्ले के बच्चों के जीवन की बात कहता है, लेकिन फ़िल्म के बाहर इस गीत की स्वतंत्र यात्रा उन सभी लोगों की व्यथा है, जिनके लिए दो जून की रोटी जुटा पाना मुश्किल है। ये उन बच्चों की व्यथा है जो भूखे सोने पर मजबूर हैं। आज की दुनिया किसी को चाहे कितनी भी चमकीली और सुहावनी लगे पर कभी इंटरनेट पर भुखमरी के आँकड़े खोजेंगे तो दिल दहल जाएगा। यह गीत अप्रत्यक्ष रूप से सवाल उठाता है कि हमने ऐसी दुनिया क्यों बनाई है जहाँ ग़रीब 'सपनों की रोटी' का गीत गाने पर मजबूर हैं।

इसी फ़िल्म में एक और मार्मिक गीत है जिसका ज़िक्र यहाँ बहुत ज़रूरी है। फ़िल्म में घटनाक्रम कुछ ऐसा मोड़ लेता है कि पुलिस को रामू पर क़त्ल का शक हो जाता है। उसे ये अहसास होता है कि उस पर कोई विश्वास नहीं कर रहा। मोहल्ले में पुलिस आई देखकर रामू बदहवासी में भागता है और एक आश्रम में घुस जाता है। यह एक अनाथालय है जहाँ आचार्य जी बच्चों को प्रार्थना करवा रहे हैं। गाने का इंट्रोडक्शन म्यूज़िक शुरू होता है। रामू जैसे ही आश्रम में घुसता है, उसे बाल गंगाधर तिलक की विशाल तसवीर नज़र आती है। और फिर महात्मा गांधी की मूर्ति। फ़िल्मकार ने 'उजाला' में कितनी कुशलता से गाने के भीतर महात्मा गांधी का सन्दर्भ रखा है।

शंकर-जयकिशन हिन्दी सिनेमा में अपने विशाल और कुशल ऑर्केस्ट्रेशन के लिए जाने जाते हैं पर ग़ौर करनेवाली बात ये है कि वो ज़बर्दस्ती वाद्यों को ठूँसते नहीं हैं। वो धुन की ज़मीन पर संगीत का एक ऐसा शामियाना तानते हैं, जिसमें गीत सज उठता है। गीत के बोल ज़िन्दा हो जाते हैं। वो धड़कने लगते हैं। इस गाने में और अपने अनेक गीतों में शंकर-जयकिशन ने कोरस का बहुत ही सूझबूझ भरा और संवेदनशील इस्तेमाल किया है। अनाथालय के बच्चों का ये गीत अपने कोरस की वजह से भीतर तक भिगोता है, करुणा और लाचारी का एक गाढ़ा अहसास रचता है—

अब कहाँ जाएँ हम, ये बता दे ज़मीं
इस जहाँ में तो कोई हमारा नहीं
अपने साए से भी लोग डरने लगे
अब किसी को किसी पर भरोसा नहीं
अब कहाँ जाएँ हम॥

मुखड़े के बाद जैसे ही हम इंटरल्यूड पर पहुँचते हैं एक बहुत ही करुणामय कोरस की लहर आपको बहा ले जाती है। जब गाने का अन्तरा मन्ना डे गाते हैं, शंकर-जयकिशन ने यहाँ भी कोरस की एक सतत और मद्धम अन्तर्धारा रखी है जो गाने को एक अलग आयाम देती है, उसे बहुत प्रभावी बनाती हैं, उसे एक गूँज देती है। यह तोड़ देनेवाली बेबसी का भिगो देनेवाला गीत है—

हम घर-घर जाते हैं, ये दिल दिखलाते हैं
पर ये दुनिया वाले हम को ठुकराते हैं
रास्ते मिट गए, मंज़िलें खो गईं
अब किसी को किसी पर भरोसा नहीं
अब कहाँ जाएँ हम॥

मेरे बचपन के दिनों में भोपाल में अनाथालय के बच्चों की टोली ड्रम और पूरे बैंड के साथ आती थी। वे मुहल्ले-मुहल्ले जाकर अनाज और रुपये जमा करते थे। बहुत कम लोग होते थे जो मदद के लिए आगे आते थे। 'उजाला' का यह गीत सुनकर अनजाने ही वही दृश्य याद आ जाता है। सवाल उठता है कि 1959 में फ़िल्म 'उजाला' के आने के बाद से दुनिया कितनी तो बदली है पर इस दुनिया में चारों ओर अविश्वास की घनी फ़सल लहलहा रही है।

जैसे-जैसे हम समय में आगे बढ़ रहे हैं, दूर हो रहे हैं। अलग-अलग मुद्दों पर बँट रहे हैं। भरोसे की उँगली छूटती जा रही है। क्या शैलेन्द्र जानते थे कि आनेवाली दुनिया की तसवीर यह होगी—

नफ़रत है निगाहों में, वहशत है निगाहों में
ये कैसा ज़हर फैला, दुनिया की हवाओं में
प्यार की बस्तियाँ ख़ाक होने लगीं
अब किसी को किसी पर भरोसा नहीं
अब कहाँ जाएँ हम॥

कभी कोई पुल टूटता है, कभी कोई भयानक गैस शहर की साँसों में ज़हर घोलकर लाशें बिछा देती है, कभी कोई ट्रेन लोगों को कुचलते हुए निकल जाती है, कभी दंगों की आग मासूमों को झुलसा देती है, कुछ सुर्ख़ियाँ, कुछ सवाल, कुछ मुआवज़े फिर हम भूल जाते हैं। फिर अगला हादसा। और ये चक्र जारी रहता है—

हर साँस है मुश्किल की, हर जान है एक मोती
बाज़ार में पर इनकी गिनती ही नहीं होती
ज़िन्दगी की यहाँ कोई क़ीमत नहीं
अब किसी को किसी पर भरोसा नहीं
अब कहाँ जाएँ हम॥

फ़िल्म 'उजाला' को शैलेन्द्र के ये दो गीत 'बड़ा' बनाते हैं। ये गीत फ़िल्म के दायरे में उनकी साहित्यिक ऊँचाई की मिसाल पेश करते हैं।

क्या हवा चली, बाबा रुत बदली

♫

बहुत सारी ऐसी फ़िल्में होती हैं जो अपने समय से आगे होती हैं। उनका महत्त्व ज़माना बहुत बाद में समझ पाता है। बिमल रॉय की एक ऐसी ही फ़िल्म है 'परख', यह फ़िल्म दुनिया को परखने का बैरोमीटर है, यह इनसानियत की पड़ताल करती है। समय के स्केल पर यह फ़िल्म आज से बासठ बरस पीछे खड़ी है, उसके बावजूद हर अर्थ में प्रासंगिक और बहुआयामी है।

बिमल रॉय की पूरी टीम कितनी सृजनधर्मी थी इसकी मिसाल ये है कि आसपास तमाम लेखकों की मौजूदगी के बावजूद संगीतकार सलिल चौधरी की दो कहानियों पर उन्होंने दो बहुत ही अर्थपूर्ण फ़िल्में बनाई हैं। 'दो बीघा ज़मीन' 1953 में और 'परख' 1960 में। 'परख' के संवाद शैलेन्द्र ने लिखे थे। इकलौती फ़िल्म जिसके उन्होंने संवाद लिखे। उन्होंने अपनी ही बनाई फ़िल्म 'तीसरी क़सम' के संवाद नहीं लिखे थे। उसके संवाद ख़ुद 'रेणु' जी ने लिखे थे। बिमल रॉय की फ़िल्म-यात्रा 'मधुमति', 'यहूदी' और 'सुजाता' से होते हुए 'परख' तक आती हैं। यहाँ 'सुजाता' को छोड़कर बाक़ी फ़िल्मों में शैलेन्द्र हैं। इसके बाद 'बन्दिनी' में भी वे हैं।

जिन लोगों ने 'परख' नहीं देखी है, पहले उनके लिए फ़िल्म की कहानी। एक दिन राधा नगर के पोस्ट-मास्टर निवारण बाबू को एक रहस्यमय चिट्ठी मिलती है, सर जगदीश चन्द्र राय की इस चिट्ठी में लिखा है कि उनके पुरखे इसी गाँव के थे इसलिए वह इस गाँव का भला करना चाहते हैं और चिट्ठी के साथ पाँच लाख रुपये का चेक भेज रहे हैं जिसे गाँव के सबसे ईमानदार और योग्य आदमी को दे दिया जाए। अब सवाल उठता है कि ये रक़म किसे मिले। गाँव के मास्टर जी रजत का सुझाव है कि लोकतंत्र में जनता की राय

लेनी ज़रूरी है कि कौन इस रक़म का सच्चा हक़दार है। इस तरह वोटिंग का फ़ैसला होता है। यहाँ से शुरू होता है टकराव। धर्म, पूँजी, बल सब इस रक़म के लिए खींचतान करते हैं और पिसती है जनता।

गीतकार शैलेन्द्र ने क्यों इस फ़िल्म का संवाद लिखना कुबूल किया होगा फ़िल्म देखकर यह साफ़ समझा जा सकता है। उन्होंने बहुत ही चुटीले संवाद रचे हैं। पहले ही दृश्य में लँगड़ाकर चलनेवाला पोस्टमैन हराधन जब पोस्ट ऑफ़िस पहुँचता है तो वहाँ पोस्ट मास्टर का बेटा रट रहा है—

> माँ ने कहा है—लँगड़े को लँगड़ा नहीं कहते, लँगड़े को लँगड़ा कहने से उसे दुख पहुँचता है।
>
> पोस्टमैन—क्यों रे बन्दर, तेरे लिए एक ही सबक़ रह गया है याद करने के लिए रोज़, लँगड़े को लँगड़ा नहीं कहना चाहिए।
>
> बच्चा—हाँ, मास्टर साहब कहते हैं—वेरी इंपॉर्टेंट। एक्ज़ाम में आ सकता है।

यहाँ शैलेन्द्र शिक्षा-व्यवस्था और समाज पर गहरा तंज़ कसते हैं। इसके अगले ही संवाद में शैलेन्द्र फिर एक कँटीला संवाद रचते हैं। पोस्टमैन चिट्ठियों का बोरा पलट देता है और पोस्टमास्टर को बताता है कि आजकल इतनी डाक क्यों आ रही है—

> आजकल लोग पढ़ बहुत रहे हैं। नौकरी-वौकरी कुछ मिलती नहीं इसलिए अर्ज़ियाँ लिखते रहते हैं। या फिर ये लिखते हैं, मेरे सपनों की रानी, मेरे सपनों के राजा।

यह 1960 का ज़माना है। आज़ादी के तेरह बरस बाद का समाज। भारी बेरोज़गारी और पढ़े-लिखे नौजवानों की बढ़ती तादाद पर शैलेन्द्र व्यंग्य कसते हैं। इसी तरह किराने की दुकान के एक दृश्य में एक ग़रीब व्यक्ति सामान की फ़ेहरिस्त बताते हुए कहता है—

> दो आने का मैदा और चार आने का घालडा।
>
> दुकानदार—घालडा क्या है रे, डालडा क्यों नहीं कहता?

वैदजी—ठीक कह रहा है बेचारा, घालडा कहने से घी की थोड़ी महक तो आती है।

फ़िल्म में जगह-जगह शैलेन्द्र ने बढ़ती महँगाई पर और चीज़ों के ग़रीबों की पहुँच से दूर होने पर तंज़ किया है। 'घालडा' वाला जुमला इसी वजह से रखा गया है। एक अन्य दृश्य में डॉक्टर साहब पोस्टमैन से पूछते हैं—

तेरा हाज़मा ठीक है?

पोस्टमैन—सब चीज़ें हज़म नहीं होतीं। ख़ासकर के हमदर्दी। अगर इसकी कहीं ज़्यादती हो जाती है, तो खट्टी-खट्टी डकारें आने लगती हैं डाक-साहब।

ठीक इसी तरह वैदजी एक गाँव वाले से पूछते हैं—क्यों, वोट देने जा रहे हो?

ग्रामीण व्यक्ति—जी हाँ वैदजी, लेकिन समझ नहीं आता वोट किस बक्से में डालें?

वैदजी—अरे भैया, आँख कर लो बन्द और पर्ची छोड़ दो। चूल्हे में जाए या भाड़ में बात एक ही है।

एक दृश्य में पोस्टमैन हराधन गाँव वालों को बता रहा है—बात ये है कि किसी पागल आदमी ने पाँच लाख रुपये इस गाँव में भेजे हैं कि यहाँ जो भी सबसे अच्छा आदमी हो उसको दिए जाएँ।

ग्रामीण व्यक्ति—लेकिन गाँव में सबसे अच्छा आदमी कौन है? इसका फ़ैसला कौन करेगा?

कविराज—अरे, सभी अच्छे आदमी हैं मुकुन्द। तुम इन सब बातों में मत पड़ो। अगर दुनिया में चैन से जीना चाहते हो तो तुम भी अच्छे आदमी हो, मैं भी अच्छा आदमी हूँ, ये भी अच्छा आदमी है। सब अच्छे आदमी हैं। (ठहाका)

दुनिया में चैन से जीना है तो सब अच्छे आदमी हैं। लोकतंत्र से हताश, अपने हालात से जूझते व्यक्ति की उदासीनता और निस्संगता को फ़िल्म के दायरे में कितनी कुशलता से समेटा है शैलेन्द्र ने।

और इस संवाद के बाद शुरू होता है फ़िल्म का सबसे दिलचस्प गीत, जिसे गाँव में आया कोई बाउल गायक गा रहा है, सीधी बात है बिना मिर्च-मसाले के—

क्या हवा चली, बाबा रुत बदली,
शोर है गली-गली
सौ-सौ चूहे खाके बिल्ली हज को चली॥
क्या हवा चली॥
पहले लोग मर रहे थे भूख से, अभाव से
अब कहीं मर न जाएँ अपनी खाव-खाव से
मीठी बात कड़वी लगे, गालियाँ भली
क्या हवा चली॥

इस पूरे गाने के बीच में संवाद हैं, जो सबसे भले आदमी के चुनाव की घोषणा के बाद गाँव के बदले हुए माहौल को दिखाते हैं। वही शास्त्री जी जो अपने घर में दलित डाकिए के क़दम पड़ते ही पूरा घर धुलवा के लिपवाते थे, अब ग़रीब दलितों से कह रहे हैं—

> भगवान के घर में कोई छोटा-बड़ा नहीं है। सब बराबर हैं।

हर अन्तरे के बाद संवाद और फिर समझदार गाँव वालों की बेलौस हँसी व्यंग्य को और गाढ़ा करती है।

आज तो जहान की उलटी हर एक बात है
हम जो कहें दिन है भाई, लोग कहें रात है
रेत में भी खिल रही है प्यार की कली॥
क्या हवा चली॥

गाँव में जो लोग ग़रीबों को लूट-खसोट रहे थे वो अचानक भले बन गए हैं। कंपाउंडर ख़ैराती दवाख़ाने का नया बोर्ड लगाते हुए डॉक्टर साहब के बारे में गाँव वालों से बताता है—

> आइन्दा ग़रीबों से एक कौड़ी नहीं ली जाएगी। डॉक्टर साहब मुफ़्त इलाज करेंगे।

फिर गाँव वालों की तंज़ भरी हँसी, उन्हें पता है कि इतना बड़ा दिल क्यों दिखाया जा रहा है। सब भले आदमी का चुनाव जीतना चाहते हैं, क्योंकि यहाँ सवाल पाँच लाख रुपये का है।

आम में उगे खजूर, नीम में फले हैं आम
डाकुओं ने जोग लिया, चोर भजे राम नाम
होश की दवा करो मियाँ फ़ज़ल अली।
क्या हवा चली॥

ये गीत मशहूर कोरियोग्राफर सचिन शंकर पर फ़िल्माया गया है। फ़िल्म 'परख' का यह गीत चुनावी राजनीति, उसके छद्म और चालबाज़ियों पर करारा प्रहार करता है। यहाँ शैलेन्द्र को अपने गीतों में ही नहीं बल्कि

संवादों में भी ऐसा करने का मौक़ा मिला है। उनके रचे संवादों में भी एक सधे हुए व्यंग्यकार का पैनापन है। अगर शैलेन्द्र गीतकारी के अपने व्यस्त पेशेवर जीवन में से थोड़ा-सा समय संवाद-लेखन के लिए भी निकालते तो ये सिनेमा के क़द्रदानों के लिए कितना अनमोल तोहफ़ा होता। फ़िल्म-संसार में डी.एन. मधोक, क़मर जलालाबादी, पी.एल. सन्तोषी और राजेन्द्र कृशन, गुलज़ार जैसे कुछ गीतकार हुए हैं जिन्होंने गीतों के साथ-साथ सक्रिय फ़िल्म-लेखन (और इनमें से कुछ ने फ़िल्म-निर्देशन) भी किया है।

'परख' में उल्लास और प्रेम से सराबोर एक ऐसा गीत है जो मन को उजाले से भर देता है। सीमा (साधना) तालाब के किनारे बैठी है ऐसा लगता है मानो उसे किसी की प्रतीक्षा है। अचानक उसे गुड़हल का एक फूल पड़ा मिलता है। वह उसे उठाकर गोल-गोल घुमाती है। किसी चरवाहे की बाँसुरी की मीठी-मधुर तान सुनाई पड़ती है। सीमा उससे अपने आलाप की जुगलबन्दी करने लगती है और फिर फूल हाथ में लेकर गा उठती है—

मिला है किसी का झुमका

जब भी 'परख' देखता हूँ तो इस गाने पर ठहर जाता हूँ। सोचने लगता हूँ कि बिमल रॉय ने जब ये सिचुएशन दी होगी तो क्या-क्या कल्पनाएँ की होंगी शैलेन्द्र ने। गुड़हल के फूल को झुमका कहना उनकी विलक्षण कल्पनाशीलता की मिसाल है। शैलेन्द्र ने अपने इस जुमले से गुड़हल के फूल को हमारी नज़र में हमेशा के लिए एक झुमके में बदल दिया है। और इसके बाद सलिल चौधरी का कमाल देखिए, साज़ों का ऐसा छींटा कि आप थिरक पड़ें—

ठंडे-ठंडे हरे-हरे नीम तले
हो सच्चे मोती वाला झुमका
सुनो क्या कहता है झुमका॥

शैलेन्द्र इस सिचुएशन पर कुछ भी लिख सकते थे। कोई और कल्पना भी कर सकते थे। पर ये गाना शैलेन्द्र की गानों की पोटली से निकला कोहिनूर है। अपनी सिचुएशन और अपनी कविताई में एकदम खरा—

प्यार का हिंडोला, यहाँ झूल गए नैना
सपने जो देखे, मुझे भूल गए नैना
हाय रे बेचारा झुमका॥

यहाँ शैलेन्द्र का एक और कमाल है। इस गीत में हर अन्तरे की तीसरी पंक्ति 'झुमके' पर सीमा का 'कमेंट' है। उसकी अपनी बात। कभी वो कहती है—*हाय रे बेचारा झुमका,* कभी कहती है—*पड़ा है अकेला झुमका* और कभी—*जाने न बेचारा झुमका*—

जीवन-भर का नाता, परदेसिया से जोड़ा
आप गई पिया संग, मुझे यहाँ छोड़ा
पड़ा है अकेला झुमका...

शैलेन्द्र ने यह अन्तरा झुमके की ओर से संवाद के रूप में लिखा है जिसने इस गीत को और भी नाज़ुक बना दिया है। अभिनेत्री साधना की फ़िल्म-यात्रा का ये सबसे सुनहरा गीत है। कहते हैं कि बिमल रॉय को साधना इस फ़िल्म के लिए अनुकूल नहीं लग रही थीं। उन्हें लगा था कि वो कुछ ज़्यादा ही शहरी और चमकीली अभिनेत्री हैं जबकि ये किरदार सादगी से भरा और ग्रामीण लड़की का किरदार है। ऐसे में साधना को अपनी स्टाइलिंग को तिलांजलि देकर बिमल रॉय को यक़ीन दिलाना पड़ा था और सचमुच उन्होंने इस चुनौती को बख़ूबी निभाया।

यहाँ तक आते-आते सीमा बेख़बर है कि रजत (बसन्त चौधरी) तालाब में नहाने आ पहुँचा है। और उसने डुबकी लगा दी है। वो तो गगरी पकड़े अपनी धुन में मगन गा रही है—

हाय रे ये प्रीत की है, रीत जाने कैसी
तन-मन हार जाने में है, जीत जाने कैसी
जाने न बेचारा झुमका॥

'परख' की चर्चा यहीं ख़त्म नहीं हो सकती। बरसों पहले जब सुर-सम्राज्ञी लता मंगेशकर से ये पूछा गया कि अगर उन्हें किसी निर्जन द्वीप पर जाना हो तो वो अपने साथ किस गाने को ले जाना पसन्द करेंगी। तब उन्होंने सन् 1959 में सलिल चौधरी के लिए रिकॉर्ड किए गए बांग्ला गाने को चुना था, जिसके

बोल थे—*ना जेओ ना, रजोनी एखोनो बाकी।* ये लता मंगेशकर का सलिल दा के लिए रिकॉर्ड किया गया पहला बांग्ला गाना था। सलिल दा ने इसे राग मिश्र खमाज में बनाया था। कहते हैं कि बारिश से भीगे किसी दिन उनकी एंबेसेडर गाड़ी के वाइपर की आवाज़ पर उन्होंने यह गाना कम्पोज़ किया था। पर सवाल यह है कि शैलेन्द्र के सन्दर्भ में इस गाने को क्यों याद करें?

सलिल दा की इसी धुन पर शैलेन्द्र ने 'परख' के लिए लिखा—*ओ सजना, बरखा बहार आई।* इस गाने की सिचुएशन भी कमाल की है। सीमा गाँव के मास्टर यानी रजत से प्रेम करती है और उससे मिलने आई है। घटनाक्रम कुछ यूँ होता है कि दोनों को एक-दूसरे की प्रेम-स्वीकृति का अहसास हो जाता है। सीमा वापस लौटने को होती है और तभी बारिश शुरू हो जाती है और सीमा गा उठती है—

ओ सजना...

इसके बाद इंट्रोडक्शन म्यूज़िक में सितार का नायाब पीस। इसे फ़िल्म-उद्योग के महान सितार-वादक जयराम आचार्य ने बजाया है। उनके नाम इस तरह के अनेक बेमिसाल सितार पीस हैं। कहना न होगा कि सितार का यह टुकड़ा इस गीत की दुशाला पर टँकी हुई ज़री है, इस गाने के सम्मोहन का एक हिस्सा इसमें बजे सितार में भी समाया हुआ है। यह सितार की झंकार नहीं है, हमारे हृदय पर पड़ती रस-वर्षा है—

ओ सजना...
बरखा बहार आई
रस की फुहार लाई
अँखियों में प्यार लाई॥

जितना दिव्य है सलिल चौधरी का स्वयं लिखा—*ना जेओ ना, रजोनी एखोनो बाकी* शैलेन्द्र का लिखा यह गीत इससे किसी मायने में कम नहीं है। छोटी 'बहर' के गीतों की रचना में भी शैलेन्द्र की क्या महारत थी। मिसाल 'काला बाज़ार' का यह गीत भी है—

मस्ती भरी...
हवा जो चली
खिल-खिल गई

ये दिल की कली
मन की गली में
है खलबली
कि उनको तो बुलाओ
खोया खोया चाँद
खुला आसमान
आँखों में सारी जाएगी
तुमको भी कैसे नींद आएगी॥

कहते हैं कि 'काला बाज़ार' के इस गाने का मुखड़ा शैलेन्द्र ने पंचम को जुहू बीच पर सिगरेट के पैकेट पर लिखकर दे दिया था। ज़ाहिर है कि पंचम यानी आर.डी. बर्मन को उनके पिता सचिन देव बर्मन ने ये कहकर भेजा था कि शैलेन्द्र से गीत लिये बिना वापस मत आना। शैलेन्द्र ने पंचम से कहा था, जाओ, अन्तरे बाद में देता हूँ।

बहरहाल, वापस लौटते हैं 'परख' के इसी गाने पर। सितार की तान मानो इशारा करती है और फिर शुरू होती है लता मंगेशकर के स्वर की रिमझिम—

तुमको पुकारे मेरे मन का पपीहरा
मीठी-मीठी अगनि में जले मोरा जियरा
ओ सजना॥

बारिश अनगिनत फ़िल्मों में दिखाई गई है अपने रंग, रस और रूमानियत के साथ। पर ये बिमल रॉय की फ़िल्म की बारिश है। छायाकार कमल बोस ने इस श्वेत-श्याम फ़िल्म में बूँदों के बैले को जिस तरह पकड़ा है वह विलक्षण से भी कहीं ऊपर है। छाया-प्रकाश-बूँदें, सलिल दा का संगीत और लता जी का धुला-धुला स्वर—

ऐसी रिमझिम में ओ सजन
प्यासे-प्यारे मेरे नयन
तेरे ही ख़्वाब में खो गए...
साँवली-सलोनी घटा जब-जब छाई
अँखियों में रैना गई, निंदिया न आई
ओ सजना॥

इस गाने की एक बड़ी ख़ासियत यह है कि इसमें हार्मनी में लगातार सेक्सोफ़ोन की महीन बुनावट है। सलिल चौधरी के गानों में साज़ों की परतें इतनी सघन होती हैं कि आप हैरान रह जाएँ। जब लता जी *तेरे ही ख़्वाब में खो गए* पूरा करती हैं वहाँ सेक्सोफ़ोन का पीस सुनिएगा और फिर पीछे लगातार सेक्सोफ़ोन की बारीक लहर। उफ़।

शैलेन्द्र यहाँ एक बड़ा ही दिलचस्प प्रयोग करते हैं। पहला अन्तरा दो पंक्तियों का है। जबकि दूसरे अन्तरे में दो के बजाय पाँच पंक्तियाँ हैं। हिन्दी सिनेमा में 'संचारी' का अद्भुत प्रयोग है यह। सलिल चौधरी, सचिन देव बर्मन और हेमन्त कुमार जैसे बांग्ला संगीतकारों ने हिन्दी सिनेमाई गीतों में 'संचारी' का समावेश किया है। असल में 'संचारी' भारतीय शास्त्रीय संगीत की धारा में 'ध्रुपद' से आया है। आमतौर पर ध्रुपद के चार हिस्से होते हैं—स्थायी, अन्तरा, संचारी और अभोग। सम्भवत: इसी से प्रेरित होकर बांग्ला संगीतकारों ने संचारी को अपनाया। असल में संचारी दो अन्तरों के बीच पिरोयी गई एक बिलकुल अलग धुन है। इसका प्रयोग आमतौर पर दूसरे अन्तरे में किया जाता है। बांग्ला संगीत में इसका इस्तेमाल सबसे पहले गुरुदेव रवीन्द्रनाथ टैगोर ने किया था। संगीतकार सलिल चौधरी ने अपनी दो बेटियों के नाम कुछ यूँ रखे, अन्तरा और संचारी। संचारी को पहचानने का तरीक़ा ये है कि आप पूरा गीत सुनें और देखें कि अन्तरे के ठीक बाद कैसे आगे की पंक्तियों में एकदम से धुन बदल जाती है। इस गाने में संचारी है ये—*ऐसी रिमझिम में ओ सजन/ प्यासे-प्यासे मेरे नयन/ तेरे ही ख़्वाब में खो गए* संचारी के बाद गाना फिर से अपनी मूल धुन पकड़ लेता है।

सलिल दा जैसे प्रयोगधर्मी संगीतकार ने इसे कितनी कुशलता से निभाया है (और फिर इसका ऑर्केस्ट्रेशन, रिदम को लेकर अनूठा प्रयोग...)। इस तरह के गाने नज़ीर पेश करते हैं कि शैलेन्द्र केवल वैचारिक गीतों के कुशल चितेरे नहीं हैं। रिश्तों की महीन बुनावट और प्रेम का नाज़ुक स्पर्श उनके गीतों को सुनहरी आभा से प्रदीप्त कर देता है। *ओ सजना* शैलेन्द्र, सलिल चौधरी और लता का रचा एक मधुर-इन्द्रजाल है, इसमें प्रवेश करना तो सम्भव है पर इससे कोई कभी बाहर आ ही नहीं सकता। 1960 के बाद कोई ऐसी बारिश नहीं बीती होगी, जिसे सिनेमाई गीतों के शैदाइयों ने इस गाने के बिना बिता लिया हो।

'परख' में एक और गाना है—*मेरे मन के दीये।* ये निराशा का गीत है पर एक नज़रिये से सतह से नीचे निराशा में आशा का गीत भी लगता है। वैसे

भी शैलेन्द्र आशाओं के गीतकार हैं। पोस्ट मास्टर निवारण बाबू को क़र्ज़ न चुकाने की वजह से घर से बाहर निकाला जा चुका है, उनकी पत्नी बीमार है, हालात को देखते हुए सीमा का जीवन एक बेमेल विवाह के कगार पर है, जबकि वह गाँव के मास्टर रजत से प्रेम करती है लेकिन वो 'साठ रुपल्ली का तो स्कूल मास्टर है।' गहन निराशा के इन पलों में वो एक दीया जलाती है और अपने जीवन की रोशनी, अपने प्रेम को दूर जाते हुए देखकर गाती है—

मेरे मन के दीये, मेरे मन के दीये
यूँ ही घुट-घुट के जल तू मेरे लाड़ले।

सीमा दीया रखकर शीश नवाती है, हालात के आगे वो पूरी तरह पस्त हो चुकी है। सलिल चौधरी अप्रतिम संगीतकार हैं, इस गाने में लता का मद्धम स्वर, इंटरल्यूड में बाँसुरी की दिल चीर देनेवाली तान और बेहद गाढ़ा कोरस अरेंजमेंट हमें उदासी की गहरी गुफा में ले जाकर छोड़ देता है। इस गाने को कोरस की बारीक और नाज़ुक बुनावट के लिए अलग से बार-बार सुना जाना चाहिए—

ख़ाक हो जाएँ हम प्यार के नाम पर
प्यार की राह में रोशनी तो रहे।
मेरे मन के दीये...

प्यार की राह में रोशनी तो रहे कितनी गहरी है ये पंक्ति! शैलेन्द्र का रचा ये गीत उदासी की परत में छिपा एक नगीना है। इसका हर अन्तरा झिलमिलाती भावनाओं का पावन दीया है। शैलेन्द्र प्यार की राह में रोशनी कायम रखने के लिए फ़ना हो जाने की बात करते हैं। प्यार के भरोसे को सदा ज़िन्दा रखने की बात कहते हैं। 1953 में आई फ़िल्म 'पतिता' में शैलेन्द्र पहले ही लिख चुके थे—

जब ग़म का अँधेरा घिर आए, समझो कि सवेरा दूर नहीं
हर रात का है पैग़ाम यही, तारे भी यही दोहराते हैं...

जीवन की गहन निराशाओं के बीच आशाओं के दीप जलाना शैलेन्द्र का विश्वास था। उनकी शख़्सियत का हिस्सा था। इसलिए वे निराशा के इस गीत में भी रोशनी कायम रहने की बात करते हैं। टिमटिमाते तारों से शैलेन्द्र का अटूट

लगाव रहा है। अलग-अलग मौक़ों पर गानों में उन्होंने कहा, *हाय ग़ज़ब कहीं तारा टूटा, एक तारा न जाने कहाँ खो गया, लाखों तारे आसमान में एक मगर मुझको न मिला।* शैलेन्द्र के एक उदास गाने की एक नायाब पंक्ति है—*झूठी आशा के तारे न हों। मेरे मन के दीये* में शैलेन्द्र की कविता की (और विज्ञान की) ऊँचाई है तारों को 'आग के फूल' कहना—

आग के फूल आँचल में डाले हुए
कब से जलता है वो आसमाँ देख ले।
मेरे मन के दीये...

शैलेन्द्र ने यहाँ दो अन्तरों की महज़ चार पंक्तियों में छूटते हुए प्यार के नाज़ुक और तोड़ देनेवाले अहसास को कितनी कुशलता से बयाँ किया है। *मेरे मन के दीये* सुनने के बाद देर तक कुछ और सुनने की गुंजाइश नहीं रह जाती...मन एक अजीब-से ख़ालीपन, उदासी और सन्नाटे से भर जाता है। 'परख' सिनेमा के क़द्रदानों के लिए एक ज़रूरी फ़िल्म है। इस मायने में भी कि इसके संवाद और गीत दोनों शैलेन्द्र ने रचे हैं। 'परख' सेल्युलॉइड पर खिला 'आग का फूल' है।

सहज है सीधी राह पे चलना

♫

साल 1960, देश को आज़ाद हुए तेरह बरस हो चुके थे और शैलेन्द्र की गीतकारी का सफ़र ग्यारह साल पार कर चुका था। बीते ग्यारह बरस में शैलेन्द्र ने 'आवारा', 'दो बीघा ज़मीन', 'नौकरी', 'बूट पॉलिश', 'चोरी-चोरी', 'बसन्त बहार', 'श्री 420', 'सीमा', 'अब दिल्ली दूर नहीं', 'मधुमति', 'अनाड़ी' और 'उजाला' जैसी फ़िल्मों के गाने लिखकर फ़िल्म-जगत में धाक जमा ली थी। वह राजकपूर और बिमल रॉय जैसे बेमिसाल निर्देशकों की आँखों के तारे बन चुके थे। 'लव मैरिज', 'उसने कहा था', 'काला बाज़ार', 'दिल अपना और प्रीत पराई', 'परख' और 'मासूम' जैसी फ़िल्में एक के बाद एक आईं और शैलेन्द्र के गीतों की रस-वर्षा ने सुननेवालों को सराबोर कर दिया था।

इसी बरस राजकपूर लेकर आए अपनी फ़िल्म 'जिस देश में गंगा बहती है।' कहते हैं कि यह फ़िल्म आचार्य विनोबा भावे और जयप्रकाश नारायण के डाकुओं के सुधार और समर्पण के लिए चलाई जा रही मुहिम से प्रेरित थी। इस फ़िल्म का निर्देशन राजकपूर ने अपने छायाकार राधू कर्माकर को दिया था। राधू कर्माकर पहले नितिन बोस के शिष्य थे। वो 'श्री 420' से आर.के. स्टूडियो में शामिल हुए थे और 1991 में 'हिना' तक आर.के. प्रोडक्शन की फ़िल्में शूट करते रहे।

यहाँ एक और बात ग़ौर करने लायक़ है। राजकपूर की पिछली निर्देशित फ़िल्म थी 1955 में आई 'श्री 420', बतौर हीरो-हीरोइन राजकपूर और नरगिस इस फ़िल्म में आख़िरी बार नज़र आए थे। हालाँकि दोनों ने आख़िरी बार 1956 में 'जागते रहो' में साथ काम किया था। नरगिस के साथ जोड़ी टूटने के बाद राजकपूर विचलित हो गए थे। फ़िल्म-उद्योग में यह सवाल सबकी ज़ुबाँ पर

था कि अब राजकपूर किसे चुनेंगे और कौन-सी फ़िल्म बनाएँगे। इस दौरान जब लेखक अर्जुन देव रश्क़ एक भाट की कहानी लेकर आए जो डाकुओं को मुख्यधारा में लाने की कोशिश करता है, तो राजकपूर ने फ़ौरन इस पर काम शुरू कर दिया। निर्देशन राधू कर्माकर का था लेकिन कहा जाता है कि परदे के पीछे निर्देशन की बागडोर राज जी ने मुख्यत: ख़ुद अपने पास ही रखी थी।

फ़िल्म की शुरुआत राजू के गंगा में डुबकी लगाने से होती है, वह कहता है—'मैं भी कितना भाग्यवान हूँ जो ऐसे देश में जनम मिला...', और फ़िल्म का शीर्षक नमूदार होता है—'जिस देश में गंगा बहती है।' शैलेन्द्र का लिखा, मुकेश का गाया ये गीत फ़िल्मी की शुरुआत में ही भारत की गौरव-गाथा का अमरगान है—

जो जिससे मिला सीखा हमने
ग़ैरों को भी अपनाया हमने
मतलब के लिए अन्धे होकर
रोटी को नहीं पूजा हमने
अब हम तो क्या सारी दुनिया
सारी दुनिया से कहती है
हम उस देश के वासी हैं
जिस देश में गंगा बहती है॥

ऋषिकेश में गंगा के घाट का नज़ारा और बहुत ही गाढ़े कोरस के बीच फ़िल्म का टाइटल। शैलेन्द्र हिन्दी सिनेमा में शीर्षक गीत लिखनेवाले सरताज गीतकार हैं। कहते हैं कि धुन बनने के बाद राजकपूर ने कहा था—'कविराज, शुरू हो जाओ, लिख दो शीर्षक-गीत।' इस पर राजकपूर की टीम के दूसरे गीतकार हसरत जयपुरी ने आपत्ति की थी कि हर बार क्यों शैलेन्द्र ही शीर्षक गीत लिखेंगे। मैं भी अच्छा गीतकार हूँ। मैं भी लिख सकता हूँ। राजकपूर ने फ़ैसला किया था कि ऐसा करते हैं, आप दोनों गीत लिखिए, हम सब दो दिन बाद मिलेंगे और फ़ैसला करेंगे। दो दिन बाद टोली फिर जमा हुई। हसरत जयपुरी ने अपना लिखा गीत सुनाया और शैलेन्द्र ने अपना। फ़िल्म-उद्योग में यह बात प्रचलित है कि शैलेन्द्र एक-दो नहीं बल्कि पूरे चौबीस अन्तरे लिखकर लाए थे। और सभी अन्तरे एक से बढ़कर एक। इस गाने से राजकपूर बहुत प्रभावित हुए थे और उन्होंने इसके तीन अन्तरे गाने में रखे। बाक़ी के तीन

अन्तरों का इस्तेमाल फ़िल्म में पार्श्व में किया गया।

चूँकि राजू एक भाट है, गायक है, ज़ाहिर है कि गाने के ज़रिये ही दर्शकों से उसका प्रथम परिचय होता है। इस फ़िल्म के ज़्यादातर गानों नें डफली सुनाई देती है—

मेरा नाम राजू घराना अनाम
बहती है गंगा जहाँ मेरा धाम॥

किसी किरदार को अपने गीत में ढाल लेना आसान काम नहीं है। पर शैलेन्द्र ने राजकपूर की फ़िल्मों में ये काम बहुत किया। 'बरसात' के गाने लिखने के बाद शैलेन्द्र ने फ़िल्मी काम न करने का मन बना लिया था। एक दिन राजकपूर उन्हें अपने साथ खींचकर ख़्वाजा अहमद अब्बास के पास ले गए, जहाँ 'आवारा' की कहानी सुनवाने के बाद कहानी का निचोड़ उन्होंने एक पंक्ति में कह दिया था—*आवारा था, या गर्दिश में था आसमान का तारा था।* तीन घंटे के नैरेशन का सार एक पंक्ति में। सब हैरान थे। इस गाने को तो

बाद में पूरे विश्व ने अपनाया। 'श्री 420' में भी शैलेन्द्र ने इसी तरह राज के किरदार को अपने गीत में ढाल दिया था। और फिर यहाँ राजू डफली बजाते हुए अपने बारे में कुछ यूँ बता रहा है—

काम नये नित गीत बनाना
गीत बनाके जहाँ को सुनाना
कोई न मिले तो अकेले में गाना
कविराज कहे न ये ताज रहे
ना ये राज रहे न ये राजघराना
प्रीत और प्रीत का गीत रहे
कभी लूट सका न कोई ये ख़ज़ाना॥

फ़िल्मी गाने के दायरे में किस तरह शैलेन्द्र आम आदमी की भाषा में अपने गीतों में दर्शन पिरोते हैं, उसकी मिसाल हैं ये पंक्ति—*कविराज कहे, न ये ताज रहे, न ये राज रहे, न ये राजघराना।* इस फ़िल्म के संगीतकार थे शंकर-जयकिशन। अपने भव्य ऑर्केस्ट्रा, साथ बहा ले जानेवाले कोरस और दिलकश धुनों वाली जादुई संगीतकार जोड़ी शंकर-जयकिशन ने अपने पारस-स्पर्श से 'जिस देश में गंगा बहती है' के संगीत को कालजयी बना दिया—

धूल का एक बादल अलबेला
निकला हूँ अपने सफ़र में अकेला
चुप-चुप देखूँ मैं दुनिया का मेला
काहे मान करे, अभिमान करे
मेहमान तुझे एक दिन तो है जाना
डफली उठा आवाज़ मिला
गा मिलके मेरे संग प्रेम तराना॥

राजू डाकुओं के हत्थे चढ़ जाता है, जो उसे पुलिस का आदमी समझे बैठे हैं। यहाँ उसे सरदार की बेटी कम्मो (पद्मिनी) मिलती है, जिसे भोले-भाले राजू से प्यार हो जाता है। वो अपनी सहेली बिजली के साथ मिलकर गाती है—*क्या हुआ, ये मुझे क्या हुआ, क्या पता।* एक ख़ूँख़ार डाकू राका को पूरा शक है कि राजू पुलिस का आदमी है। वो उसका जीना मुश्किल किए हुए है। एक दिन डाकुओं की पूरी टोली राजू को सताती है और दुखी होकर वो कहता है,

मैं बताता हूँ मैं कौन हूँ। उसके बाद वो जुनून के साथ अपनी डफली बजाता है। ये हिन्दी सिनेमा के इतिहास का एक अद्भुत दृश्य है, जहाँ एक किरदार ज़ोरदार डफली बजा रहा है। बाक़ी लोग अलग-अलग साज़ों पर जुट गए हैं। मर्दों और औरतों ने थिरकना शुरू कर दिया है। डाकुओं की बस्ती में ज़ोरदार उत्सव शुरू हो गया है। क़रीब तीन मिनट तक डफली और बाक़ी साज़ों की आवाज़ों पर थिरकने का ये दौर जारी रहता है और फिर राजू गाता है—

होंठों पे सच्चाई रहती है, जहाँ दिल में सफ़ाई रहती है
हम उस देश के वासी हैं, जिस देश में गंगा बहती है
मेहमाँ जो हमारा होता है, वो जान से प्यारा होता है
ज़्यादा की नहीं लालच हमको, थोड़े में गुज़ारा होता है
बच्चों के लिए जो धरती माँ, सदियों से सभी कुछ सहती है
हम उस देश के वासी हैं, जिस देश में गंगा बहती है॥

सन् 1960 के बाद कोई राष्ट्रीय उत्सव इस गीत के बिना मनाया ही नहीं गया। जिन फ़िल्मी-गानों में भारत की महिमा का बखान किया गया है, उनमें यह सिरमौर है। दिलचस्प है कि यहाँ शैलेन्द्र ने राष्ट्रीय गौरव के कारण खोजने के लिए इतिहास के गलियारों में क़दम रखने के बजाय मौजूदा समय को बेहतर बनाने का सन्देश दिया है—

कुछ लोग जो ज़्यादा जानते हैं, इनसान को कम पहचानते हैं
ये पूरब है, पूरब वाले हर जान की क़ीमत जानते हैं
मिल-जुल के रहो और प्यार करो, इक चीज़ यही जो रहती है
हम उस देश के वासी हैं, जिस देश में गंगा बहती है॥

किसी फ़िल्म के शीर्षक गीत को कितना सटीक और असरदार होना चाहिए, इसकी मिसाल है शैलेन्द्र का लिखा यह गीत। सच तो ये है कि 'जिस देश में गंगा बहती है' की जान उसका संगीत भी है।

राजू डाकुओं को बुरा समझता है। सरदार की बेटी उसे समझाती है कि असल में डाकू अमीर को थोड़ा कम अमीर और ग़रीबों को थोड़ा-सा अमीर करके दुनिया को 'बरोबर' करते हैं। राजू पर शक कायम है। बल्कि अब तो राका को राजू और कम्मो के बीच पनप रहे प्रेम की भनक भी लग गई है। बस्ती में फिर संगीत की महफ़िल जमती है और इस बार जो गीत होता है वो

असल में बहस है, डाकुओं की लूटपाट और एक शरीफ़ इनसान के बीच की बहस। हिन्दी सिनेमाई संसार में इस तरह की वैचारिक बहस वाला कोई दूसरा गीत मुझे याद नहीं आता। शैलेन्द्र ने इस गाने के अलग-अलग अन्तरों में अलग-अलग किरदारों के अन्तस की बात कही है। डाकू राका ताल ठोंक कर गाता है—

है आग हमारे सीने में, हम आग से खेलते आते हैं
टकराते हैं जो इस ताक़त से, वो मिट्टी में मिल जाते हैं

पर इसका एकदम सटीक जवाब देता है राजू। उसकी बातों में एक दुहाई है—

तुमसे तो पतंगा अच्छा है, जो हँसते हुए जल जाता है
वो प्यार में मिट तो जाता है, पर नाम अमर कर जाता है

यहाँ नायिका और उसकी सहेली छिपे शब्दों में अपनी भावनाएँ भी उजागर करती हैं—

हम भी हैं, तुम भी हो, दोनों हैं आमने-सामने
देख लो क्या असर कर दिया प्यार के नाम ने

डाकू घोड़ों पर दिलेरी दिखाते हुए अपनी बात कहते हैं—

हम गाते-गरजते सागर हैं, कोई हमको बाँध नहीं पाया
हम मौज में जब भी लहराए, सारा जग डर से थर्राया

पर राजू भी भाट है, गाने की चपलता में उसका कोई मुक़ाबला नहीं है—

हम छोटी-सी वो बूँद सही, है सीप ने जिसको अपनाया
खारा पानी कोई पी न सका, एक प्यार का मोती काम आया
हम भी हैं, तुम भी हो...

एक गीतकार के तौर पर शैलेन्द्र कितने नायाब थे और उनके गानों में किस तरह कविता की ऊँचाई नज़र आती है उसकी मिसाल है सिचुएशन की सँकरी डगर पर चलकर रची गई ये पंक्ति—*खारा पानी कोई पी न सका/ एक*

प्यार का मोती काम आया। राका के बाद अब कम्मो अपनी बात कहने की कोशिश करती है। वो राजू से प्यार क़ुबूलवाने की कोशिश में है—

किस फूल पे मरती है दुनिया, है कौन-सा फल सबसे मीठा?
नैनों से जो नैना टकराए, तो कौन हारा और कौन जीता?

राजू इसका बड़ा ख़ूबसूरत जवाब देता है—

ये दिल का कँवल सबसे सुन्दर, मेहनत का फल सबसे मीठा
इस प्यार की बाज़ी में हँसकर जो दिल हारा वो सब जीता
हम भी हैं, तुम भी हो...

अब डाकू राका राजू की बात को रद्द करने कोशिश करता है—

इतना-सा जिगर, इतना-सा है दिल, क्या बात बड़ी करने आए
क्या पैदा होगी आग अगर, पत्थर से न पत्थर टकराए

और राजू अपने हर जवाब में प्यार और इनसानियत की बात कहता है—

नन्हा-सा ये दिल आँखों में न हो तो पल में अँधेरा हो जाए

यहाँ कम्मो भी अपनी बात कहने से नहीं चूकती—

इतना-सा ये दिल तू दे-दे अगर, सारा जग तेरा हो जाए
हम भी हैं, तुम भी हो...

यहाँ से आगे गाना राजू और कम्मो के प्यार के इज़हार का ज़रिया बन जाता है—

जाने कैसी ये मौजें अनजानी
दिल में आईं जैसे याद पुरानी

राजू अब अपने दिल की बात ज़ाहिर करने को तैयार हो चुका है—

ले लिया दिल मेरा, आज की रंग भरी शाम ने
हम भी हैं, तुम भी हो...
तुमने मुझको समझा था बेगाना
लेकिन तुमको मैंने ही पहचाना

इस इज़हार से कम्मो की ख़ुशी का ठिकाना नहीं रहता। राका को ये बात बहुत नागवार लग रही है।

मिल गईं मंज़िलें, राह-सी खुल गई सामने
हम भी हैं, तुम भी हो...
तू जो कह दे, मैं तेरी हो जाऊँ
खोई-खोई आँखों में खो जाऊँ
तुमने ये क्या किया, लोग दिल को लगे थामने
देख लो क्या असर कर दिया प्यार के नाम ने
हम भी हैं, तुम भी हो, दोनों हैं आमने-सामने॥

ये गाना अपनी बुनावट में बहुत जटिल और विविधरंगी है। फ़िल्म में जो बात कहने में कई दृश्य लग जाते, ये गाना उसे अपने कुछ अन्तरों में बड़ी कुशलता के साथ कहता है और वो भी अलग-अलग किरदारों के नज़रिये से। धुन के अनुशासन में रहकर ये सब कह लेना आसान काम नहीं रहा होगा। शंकर-जयकिशन ने अपने भव्य वाद्य-संयोजन और समृद्ध कोरस से इस गाने को अपनी बनावट में अद्भुत बना दिया है।

इस बीच कम्मो की शरारत और राजू के भोलेपन के ताने-बाने से बना शैलेन्द्र का रचा एक और गीत फ़िल्म में आता है—*बेगानी शादी में अब्दुल्ला दीवाना/ ऐसे मनमौजी को मुश्किल है समझाना।* इस बीच डाकू साहूकार की लड़की की शादी के दौरान डकैती करते हैं। राजू इस लूट-पाट और ख़ून-ख़राबे को अपनी आँखों से देखता है और उसका दिल टूट जाता है। शैलेन्द्र ने इस परिदृश्य को गीत में ढालने के लिए शीर्षक-गीत में ही एक अतिरिक्त अन्तरा जोड़ दिया है। यहाँ मुकेश गाते हैं—

ये लूट खसोट ये डाकाज़नी
भाई की भाई से न बनी
ये धरती क्या कुछ सहती है
इस देश में ये भी होता है
जिस देश में गंगा बहती है॥

दुखी राजू पुलिस को इस वारदात और अगली डकैती दोनों की ख़बर कर देता है। डाकुओं की बस्ती में उसे लानतें हाथ लगती हैं। राजू दुखी होकर

वापस लौटने का फ़ैसला करता है। कम्मो उसे रोकने के लिए बीहड़ में उसके पीछे दौड़ती है। सचमुच हिन्दी सिनेमा में गीतकारों के सामने कितनी विचित्र सिचुएशन की चुनौतियाँ रख दी जाती हैं और अमूमन दर्शकों को अहसास नहीं होता कि गीतकार ऐसी कड़ियल चुनौतियों को निभाते हुए कैसे-कैसे नायाब गाने रच डालते हैं। शैलेन्द्र ने यहाँ *बसन्ती पवन-पागल* का जो जुमला रचा है वह किसी बेशक़ीमती नगीने से कम नहीं है। किसी जाते हुए प्रिय को रोकने की विकलता से पगा लता मंगेशकर का निर्मल स्वर, एक आर्त पुकार—

ओ बसन्ती पवन पागल, ना जा रे ना जा
रोको कोई॥

शैलेन्द्र की पूरी गीत-यात्रा में हमें ऐसे कई गीत मिलते हैं जिनमें उन्होंने एक स्त्री की कोमल भावनाओं को, उसके जीवन के अलग-अलग मोड़ों पर दिल में उठते तूफ़ान को गीतों में पिरोया है। ऋषिकेश मुखर्जी की फ़िल्म 'अनुराधा' के एक गीत में वे लिखते हैं—*हाय रे वो दिन क्यों न आए/ जा जा के ऋतु लौट आए।* फ़िल्म 'आम्रपाली' में एक गीत में उन्होंने विरह में तपती नायिका की भावनाओं को कुछ यूँ कहा है—

विरहा की इस चिता से तुम ही मुझे निकालो
जो तुम न आ सको तो मुझे स्वप्न में बुला लो
मुझे ऐसे मत जलाओ मेरी प्रीत है कुँवारी
तुम ले गए हो अपने संग नींद भी हमारी।

यही शैलेन्द्र फ़िल्म 'असली नकली' में अपार प्रेम को जी रही एक स्त्री के मन पर छा गए असुरक्षा के कोहरे को शब्दों में ढालते हैं—*तेरा मेरा प्यार अमर/ फिर क्यों मुझको लगता है डर* और ये हिन्दी सिनेमा के सबसे लोकप्रिय गीतों में से एक बन जाता है। फ़िल्म 'रात और दिन' के एक गीत में शैलेन्द्र ने जीवन की एक अजीब उलझन में फँसी एक स्त्री के भटकाव को गीत में पिरो दिया है—*आवारा ऐ मेरे दिल, जाने कहाँ है तेरी मंज़िल।* हिन्दी सिनेमा में स्त्री-मन के कुछ सबसे नाज़ुक गीत शैलेन्द्र की कलम से निकले हैं। महिला किरदारों की तड़प, उनकी तमन्नाओं, उनके ख़्वाबों के नग़मे। यह बात शैलेन्द्र को एक विशिष्ट गीतकार बनाती है। 'गाइड' में विवाह से परे अपने प्रेम को स्वीकार करती एक बेबाक स्त्री की पुकार है—*मैं हूँ ग़ुबार या तूफ़ाँ हूँ/ कोई*

बताए मैं कहाँ हूँ/ डर है सफ़र में कहीं खो न जाऊँ रस्ता नया।

बहरहाल, कोमल मन के गीतकार शैलेन्द्र ने 'जिस देश में गंगा बहती है' के इस गीत में डाकुओं के क्रूर पुरुषवादी समाज में पलती एक लड़की को मिले भोले निर्मल प्रेम के छूटते जाने के पारा-पारा लम्हों को जब शब्द दिए तो वे एक सुनहरे गीत में तब्दील हो गए—

बनके पत्थर हम पड़े थे, सूनी-सूनी राह में
जी उठे हम जब से तेरी बाँह आई बाँह में
छीनकर नैनों से काजल, न जा रे न जा
रोको कोई
ओ बसन्ती पवन पागल... ॥

शैलेन्द्र ने यहाँ अहल्या का प्रतीक लिया है, जो गौतम ऋषि के अभिशाप से शिला बन जाती हैं और भगवान श्रीराम उन्हें फिर से स्त्री का रूप देते हैं। *बन के पत्थर हम पड़े थे* इस अर्थ में गाने को और भी सार्थक बना देती हैं। प्रेम का मिलना जितना सुखद होता है, उसका छूटते चले जाना उतना ही तोड़ देनेवाला। किरच-किरच बिखेर देनेवाला—

याद कर, तूने कहा था, प्यार से संसार है
हम जो हारे दिल की बाज़ी, ये तेरी ही हार है
सुन ले क्या कहती है पायल, न जा रे न जा
रोको कोई
ओ बसन्ती पवन पागल... ॥

शैलेन्द्र के गीत पटकथा की उर्वर ज़मीन पर किस तरह उगते थे इसकी मिसाल है इस अन्तरे में *सुन ले क्या कहती है पायल*। पूरी फ़िल्म में कम्मो छन-छन पायल छनकाती घूमती है और उसके मुँह पर अक्सर एक जुमला होता है 'ओए होय'...इसे भी एक अन्य गीत में पिरो लिया गया है। इस गीत में 'ना जा रे न जा' के बाद जो 'रोको कोई' की विकल पुकार है वह एक स्त्री की बेबसी को कितनी बारीकी से उभारती है। सिनेमा से परे अपने हज़ारों-हज़ार आयामों के साथ यह आम ज़िन्दगी का गीत भी है। जीवन में कितने ऐसे लम्हे आते हैं जब एक स्त्री को पुकारना होता है—*ना जा रे न जा...रोको कोई।*

कम्मो की ये विकल पुकार राजू को डाकुओं की बस्ती में ही रोक लेती है। पहले तो राजू कम्मो के साथ बस्ती से भागने की योजना बनाता है लेकिन फिर तय करता है कि डाकुओं को सही रास्ते पर लाकर ही दम लेगा। राजू डाकुओं की बस्ती में सबको समझाता है कि ये रास्ता मौत की तरफ़ जाता है और डकैती छोड़ देने में ही भलाई है। एक पल को सब समझते हैं पर आत्म-समर्पण के लिए राज़ी नहीं होते। वह महिलाओं और बच्चों को समझाता है जिन पर इसका सबसे ज़्यादा असर हो सकता है। ऐसे नाटकीय घटनाक्रम में राजू बच्चों के साथ मिलकर गाता है—

प्यार कर ले नहीं तो फाँसी चढ़ जाएगा
यार कर ले, नहीं तो यूँ ही मर जाएगा॥

यहाँ तक आते-आते फ़िल्म विनोबा भावे के डाकू सुधार कार्यक्रम का आईना बन जाती है। पेशेवर सिनेमा के ढाँचे में इस तरह के सन्देश के लिए नाटकीयता बहुत ज़रूरी तत्त्व होता है। पटकथा लेखक ने यहाँ एक गीत की जगह बनाई है, इस तरह शैलेन्द्र के सामने एक चुनौती आई। एक गाने में वह सब कहने की चुनौती जिसके लिए सम्भवत: कई संवाद लिखने पड़ते। और यहाँ भी शैलेन्द्र ने एक माहिर गीतकार के रूप में अपना परचम फहराया—

जीते हारे सैकड़ों तीर से तलवार से
मेरे साथ मुस्कुरा, दिल को जीत प्यार से
विचार कर ले, नहीं तो पीछे पछताएगा॥

फ़िल्म में ये गीत हृदय-परिवर्तन का एक बड़ा माध्यम बनता है और इसका सहारा बनते हैं बच्चे। फ़िल्म में राका के किरदार का एक ख़ास मैनेरिज़्म रखा गया है, वो बार-बार अपनी गर्दन को सहलाता है मानो फाँसी लग रही हो। यहाँ *फाँसी चढ़ जाएगा* वाली बात उसके और उसके साथियों के लिए ही कही जा रही है—

चोरी करी चोर बना रोज़ नई घात है
आज तेरी ज़िन्दगी जैसे काली रात है
पार कर ले, नहीं तो चक्कर पड़ जाएगा॥

आख़िरकार सारे डाकू और उनके परिवार आत्म-समर्पण के लिए राज़ी हो जाते हैं और राजू के साथ चल पड़ते हैं और तब यहाँ आता है 'जिस देश में गंगा बहती है' का सबसे भव्य गीत। रुपहले परदे पर बड़ी तादाद में पुलिस के ट्रक और सिपाही तैनात होते दिखाए गए हैं। डाकुओं का एक बड़ा लम्बा कारवाँ भी चला आ रहा है। ग्रुप वायलिन और बहुत ही मार्मिक कोरस इस दृश्य को और भी असरदार बनाता है। राजू एक बच्चे के साथ है और इस गीत के ज़रिये वो सबका आह्वान करता है—

आ अब लौट चलें
नैन बिछाए, बाँहें पसारे,
तुझको पुकारे देश तेरा॥

इस गाने में शंकर-जयकिशन ने लता मंगेशकर से बहुत ऊँचे सुर की एक धड़कती हुई पंक्ति गवाई है—*आ जा रे...आ जा रे।* लता की ये आवाज़ ज़मीनो-आसमान को गुंजाकर रख देती है। भव्य कोरस और लता के भीगे हुए विकल आलाप की गोटेदारी इसे एक अद्‌भुत गीत बना देती है। डाकुओं को मुख्यधारा में लौटने के लिए प्रेरित करती ये पुकार रोंएँ खड़े कर देती है—

सहज है सीधी राह पे चलना,
देखके उलझन बचके निकलना
कोई ये चाहे माने न माने,
बहुत है मुश्किल गिरके सँभलना
आ अब लौट चलें...

शैलेन्द्र अपने कई गीतों में जैसे सूक्तियाँ टाँकते चलते हैं। ये उनके लिए बड़ा ही सहज रहा है। *मिटे जो प्यार के लिए वो ज़िन्दगी, सजन रे झूठ मत बोलो, दिल की गिरह खोल दो* जैसी सूक्तियाँ ही तो हैं जो हम आम ज़िन्दगी में अक्सर इस्तेमाल करते हैं। *सहज है सीधी राह पे चलना* इस गाने की एक अनमोल पंक्ति है—

आँख हमारी मंज़िल पर है, दिल में ख़ुशी की मस्त लहर है
लाख लुभाएँ महल पराए, अपना घर फिर अपना घर है
आ अब लौट चलें...

सिनेमा से इतर इस गीत की अपनी एक स्वतंत्र यात्रा भी है। बीते काफ़ी सालों से बेहतर भविष्य की तलाश में विदेशों का रुख़ करनेवाले कारवाँ को भी ये गीत पुकारता है—*लाख लुभाएँ महल पराए/ अपना घर फिर अपना घर है।* 1960 से अब तक लगभग 64 बरस बीत गए इस गाने को आए हुए। ये गाना आज भी बेचैनी से भर देता है। पाँचवें मिनट में लता के बहुत भाव-विह्वल आलाप के बाद से छठे मिनट के दौरान गाने को जिस तरह 'इंटेंस' बनाया गया है वह सुनते ही बनता है।

आख़िरकार बहुत ही नाटकीय घटनाक्रम के बाद राजू राका से कहता है—'राका, फेंक दे इस दोनाली को। इस लोहे की डायन ने महात्मा गांधी सरीखे को नहीं पहचाना, वो तेरे को क्या पहचानेगी मेरे भाई!' और इस तरह वो राका और उसके साथियों से समर्पण के लिए राज़ी कर लेता है। पुलिस के ट्रक में सारे डाकुओं को ले जाया जा रहा है और फ़िल्म के अन्तिम प्रभाव के रूप में शैलेन्द्र शीर्षक गीत का ये अतिरिक्त अन्तरा लेकर आते हैं—

हम कल क्या थे, हम आज हैं क्या इसका ही नहीं अभिमान हमें
जिस राह पे आगे बढ़ना है, है उसकी भी पहचान हमें
इस धारा को किसने रोका, ये बँधके भला कब रहती है
हम उस देश के वासी हैं जिस देश में गंगा बहती है॥

'जिस देश में गंगा बहती है' भारत में बनी मुद्दों पर आधारित फ़िल्मों की सूची में चमकता एक नगीना है। और शैलेन्द्र के गीत इस नगीने की चमक। डूबकर इन गानों को अपने भीतर जज़्ब करें तो मन शैलेन्द्र के प्रति कृतज्ञता से भर जाता है।

हाय रे वो दिन क्यों न आए

♫

सन् 1960 शैलेन्द्र के करियर का एक बहुत ही चमकीला साल था। इस समय वो अलग-अलग प्रोडक्शन हाउस के लिए काम कर रहे थे। उनमें से कुछ फ़िल्में थीं—बिमल रॉय की 'उसने कहा था' और 'परख', राजकपूर की 'जिस देश में गंगा बहती है', नवकेतन की 'काला बाज़ार', सत्येन बोस की 'मासूम', कमाल अमरोही की 'दिल अपना और प्रीत पराई'।

बिमल रॉय प्रोडक्शन से शैलेन्द्र का जुड़ाव इतना गहरा था कि न केवल उन्होंने बिमल दा के लिए गाने लिखे बल्कि उनके शिष्यों की फ़िल्मों में भी शैलेन्द्र के गीत थे। बिमल रॉय के कहने पर जब मोनी भट्टाचार्य निर्देशक बने और उन्होंने बाबू चन्द्रधर शर्मा गुलेरी की कहानी पर 'उसने कहा था' बनाई तो इस फ़िल्म के गीत शैलेन्द्र से ही लिखवाए। 'उसने कहा था' का सबसे लोकप्रिय गीत *रिमझिम के ये प्यारे-प्यारे गीत लिये* शैलेन्द्र के अनमोल बोलों और सलिल चौधरी की पाश्चात्य-संगीत में रची-बसी धुन के लिए याद किया जाता है। सिर्फ़ शैलेन्द्र ही *झींगुर बोले चीकी-मीकी* जैसा रूपक रच सकते हैं। ये गीत नहीं है रस-वर्षा है। हम सिर्फ़ शैलेन्द्र के बोलों को ही नहीं सुनते बल्कि गाने के आरम्भिक संगीत और इंटरल्यूड पर भी झूम-झूम जाते हैं। 1960 से आज तक ये हमारी बारिशों का एक अनिवार्य गीत बना हुआ है और आगे भी बना रहेगा।

जब ऋषिकेश मुखर्जी निर्देशक बने तो अपनी पहली ही फ़िल्म 'मुसाफ़िर' के गाने उन्होंने शैलेन्द्र से लिखवाए। कमाल ये हुआ कि फ़िल्म 'मुसाफ़िर' का एक गीत लता मंगेशकर के साथ अदाकार-ए-आज़म दिलीप कुमार ने गाया। कहते हैं कि अपने हर काम को शिद्दत से करनेवाले दिलीप कुमार ने इस

गीत के लिए कई दिनों तक रिहर्सल की थी और तब जाकर बना था—*लागी नाहीं छूटे रामा, चाहे जिया जाए।* ये गाना राग पीलू में बनी एक ठुमरी पर आधारित था। दिलीप कुमार के गायन के मद्‌देनज़र शैलेन्द्र का लिखा ये गाना हिन्दी सिनेमा के लिए एक महत्त्वपूर्ण घटना बन गया।

सन् 1959 में आई ऋषिकेश मुखर्जी की दूसरी फ़िल्म 'अनाड़ी' में भी शैलेन्द्र मौजूद थे। यहाँ शैलेन्द्र ने *किसी की मुस्कुराहटों पे हो निसार* जैसा गीत रचा जिसने इतने सालों तक मानवता का परचम बड़ा ऊँचा लहराया है। इस गीत की एक-एक पंक्ति नगीना है। जब ऋषि दा ने अपनी तीसरी फ़िल्म 'अनुराधा' बनानी शुरू की तो उसमें गीतकार के तौर पर शैलेन्द्र ही मौजूद रहे। 'अनुराधा' कई मायनों में एक नायाब फ़िल्म है। इस फ़िल्म के संगीतकार बने पंडित रविशंकर, जो इससे पहले 1946 में चेतन आनन्द की फ़िल्म 'नीचा नगर' में संगीत दे चुके थे। ये पहली भारतीय फ़िल्म थी जिसने पहले कांस फ़िल्म फेस्टिवल में पाम डी'ओर जीता था। उन्होंने ख़्वाजा अहमद अब्बास की 'धरती के लाल' में भी संगीत दिया था। इसके बाद पंडित रविशंकर ने सत्यजीत

राय की फ़िल्म-त्रयी 'पाथेर पांचाली', 'अपूर संसार' और 'अपराजितो' में भी संगीत दिया था। पंडित जी ने 1957 में तपन सिन्हा की फ़िल्म 'काबुलीवाला' में और 1958 में सत्यजीत राय की फ़िल्म 'परश पाथर' को भी अपने संगीत से सजाया था।

इस पूरे परिदृश्य में जबकि पंडित रविशंकर फ़िल्मों में संगीत देने को लेकर उतने उत्साहित नहीं रहते थे उनका किसी हिन्दी फ़िल्म में संगीत देने के लिए राज़ी होना एक बड़ी घटना थी, बहुत बड़ी घटना। यह भी एक तथ्य है कि पंडित रविशंकर और अन्नपूर्णा देवी के तनावपूर्ण दाम्पत्य को आधार बनाकर सन् 1973 में ऋषिकेश मुखर्जी ने फ़िल्म 'अभिमान' बनाई थी। सन् 2010 में कविता छिब्बर से एक बातचीत के दौरान पंडित रविशंकर ने बताया था कि ऋषि दा से उनकी मुलाक़ात तब पहली बार हुई थी जब वे 'अनुराधा' में संगीत देने की पेशकश लेकर अकेले आए थे। दूसरी बार वे शैलेन्द्र को साथ लेकर गए थे। पंडित रविशंकर को जब पता चला कि शैलेन्द्र इस फ़िल्म के गीत लिख रहे हैं तो उनके प्रशंसक होने के नाते उन्होंने फ़ौरन ही इस फ़िल्म में संगीत देने की पेशकश को स्वीकार कर लिया था। पंडित रविशंकर ने इस इंटरव्यू में यह कहा है कि उन्हें ऋषिकेश मुखर्जी का ज़िन्दादिल व्यक्तित्व, उनका मज़ाक़िया बर्ताव अच्छा लगने लगा था। वह उन्हें काफ़ी पसन्द करने लगे थे। असल में ऋषिकेश मुखर्जी ने दो ऐसे बांग्ला गीत सुने थे जिनकी धुन पंडित रविशंकर ने बनाई थी और उन्हें गाया था पंडित जी की भाभी लक्ष्मीशंकर ने, इनमें से एक गाने के बोल थे—*माया भोरा राति/ साथीहारा चॉले जाए/ केनो एले न हाय* यह गाना उन्हें बहुत पसन्द आया था। इस मुलाक़ात में शैलेन्द्र मौजूद थे। उन्होंने ये गाना सुना और फ़ौरन ही इसका हिन्दी संस्करण रच दिया—*कैसे दिन बीते कैसे बीतीं रतियाँ/ पिया जाने ना।*

इसी बैठक में पंडित रविशंकर ने अपनी एक और बांग्ला गीत की धुन उन्हें सुनाई। ऋषि दा को ये धुन भी बहुत पसन्द आई। और उन्होंने शैलेन्द्र से कहा कि इस पर वो गीत रच दें। इस तरह तैयार हुआ—*हाय रे वो दिन क्यों न आए।* इसके अलावा *साँवरे साँवरे* भी शैलेन्द्र ने पंडित रविशंकर की धुन पर ही लिखा था। कुल चार गाने इन मुलाक़ातों या 'सिटिंग' में तैयार कर लिये गए थे। इनमें शैलेन्द्र का योगदान बहुत बड़ा था।

फ़िल्म 'अनुराधा' जाने-माने फ़िल्म-लेखक सचिन भौमिक की कहानी पर आधारित थी। यह कहानी प्रसिद्ध बांग्ला पत्रिका 'देश' में छपी थी।

सचिन भौमिक ने अपनी आत्मकथा में इस बात का ज़िक्र किया है कि उन्हें इस कहानी की प्रेरणा सन् 1857 में आए गुस्ताव फ्लॉबर्ट के उपन्यास 'मदाम बॉवेरी' से मिली थी। फ़िल्म शुरू होती है वॉल्व वाले एक रेडियो के शॉट से। उद्घोषक की आवाज़ आती है—'ये ऑल इंडिया रेडियो बम्बई है। अब हम आपको कुछ पुराने गानों के रिकॉर्ड सुनाएँगे। आज से दस साल पहले इन गानों ने धूम मचा दी थी। पहले सुनिए ये गाना—*साँवरे साँवरे*, गायिका अनुराधा राय।

साँवरे साँवरे
काहे मोसे करो जोरा-जोरी
बैंयाँ न मरोड़ो मोरी
दूँगी-दूँगी गारी
हटो जाओ जी साँवरे॥

'अनुराधा' एक ऐसी सम्भ्रान्त स्त्री की कहानी है, जो अपने प्रेम के लिए अपने रईस पिता का घर छोड़ देती है और एक ऐसे आदर्शवादी डॉक्टर के साथ गाँव में आकर रहने लगती है जिसकी ज़िन्दगी का एक ही मक़सद है—गाँव में रहकर गाँव वालों की सेवा करना। शादी से पहले अनुराधा रॉय एक प्रसिद्ध रेडियो गायिका थी। उसके गाने बहुत लोकप्रिय हो चुके थे। उसके रिकॉर्ड जारी किये जा चुके थे। रेडियो पर ऐसा ही एक रिकॉर्ड बजाया जा रहा है—

संग न सहेली
पाई के अकेली
अब लजात हे मोरे श्याम
रोको न डगर मोरी
साँवरे साँवरे॥

यह गीत राग भैरवी पर आधारित है। आरम्भ से ही यह अपने संग बहा ले जाता है। पंडित रविशंकर के हिन्दी फ़िल्मी-गानों में रिदम बड़ा मायने रखता है। इस फ़िल्म के कम से कम दो गीत अद्भुत रिदम की भाव-भूमि पर खिलते और खुलते हैं। उनके सितार की सहज और गहन अन्तर्धारा वाले इस गीत में इंटरल्यूड म्यूज़िक न के बराबर है। फ़िल्मी गानों से इतर लता मंगेशकर की गायकी के शास्त्रीय रूप की परख है यह गाना। हिन्दी सिनेमा

के बहुत महीन बुनावट वाले एक बेहद कठिन गीत के रूप में इसकी गिनती होती है।

गोपी ग्वाले, देखनेवाले
बिना विचारे कहेंगे सारे
पकड़ी राधा की चोरी
साँवरे साँवरे।

एक गीतकार के रूप में शैलेन्द्र के करियर में ऐसे अनेक मौक़े आए जहाँ उन्हें शास्त्रीय बन्दिशों जैसे गीत रचने पड़े। जैसे *झन-झन-झन पायल बाजे* (बुज़दिल, 1951), *जा जा रे जा बालमवा* और *सुर न सजे* (दोनों 'बसन्त बहार', 1955), *लागी नाहीं छूटे रामा* (मुसाफ़िर, 1957), *जाओ न सताओ रसिया* (रूप की रानी चोरों का राजा, 1961), *सुध बिसर गई आज अपने गुनन की* (संगीत सम्राट तानसेन, 1962), *नाचे मन मोरा मगन* (मेरी सूरत तेरी आँखें, 1963), *झन-झन-झन बाजे* (चाँद और सूरज, 1965), *घर आ जा घिर आए बदरा* (छोटे नवाब, 1965) वग़ैरह। तक़रीबन ये सभी गीत किसी ख़ास किरदार और तयशुदा सिचुएशन या मन:स्थिति के लिए लिखे गए हैं। पर 'अनुराधा' में शैलेन्द्र के समक्ष बिलकुल अलग चुनौती थी। यहाँ उन्हें ऐसा गीत रचना था जिसमें पारम्परिक शास्त्रीय बन्दिश की झलक हो। सिचुएशन बस इतनी है कि गीत रेडियो पर बज रहा है ये दिखाने के लिए कि नायिका एक प्रसिद्ध गायिका है। *साँवरे-साँवरे* सुनकर आपको कहीं से भी नहीं लगेगा कि यह कोई पारम्परिक बन्दिश नहीं है। ब्रजभाषा में रचे गए शैलेन्द्र के इस गीत का स्वाद राधा-कृष्ण के प्रेम से पगी किसी मध्यकालीन कविता जैसा है। दिलचस्प है कि यह गीत एक धुन पर रचा गया है। इतनी मुश्किल धुन के ख़ाँचे में एकदम सटीक शब्दों के साथ अपनी बात कहने की कला में माहिर थे शैलेन्द्र—

मुरली बजाओ
गइयाँ चराओ
हमरी गैल छोड़े हे छैल
मिलो जब आवे होरी
साँवरे साँवरे॥

ऋषिकेश मुखर्जी ने इस फ़िल्म में गाँव में डॉक्टर निर्मल चौधरी की पत्नी के रूप में अनुराधा के जीवन की रिक्तता को उभारा है। उन्होंने फ़्लैश-बैक में यह भी दिखाया है कि अनुराधा का अतीत कितनी उमंगों और ललक से भरा था और डॉक्टर निर्मल चौधरी एक प्रेमी के रूप में कितने संवेदनशील थे। आज से कितने अलग। वो अनुराधा राय के रचे एक नृत्य-नाटक 'जीवन-संगीत' को देखने पहुँचते हैं। डॉक्टर निर्मल प्रेम और प्रशंसा से भरी नज़रों से बस देखते रह जाते हैं।

बहुत दिन हुए, तारों के देश में
चन्दा की नगरिया में रहते थे एक राजा
बज रहा था ज़ोर-ज़ोर उनकी जय का बाजा
जैसे थे परतापी राजा, वैसी उनकी रानी
जैसा रूप-रंग पाया वैसी ज्ञानी-ध्यानी
दोनों की दुलारी एक बिटिया थी प्यारी
फूल जैसी नाज़ुक थी वो नाम था फूल कुमारी॥
अन्धी तकदीर ने अन्धेर किया भारी
छीनी उसके होंठों से हँसी वो प्यारी-प्यारी
फूल कुमारी भूल गई हँसना-मुस्कुराना
लूट लिया भाग ने ख़ुशी का वो ख़ज़ाना॥

फ़िल्म में यह नृत्य-नाटिका नाटकीयता के लिए रची गई है। जो 'अनुराधा' के जीवन का विरोधाभास दिखाने का औज़ार है। नाटिका का अन्त इन पंक्तियों से होता है—

जैसे उनके अच्छे दिन फिर से लौट आए
मालिक ऐसे सबकी सुन ले, सबके दिन लौटाए॥

नृत्य-नाटिका के बाद अनुराधा का पैर फिसलता है और उसके पैर में ज़ोरदार खिंचाव आ जाता है। उसका इलाज करने के लिए डॉ. निर्मल को बुलवाया जाता है। दोनों एक-दूसरे के क़रीब आते हैं। उनकी मुलाक़ातें बढ़ने लगती हैं। इस दौरान निर्मल अनुराधा को बताता है कि उसकी माँ गाँव में बिना इलाज के चल बसी थीं। उसके बाद पिताजी की यही इच्छा रही कि बेटा पढ़-लिखकर डॉक्टर बने और गाँव में प्रैक्टिस करते हुए लोगों का इलाज

करे, उनकी सेवा करे। अनु तपाक से कहती है कि सह-जीवन के लिए वो शहर की सुख-सुविधाएँ छोड़कर उसके साथ गाँव में रहने को तैयार है। डॉ. निर्मल बातों-बातों में अनुराधा के जूड़े में एक फूल सजा देते हैं। अपनी फ़ीस के रूप में उसे एक गाना सुनाने के लिए भी कहते हैं और इस तरह शुरू होता है इस फ़िल्म का सबसे उमंग से भरा गीत। पंडित रविशंकर ने इस गीत का इंट्रोडक्शन म्यूज़िक ही कुछ ऐसा रचा है मानो एक साथ असंख्य फूल खिल रहे हों, मानो अचानक सितार के तार झनझना उठे हों, मन हिलोरें लेने लगा हो—

जाने कैसे सपनों में खो गईं अँखियाँ
मैं तो हूँ जागी मोरी सो गईं अँखियाँ॥

शैलेन्द्र की गीतकारी की पूरी यात्रा देखें तो आप पाएँगे कि वो एक स्त्री के मनोभावों, उसकी ख़ुशियों, उसके दुखों, उसकी उलझनों और उसके संत्रास को बड़ी संवेदनशीलता से व्यक्त करते रहे हैं। उनकी ये नाज़ुकी स्त्री-मनोभावों को उकेरने में उन्हें कामयाब बनाती रही है। 1966 में आई फ़िल्म 'आम्रपाली' में उन्होंने एक स्त्री के प्रेम के भाव को अनूठे शब्दों में व्यक्त किया—

बिरहा की इस चिता से तुम ही मुझे निकालो
जो तुम न आ सको तो मुझे स्वप्न में बुला लो
मुझे ऐसे मत जलाओ, मेरी प्रीत है कुँवारी
तुम ले गए अपने संग नींद भी हमारी॥

सन् 1953 में आई फ़िल्म 'पतिता' में वो नायिका के प्रेम को कुछ यूँ शब्द देते हैं—

किसी ने अपना बना के मुझको मुस्कुराना सिखा दिया
अँधेरे घर में किसी ने हँस के चिराग़ जैसे जला दिया।

अनुराधा रॉय के जीवन में प्रेम का अंकुर फूटा है। वो एक जानी-मानी रेडियो गायिका और नर्तकी है। जीवन की राहों में माँ की छाया नहीं है। रईस पिता के शुष्क अनुशासन की कड़ी धूप में उसका जीवन बीतता रहा है। डॉ. निर्मल के साथ ने उसे उमंग से भर दिया है—

अजब दीवानी भई, मोसे अनजानी भई
पल में पराई देखो हो गई अँखियाँ
मैं तो हूँ जागी मोरी सो गई अँखियाँ॥

अनुराधा रॉय हिन्दी सिनेमा का एक अमर किरदार है। मुझे ऋषि दा की ही सन् 1966 में आई एक और फ़िल्म याद आती है—'अनुपमा।' (अनुपमा के गीत क़ैफ़ी आज़मी ने रचे थे) पर अनुपमा और अनुराधा दोनों किरदारों में बड़ा फ़र्क़ है। 'अनुपमा' एक ख़ामोश और पीड़ित स्त्री है। उसके पिता को उससे नफ़रत है। वो प्रेम में पड़ने से भी घबराती है। जबकि अनुराधा जीवन से भरी एक गायिका है जिसके जीवन में प्रेम आया तो वो और भी खिल उठी है—

मन उजियारा छाया, जग उजियारा छाया
जग-मग दीप सँजो गईं अँखियाँ॥

प्रेम की राहों पर आने के बाद अनुराधा रॉय का जीवन बदल रहा है। वो डॉ. निर्मल से इतना प्यार करने लगी है कि उसके लिए अपने पिता से विद्रोह करने को तत्पर है। उनकी इच्छा है कि लंदन से लौटे दीपक से उसका विवाह कर दिया जाए पर अनुराधा विद्रोह करते हुए डॉ. निर्मल से शादी करके उनके साथ गाँव जाने को तैयार है। एक कामयाब गायिका के रूप में अपने करियर को भी दाँव पर लगाने में उसे संकोच नहीं है—

कोई मन भा गया जदुआ चला गया
मन के दो मोतियाँ पिरो गईं अँखियाँ॥

'अनुराधा' के कुछ गानों के फ़िल्म और ऑडियो संस्करणों में फ़र्क़ हैं। जैसे इस गाने के फ़िल्म-संस्करण में यह अन्तरा नहीं है जबकि इसके रिकॉर्ड पर यह मौजूद है—

बरसी ये कैसी धारा, काँपे तन-मन सारा
रंग से अंग भिगो गईं अँखियाँ
मैं तो हूँ जागी मोरी सो गईं अँखियाँ॥

पंडित रविशंकर ने ये गाना राग तिलक-श्याम में बनाया था। ये ख़ुद

पंडित जी का बनाया हुआ राग है। उन्होंने इसे राग तिलक कामोद और राग श्याम कल्याण को मिलाकर बनाया इसलिए इसे नाम दिया तिलक-श्याम। *जाने कैसे सपनों में खो गईं अँखियाँ* फ़िल्म 'अनुराधा' के माथे पर सजा मुकुट है जिसे पंडित रविशंकर ने अपने सितार की झालर से चमका दिया है।

शैलेन्द्र के लिए इस फ़िल्म के गीत रचना बहुत बड़ी चुनौती रही होगी क्योंकि पंडित रविशंकर फ़िल्म-संसार के कोई आम पेशेवर संगीतकार नहीं थे। वह शास्त्रीय संगीत के संसार के चमकते सूर्य थे। पूरी दुनिया उनके लिए पलक-पाँवड़े बिछाए रहती थी। लता मंगेशकर के लिए भी इस फ़िल्म के गीत गाना आसान नहीं रहा। उन्होंने अपने इंटरव्यू में कहा भी है कि पंडित जी के लिए गाने गाते हुए उन्हें डर लग रहा था। पर उन्होंने कभी महसूस नहीं होने दिया।

लीला नायडू के फ़िल्म-कलाकार बनने की कहानी बड़ी दिलचस्प है। सन् 1954 में वो 'मिस इंडिया' बन गई थीं। यही दौर था जब 'वोग' मैगज़ीन ने दुनिया की दस सबसे ख़ूबसूरत महिलाओं की लिस्ट में लीला नायडू का नाम शामिल किया था। राजकपूर ने उनसे चार फ़िल्मों का एक अनुबंध साइन करने की पेशकश की थी जिसे लीला ने ठुकरा दिया था। फ़िल्मकार अमिय चक्रवर्ती की पत्नी कमला चक्रवर्ती हस्तशिल्प और कपड़े के डिज़ाइन के अपने काम के तहत कुछ तसवीरें ले रही थीं। उनके कैमरे के रोल में बस तीन ही फ्रेम बचे रह गए थे। इसी समय वो लीला नायडू के घर आईं। उन्होंने सोचा कि तीन फ्रेम बचे रह गए हैं तो इन्हें क्लिक कर लिया जाए और प्रिंट करने भेज दिया जाए। उन्होंने लीला की तीन तसवीरें ले लीं। तसवीरें प्रिंट होकर आईं। एक दिन निर्देशक ऋषिकेश मुखर्जी कमला चक्रवर्ती से मिलने गए और उनकी मेज़ पर एक ख़ूबसूरत लड़की की तीन तसवीरें देखकर बरबस ही बोल उठे—'यही है मेरी अनुराधा।' ऋषि दा तब तक लीला को नहीं जानते थे पर तसवीरें देखकर उन्हें अहसास हो गया था कि इस फ़िल्म की कहानी और इसके किरदार के लिए यह लड़की एकदम सही रहेगी। ऋषि दा को तब झटका लगा जब लीला नायडू ने फ़िल्म में काम करने से इनकार कर दिया पर उन्होंने ज़िद पकड़ ली और अपनी स्क्रिप्ट उन्हें भिजवा दी। एक ऐसी लड़की की कहानी जो अपने रईस परिवार को छोड़कर अपने डॉक्टर पति के साथ गाँव रहने चली जाती है—गायकी का अपना करियर अपने परिवार और अपने प्रेम के लिए छोड़ देती है—लीला नायडू को पसन्द आई और वो काम करने के लिए राज़ी हो गईं। इस तरह

उन तीन तसवीरों ने लीला नायडू का जीवन ही बदल दिया।

अनुराधा डॉ. निर्मल के साथ गाँव आ जाती है। डॉ. निर्मल ख़ुद को गाँव के ग़रीब लोगों की सेवा में झोंक देते हैं। परिवार कहीं-न-कहीं उपेक्षित है। परिवार यानी अनुराधा और उन दोनों की बेटी रानू। डॉ. निर्मल को न खाने-पीने की फ़िक्र है और न ही समय पर घर लौटने की। इस बीच गाँव में से एक घुमक्कड़ गायक गाता हुआ निकलता है—

सुन मेरे लाल यूँ न हो बेहाल
आए थे अकेले हम जाएँगे अकेले
घड़ी दो घड़ी के हैं दुनिया के मेले
रैन-बसेरा यहाँ, सोच-समझ डेरा डाल रे॥
प्रीत भी यहाँ की झूठी रीत भी झूठे
सपनों के संग यहाँ दिल सदा टूटे
मोह न करियो रे, अपने को देख सँभाल रे॥

सन् 1960 में आई इस फ़िल्म के इस कम चर्चित, कम सुने गए गीत में भी शैलेन्द्र ने दाम्पत्य-सम्बन्धों में आते ख़ालीपन की ओर इशारा किया है। यूँ लगता है जैसे गाँव से गुज़रता गायक अनुराधा के भीतर पल रहे दुख को शब्द देता हुआ निकल जाता है।

जीवन की नाटकीयता यह है कि जिस दीपक से शादी के प्रस्ताव को अनुराधा ने ठुकरा दिया था, एक सड़क हादसे के बाद डॉ. निर्मल उसका इलाज कर रहे हैं और उसे अपने घर में पनाह देते हैं। दीपक एक ज़माने से गायिका अनुराधा का प्रशंसक रहा है। जब वह अनुराधा से गाना गाने का अनुरोध करता है तो वह इनकार कर देती है। कहती है, मुझे याद नहीं। इस दौरान डॉ. निर्मल उससे कहते हैं वो गाना गाओ—*जाने कैसे सपनों में खो गईं अँखियाँ*। अनुराधा उनसे आगे की पंक्ति बताने को कहती है। पर डॉ. साहब को तो याद नहीं है। वो भूल चुके हैं लेकिन दीपक को सारे गाने याद हैं और वो भी पूरे-पूरे। दीपक *जाने कैसे सपनों में* गाने का अनुरोध करता है लेकिन अनुराधा कहती है वह कोई दूसरा गीत गाना चाहती है—

कैसे दिन बीते कैसी बीती रतियाँ
पिया जाने ना॥

नेहा लगाके मैं पछताई
सारी-सारी रैन निंदिया न आई
जान के देखो मेरे दिल की बतियाँ
पिया जाने ना।

इस गीत में शैलेन्द्र ने अनुराधा के जीवन के दर्द को पिरो दिया है। ऋषिकेश मुखर्जी की ये फ़िल्म इस मायने में भी महत्त्वपूर्ण है कि यहाँ डॉ. निर्मल के किरदार में आसानी से एक खलनायक की छाया महसूस की जा सकती थी लेकिन लेखकीय और निर्देशकीय कुशलता यह है कि वह मानवता के लिए समर्पित एक डॉक्टर की तरह ही उभरते हैं। सिक्के का दूसरा पहलू है अनुराधा के जीवन का अकेलापन। ज़रा सोचिए कि फ़िल्म की इस सिचुएशन के दायरे में रहकर शैलेन्द्र ने कितनी कुशलता से अनुराधा के सारे मनोभावों को इस गीत में उकेर दिया है। उपस्थिति में अनुपस्थिति को महसूस कराता गीत, लता का गहरा संतृप्त स्वर—

रुत मतवाली आके चली जाए
मन में ही मेरे मन की रही जाए
खिलने को तरसे नन्ही-नन्ही कलियाँ
पिया जाने ना॥

डॉ. निर्मल का वादा था कि जीवन में गीत-संगीत कायम रहेगा। वह अनुराधा का ख़ूब ख़याल रखेंगे। वे अपना वादा निभा नहीं पाए। अनुराधा के जीवन की त्रासदी यह है कि उसने अपनी कला को छोड़ दिया। डॉ. निर्मल भी उससे बेपरवाह हो चुके हैं। मौसम बदलते हैं, पर जीवन नहीं बदलता। एक अजीब-सा ख़ालीपन कायम है दूर तक। शैलेन्द्र ने इसे कितनी सूझबूझ से कहा है—

कजरा न सोहे गजरा न सोहे
बरखा न भाए, बदरा न सोहे
क्या कहूँ जो पूछे, मोसे मोरी सखियाँ
पिया जाने ना॥

ये गीत पंडित रविशंकर के बनाए और लक्ष्मीशंकर के गाये एक बांग्ला गीत 'माया भोरा राति' की धुन पर आधारित है। यहाँ ये ज़िक्र ज़रूरी है कि

ये गाना राग मांज खमाज पर आधारित है। इस राग को मैहर सेनिया घराने के संस्थापक और पंडित रविशंकर के गुरु उस्ताद अलाउद्दीन ख़ान ने बनाया था। 1972 में पंडित रविशंकर और उनके गुरु-भाई जाने-माने सरोद-वादक उस्ताद अली अकबर ख़ान ने न्यूयॉर्क के फ़िलहार्मोनिक हॉल में एक जुगलबन्दी की थी। यह कार्यक्रम तब हाल ही में हुए उस्ताद अलाउद्दीन ख़ान के निधन के बाद उनकी याद में आयोजित किया गया था। इसमें दोनों ने राग मांज खमाज बजाया था। तबले पर संगत कर रहे थे उस्ताद अल्लारक्खा ख़ाँ। सम्मोहित कर देनेवाली प्रस्तुति थी यह। इसकी रिकॉर्डिंग आज भी उपलब्ध है।

बहरहाल 'अनुराधा' की एक ख़ासियत शैलेन्द्र की गीतकारी है तो दूसरी ख़ासियत है पंडित रविशंकर का बैकग्राउंड म्यूज़िक। इसलिए गानों के साथ-साथ म्यूज़िक का ज़िक्र भी बहुत ज़रूरी है। 'अनुराधा' के अकेलेपन, उसके मन की उथल-पुथल, उसकी पीड़ा, जीवन के ख़ालीपन और इन्तज़ार को पंडित रविशंकर ने अपने पार्श्व-संगीत से शिद्दत से उभारा है।

हम सब कहीं-न-कहीं नॉस्टेल्जिया में जीते हैं। अतीत-राग मन को एक विचित्र-सा सुख देता है। बीते हुए दिन मौजूदा दिनों से ज़्यादा प्यारे और सलोने लगते हैं। अनुराधा का बीता जीवन चमकीला रहा है। और उसका वर्तमान सूनेपन से भरा है। इसीलिए घर पर जब कर्नल साहब और दूसरे मेहमान आते हैं और उससे गाने की फ़रमाइश की जाती है। अनुराधा कहती है—'मैंने तो गाना कभी का छोड़ दिया।' कर्नल साहब कहते हैं—'हाँ, जानता हूँ बेटी, ये (तानपूरे पर) धूल और ज़ंग अपने आप बता रहे हैं...गाओ बेटी।'

हाय रे वो दिन क्यों न आए
जा जा के ऋतु लौट आए॥

शैलेन्द्र के गानों की जड़ें अपनी फ़िल्म की स्क्रिप्ट में कितनी गहरी धँसी होती थीं, इसकी चमकीली मिसाल है यह गीत। वही अनुराधा जिसने कभी हुलसकर गाया था—*मन उजियारा छाया, जग उजियारा छाया/ जग-मग दीप सँजो गईं अँखियाँ,* उसके जीवन में अँधेरा छा गया है। उसके सपनों पर ग्रहण लग गया है—

झिलमिल वो तारे, कहाँ गए सारे
मन बाती जले...बुझ जाए॥

अनुराधा के लिए सबसे तकलीफ़देह है संगीत की डोर का पीछे छूट जाना। उसके तानपूरे पर धूल की परत है। उसके भुला दिए गए रिकॉर्ड कहीं अलमारी में सजे हैं। गीत-संगीत से दूर वो अकेलेपन के कोहरे में कहीं गुम हो गई है! वह केवल एक डॉक्टर की घरेलू पत्नी बनकर रह गई है। केवल दो अन्तरों के इस गीत में शैलेन्द्र ने अपने बेमिसाल बोलों से जैसे फ़िल्म की पूरी कहानी को समेट लिया है—

सूनी मेरी बीना, संगीत बिना
सपनों की माला मुरझाए॥

ये गाना राग जनसम्मोहिनी पर आधारित है। बरसों बाद इसी धुन पर पंडित रविशंकर ने एक और गीत बनाया—*आर जेनो शेदिन फिरे न आशे।* इसे हेमन्ती शुक्ला ने गाया था। लता मंगेशकर की गायकी 'अनुराधा' फ़िल्म की जान है। इस फ़िल्म के चार महत्त्वपूर्ण गीत उन्होंने गाये हैं। लता मंगेशकर और पंडित रविशंकर का साथ काफ़ी पुराना रहा है। पंडित जी ने एक इंटरव्यू में लता के बारे में ये बात कही थी—'ये सच है कि मैं लता मंगेशकर के प्रति बहुत आकर्षित था। मैं उसका बहुत प्रशंसक रहा हूँ। मेरे मन में उसके लिए बड़ा प्रेम रहा है। वो कितनी संगीतमय है। मैं तो बस इतना कह सकता हूँ कि लता तो लता है। उसका कोई मुक़ाबला नहीं है। मैं ख़ुशनसीब हूँ कि मैं उसके साथ काम कर सका। ख़ास तौर पर 'अनुराधा' में। मैंने ऐसा कोई और कलाकार नहीं देखा जिसके इतने सालों तक इतने ज़्यादा प्रशंसक रहे हों। उसकी आवाज़ कितनी मीठी है एकदम कोयल की तरह। टेलीफ़ोन पर भी बात करें तो कितनी मिठास महसूस होती है। मुझे बड़ा अच्छा लगता है।'

सन् 1960 में फ़िल्म 'अनुराधा' को सर्वश्रेष्ठ फ़िल्म का स्वर्ण पदक मिला था। ग्यारहवें बर्लिन फ़िल्म समारोह में इसे 'गोल्डन बेयर' के लिए नामांकित किया गया था। आज छह दशक बाद भी इस फ़िल्म की चमक बरक़रार है। शैलेन्द्र के गीतों की महक बरक़रार है और लता मंगेशकर के स्वर की चहक बरक़रार है। दाम्पत्य के बीच पसरी दरार, अकेलेपन और सामंजस्य की कमी आज कुछ ज़्यादा ही महसूस की जा रही है। शायद हज़ारों-लाखों दिलों की ये पुकार है—*हाय रे वो दिन क्यूँ न आए।*

ना मैं धन चाहूँ ना रतन चाहूँ

शैलेन्द्र को फ़िल्म-संसार में लाने का श्रेय भले राजकपूर के नाम है पर आगे चलकर उन्होंने हिन्दी सिनेमा के कई नामी निर्माता-निर्देशकों के लिए गीत रचे। चाहे वो बिमल रॉय हों या ऋषिकेश मुखर्जी, अमिय चक्रवर्ती, राजा नवाथे, दुलाल गुहा, एल.बी.लक्ष्मण, एल.वी. प्रसाद, शक्ति सामन्त—एक लम्बी फ़ेहरिस्त है ऐसे फ़िल्मकारों की जिन्होंने एक बार शैलेन्द्र से गाने लिखवाए तो फिर बार-बार लिखवाए। इसी फ़ेहरिस्त में नवकेतन भी शामिल हैं। देव आनन्द की कई फ़िल्मों में शैलेन्द्र ने गाने लिखे। इनके निर्देशक थे विजय आनन्द।

विजय आनन्द को विलक्षण लेखक-निर्देशक माना जाता है। 1957 में जब उन्होंने फ़िल्म 'नौ दो ग्यारह' के ज़रिये बतौर निर्देशक अपना पहला क़दम रखा था तब उनकी उम्र महज़ तेईस साल थी। एक सुनहरा करियर रहा है विजय आनन्द का। वे एक ऐसे निर्देशक हैं जिनकी कई फ़िल्में हिन्दी सिनेमा के इतिहास में मील का पत्थर बन गई हैं जैसे 'गाइड', 'तीसरी मंज़िल', 'ज्वेल थीफ़', 'जॉनी मेरा नाम' और 'तेरे मेरे सपने।' दिलचस्प ये है कि शैलेन्द्र ने उनकी दो फ़िल्मों के सारे गाने लिखे और तीसरी में केवल एक गीत। 'काला बाज़ार' और 'गाइड' के सारे गाने शैलेन्द्र के हैं। जबकि 'ज्वेल थीफ़' में उन्होंने केवल एक ही गीत लिखा—'रुला के गया सपना मेरा।' विजय आनन्द चाहते थे कि शैलेन्द्र सारे गाने लिखें लेकिन शैलेन्द्र 'तीसरी क़सम' के बाद टूट चुके थे। वे इस मन:स्थिति में नहीं थे कि गाने लिख पाएँ इसलिए उन्होंने विजय आनन्द से ख़ुद ही कह दिया था कि वे आगे के गाने नहीं लिख पाएँगे।

बहरहाल, विजय आनन्द की फ़िल्म 'काला बाज़ार' इस मायने में महत्त्वपूर्ण है कि इस फ़िल्म का नायक एक एंटी-हीरो है। आम हिन्दी फ़िल्मों के नायकों

के उलट ये ऐसा हीरो है जो सच के रास्ते पर नहीं है, जो काला-बाज़ारी करता है। देव आनन्द अपनी फ़िल्मों के चुनाव के मामले में बड़े साहसी रहे हैं। उन्होंने 'गाइड', 'असली नकली' और 'काला बाज़ार' तीनों फ़िल्मों में ऐसे हीरो का रोल किया है जिसमें नकारात्मकता की छाया है, ग्रे शेड है। ध्यान रहे कि यह साठ का दशक है और यहाँ ये बड़ी बात है। बहुत बाद में हिन्दी सिनेमा में एंटी-हीरो का चलन बढ़ा। बहरहाल, सुखद यह है कि तीनों ही फ़िल्मों के गीत शैलेन्द्र ने लिखे हैं।

'काला बाज़ार' कहानी है रघुवीर की। जो बम्बई का एक बस कंडक्टर है और एक यात्री के साथ हुए झगड़े की वजह से उसे नौकरी से निकाल दिया जाता है। अब वो गुज़ारा कैसे करेगा। विजय आनन्द ने बड़ी ख़ूबसूरती से दिखाया है कि मायानगरी बम्बई में चारों तरफ़ पैसों का ही खेल है। फ़िल्म में दृश्यों का एक मोंटाज रचा गया है—रेस्त्राँ काउंटर पर पैसे गिनते हाथ, एक आना माँगता भिखारी, दो आने का जूता-पॉलिश, तीन आने का गजरा, चार आने की कॉपी...रघुवीर के कानों में गूँजते शब्द 'पैसा-पैसा-पैसा।' इस दृश्य की तफ़सील इसलिए क्योंकि सम्भवत: यही 'ब्रीफ़' रहा होगा—जिसकी ज़मीन पर शैलेन्द्र ने इस फ़िल्म का पहला गीत रचा होगा। मेट्रो थियेटर में महबूब ख़ान की फ़िल्म 'मदर इंडिया' रिलीज़ हुई है। टिकट ज़ोरदार तरीक़े से 'ब्लैक' किये जा रहे हैं। सोच की गहराइयों में डूबे रघुवीर के कानों में अब कोरस गूँज रहा है—'पैसा, पैसा, पैसा, बाबू पैसा।' घर पर बूढ़ी बीमार माँ, एक भाई, एक बहन। वह एक वकील का बैग लूटता है। टीम बनाता है और उन पाँच हज़ार रुपयों में मेट्रो टॉकीज़ के बाहर टिकटों की काला-बाज़ारी करने लगता है। ज़ोरदार कमाई होती है। कैमरे पर एक रुपये का सिक्का फ़ोकस में है, पार्श्व में संगीत बज रहा है, साथ में सिक्कों की छन-छन और मोहम्मद रफ़ी की आवाज़ में ये गीत—

सूरज के जैसी गोलाई
चन्दा सी ठंडक भी पाई
ठनके तो प्यारे दुहाई
तेरी धूम हर कहीं
तुझसा यार कोई नहीं
हमको तो प्यारे तू सबसे प्यारा

लई लई लई लई॥
तेरी धूम॥

'काला बाज़ार' शायद इकलौती ऐसी फ़िल्म है जिसमें किसी फ़िल्म का प्रीमियर दिखाया गया है—महबूब ख़ान की 'मदर इंडिया' का। दर्शकों का हुजूम खड़ा है और एक के बाद एक मशहूर सितारे और निर्देशक टॉकीज़ के अन्दर जा रहे हैं। नरगिस, दिलीप कुमार, सोहराब मोदी, राजेन्द्र कुमार, कुमकुम, लता मंगेशकर, किशोर कुमार, मोहम्मद रफ़ी, गुरुदत्त, मुकरी, याक़ूब, महबूब ख़ान वग़ैरह।

दुनिया की गाड़ी का पहिया
तू चोर तू ही सिपहिया
राजों का राजा रुपैया
लई लई लई तेरी धूम॥

विजय आनन्द की ख़ासियत रही है उनकी फ़िल्मों के गानों का, कथा में गहरा धँसा होना, कहानी को आगे बढ़ाना और उनका सूझबूझ भरा फ़िल्मांकन। यहाँ रघुवीर काला-बाज़ारी के अपने साथी कालू (रशीद ख़ान) के साथ बम्बई की सड़कों पर भटक रहा है। चारों तरफ़ सड़कों पर सोते हुए लोग। ग़रीबी का आलम। और इन दोनों बन्दों के हाथों में नई-नई मोटी कमाई की गरमाहट—

बूढ़ों की तू ही जवानी
बचपन की दिलकश कहानी
तेरे बिना दूध पानी
लई लई लई तेरी धूम॥

शैलेन्द्र ने इस गाने में पूँजी से चलते हमारे समय और समाज पर गहरा तंज़ किया है। उन्होंने अमीरों की बढ़ती पूँजी और ग़रीबों की पतली होती हालत पर कविताएँ भी रची हैं। शैलेन्द्र अपने एक जनगीत में लिखते हैं—

छिन रही हैं आदमी की रोटियाँ
बिक रही हैं आदमी की बोटियाँ
किन्तु सेठ भर रहे हैं कोठियाँ
लूट का यह राज हो ख़तम
क्रान्ति के लिए जली मशाल
क्रान्ति के लिए उठे क़दम॥

इस गाने के अगले अन्तरे में शैलेन्द्र ये दिखाते हैं कि संसार में बस एक ही धर्म—पैसा। पूरा गीत सुनें तो समझ आता है कि किस तरह शैलेन्द्र ने पटकथा में इस गीत की जड़ें एकदम गहरी रखी हैं। रघुवीर काला-बाज़ारी के ज़रिये अमीर होने का रास्ता अपना रहा है। उसने अपने ईमान को ताक पर रख दिया है। उसको बस एक ही धुन चढ़ी है—पैसा कमाने की धुन—

दौलत का मज़हब चलाके (ऊँ धनाय नमः)
हम एक मन्दिर बनाके (हरे धन, हरे धन)
पूजेंगे तुझको बिठाके
जय जय जय तेरी धूम॥

काला-बाज़ारी ऐसा रास्ता है जो अपराध की दुनिया तक ले जाता है।

गणेश (मदन पुरी) भी टिकट ब्लैक करता है। रघुवीर उससे मारपीट करता है और उसे भी अपनी टोली में शामिल कर लेता है। रघुवीर के पास पैसा बढ़ रहा है। अब उसकी टोली बड़ी होती जा रही है। अलमारियों में नोटों की गड्डियाँ मोटी होती जा रही हैं। उसका परिवार इस बात से बेख़बर है कि ये ऐशो-आराम काला-बाज़ारी के पैसों से है। घर पर उसकी सीधी-सच्ची माँ और बहन भजन गा रहे हैं—

ना मैं धन चाहूँ ना रतन चाहूँ
तेरे चरणों की धूल मिल जाए
तो मैं तर जाऊँ श्याम तर जाऊँ
हे राम तर जाऊँ॥

रघुवीर कुछ पैकेट लेकर घर लौटा है। 'काला बाज़ार' की कहानी में रघुवीर का किरदार पूरा यू-टर्न लेनेवाला है। पटकथा में इस द्वन्द्व को दिखाने की शुरुआत है यह। यहाँ से दर्शक समझ पा रहे हैं कि उसका मन इस काली दुनिया से निकल जाने को कचोट रहा है। 'काला बाज़ार' का लेखन-निर्देशन कितनी कुशलता से युवा विजय आनन्द ने किया था यह गाना उसकी मिसाल पेश करता है। यह शैलेन्द्र की अद्वितीय गीतकारी की ऊँचाई भी है। इस अन्तरे की पंक्तियों पर ग़ौर कीजिए। रघुवीर माँ (लीला चिटणीस) और बहन (नन्दा) को भजन गाते हुए देख रहा है, उसे ठोकर लगती है और उसके हाथ के पैकेट गिर जाते हैं। एक क़ीमती हार उसकी आँखों के सामने है—

मोह मन मोहे, लोभ ललचाए
कैसे-कैसे ये नाग लहराए
इससे पहले कि दिल उधर जाए
मैं तो मर जाऊँ, क्यों न मर जाऊँ॥
ना मैं धन चाहूँ॥

'कैसे-कैसे ये नाग लहराए' मोह और लोभ को शैलेन्द्र ने 'नाग' की उपमा दी है। गाने को सुधा मल्होत्रा और गीता रॉय ने बड़ी भाव-प्रवणता के साथ गाया है। 'काला बाज़ार' के संगीतकार हैं सचिन देव बर्मन। सचिन दा और शैलेन्द्र—दो जीनियस लोगों की जोड़ी थी जिन्होंने जब भी साथ काम

किया, सामने आए कुछ बेमिसाल गाने। उनके साथ शैलेन्द्र ने 'बुज़दिल', 'मुनीम जी', 'मद भरे नैन', 'इनसान जाग उठा', 'मियाँ बीवी राज़ी', 'नॉटी बॉय', 'बन्दिनी', 'मेरी सूरत तेरी आँखें', 'गाइड' और 'ज्वेल थीफ़' जैसी फ़िल्मों के गीत लिखे थे।

लाए क्या थे जो लेके जाना है
नेक दिल ही तेरा ख़ज़ाना है
साँझ होते ही पंछी आ जाए
अब तो घर जाऊँ, अपने घर जाऊँ॥
ना मैं धन चाहूँ॥

शैलेन्द्र ने हमेशा फ़िल्म की कहानी की सख़्त ज़मीन पर ही गीतों के फूल खिलाए। सख़्त ज़मीन इसलिए क्योंकि कहानी और किरदारों का आधार बनाकर उनकी ज़ुबाँ में और वह भी संगीतकार की बनाई धुन के खाँचे में गाने लिखना कोई आसान काम नहीं होता! कितने तो बन्धन हैं इसमें! धुन की तंग गली में घुसते हुए कई शब्दों को छोड़ देना पड़ता है। शैलेन्द्र की गीतकारी हमेशा सहज-सरल शब्दों को अपनाती आई है। इस अन्तरे में उन्होंने इतनी गहन दार्शनिक बात इतने कम शब्दों में कह दी है कि हम चकित रह जाते हैं। हम सबके जीवन में नैतिकता का संघर्ष चलता है। सवाल उठ खड़ा होता है कि जिस रास्ते पर हम चल रहे हैं, क्या वह सही है? यही सवाल रघुवीर के मन में चल रहा है। और उसके लिए इतनी बड़ी बात कह गए कविराज शैलेन्द्र—

थम गया पानी जम गई काई
बहती नदिया ही साफ़ कहलाई
मेरे दिल ने ही जाल फैलाए
अब किधर जाऊँ मैं किधर जाऊँ
ना मैं धन चाहूँ॥

शैलेन्द्र इस गाने में कुछ भी लिख सकते थे। ये ऐसा भजन हो सकता था जिसमें ईश्वर की आराधना की सामान्य बातें होतीं—और वो फ़िल्म की इस सिचुएशन में एकदम सही फ़िट हो जाता। पर शैलेन्द्र अद्वितीय गीतकार हैं। एक किरदार के मन की उथल-पुथल को दिखाने के लिए उन्होंने *कैसे-कैसे*

ये नाग लहराए या *थम गया पानी जम गई काई* जैसी पंक्तियाँ दी हैं और 'गागर में सागर' भर दिया है।

कुछ छात्र फ़िल्म देखने आए हैं पर शो तो हाउसफुल है। छात्रों में नन्द कुमार चट्टोपाध्याय भी है। वह ब्लैक में टिकट ख़रीद लेता है, जब उसकी प्रेमिका अलका यहाँ पहुँचती है और उसे पता चलता है तो वह सारे टिकट फाड़ देती है क्योंकि उसे काला बाज़ारी से सख़्त नफ़रत है। कहती है—'अपने साथियों के साथ मैं ख़ुद को गिरा नहीं सकती, अगर तुम्हें मेरा साथ चाहिए तो तुम्हें ऊपर उठना होगा।' रघुवीर सब देख रहा है। वह इन लोगों का पीछा करता है। अलका को कहते हुए सुनता है—'तुम जैसे पढ़े-लिखे लोग भी अगर काला-बाज़ारी, ग़ैर-क़ानूनी और असामाजिक बातों को बढ़ावा देंगे तो अनपढ़ लोगों का क्या होगा।' अनपढ़ शब्द उसे कचोटता है। वह माँ से पूछता है, आपने मुझे पढ़ाया क्यों नहीं। फिर पढ़ाई करना शुरू करता है।

रघुवीर ने अपने परिवार के लिए मरीन ड्राइव पर अलका के घर के पास एक बड़ा फ़्लैट ख़रीद लिया है। इस बीच वह लगातार अलका और नन्द का पीछा करता है, उनकी बातें सुनता है। उसे पता चलता है कि नन्द आगे की पढ़ाई के लिए विदेश जानेवाला है। नन्द पार्क में अलका से कहता है—'तुम क्यों नहीं समझती हो कि अपने प्यार के लिए एक-दो साल की जुदाई का इम्तिहान बहुत ज़रूरी है। देखें तो हम एक-दूसरे के बग़ैर कैसे जीते हैं। अगर हमारा प्यार कायम रहा तो आएगा शादी करने का मज़ा।'

नन्द विदेश चला जाता है। रघुवीर को पता चलता है कि अलका का परिवार गर्मी की छुट्टियों में ऊटी जा रहा है। रघुवीर भी उसी ट्रेन में सवार हो जाता है। और यहाँ आता है शैलेन्द्र का लिखा एक ऐसा गाना जिसमें उन्होंने अन्योक्ति का बड़ा शानदार प्रयोग किया है—

अपनी तो हर आह इक तूफ़ान है
क्या करें वो जानकर अनजान है
ऊपरवाला जानकर अनजान है॥

इस गाने में यूँ लगता है कि शिकायत 'ऊपर वाले' से की जा रही है पर असल में यहाँ अपनी बात ऊपर वाले के बहाने ऊपर वाली बर्थ पर लेटी लड़की से कही जा रही है। यह हिन्दी सिनेमा के सबसे अनूठे गानों में से एक है। शैलेन्द्र के लिए ये गीत ख़ास चुनौतीपूर्ण रहा होगा—

अब तो हँसके अपनी भी क़िस्मत को चमका दे
कानों में कुछ कह दे जो इस दिल को बहला दे
ये भी मुश्किल है तो क्या आसान है
ऊपरवाला जानकर अनजान है॥

इस गाने को मोहम्मद रफ़ी ने बड़ी अदा के साथ गाया है। सचिन देव बर्मन ने गाने में साज़ों का बहुत कम इस्तेमाल किया है। मुख्य रूप से गिटार और बीच-बीच में बजती ट्रेन की सीटी। रघुवीर की दीवानगी का आलम यह है कि वह सब कुछ छोड़कर अलका के पीछे ऊटी तक चला जा रहा है—

सर पे मेरे तू जो अपना हाथ ही रख दे
फिर तो भटके राही को मिल जाएँगे रस्ते
दिल की बस्ती बिन तेरे वीरान है
ऊपरवाला जानकर अनजान है॥

इस फ़िल्म में देव आनन्द और वहीदा रहमान एक साथ नज़र आते हैं। यही जोड़ी ठीक पाँच बरस बाद विजय आनन्द के ही निर्देशन में हिन्दी सिनेमा की एक नायाब फ़िल्म में नज़र आनेवाली है। आर. के. नारायण के उपन्यास पर विजय आनन्द बनाते हैं अपनी सबसे महत्त्वाकांक्षी फ़िल्म—'गाइड' और वहाँ राजू का किरदार निभाते हैं देव और रोज़ी का किरदार निभाती हैं वहीदा रहमान।

दिल ही तो है, इसने शायद भूल भी की है
ज़िन्दगी है, भूलकर ही राह मिलती है
माफ़ कर बंदा भी इक इंसान है,
ऊपर वाला जानकर अनजान है॥

ट्रेन में ही रघुवीर अलका के पिता से दोस्ती कर लेता है। ऊटी की वादियों में अलका जयशंकर प्रसाद की 'कामायनी' पढ़ रही है—

संवेदन का और हृदय का
यह संघर्ष न हो सकता;
फिर अभाव असफलताओं की,

गाथा कौन कहाँ बकता।
कब तक और अकेले? कह दो,
हे मेरे जीवन बोलो?

मुख्यधारा के पेशेवर हिन्दी सिनेमा के किसी दृश्य में नायिका का 'कामायनी' पढ़ते नज़र आना चकित करता है। ये भी विजय आनन्द का ही कमाल है। यहाँ रघु की शरारतें और फिर गीत—

साँझ ढली, दिल की लगी थक चली पुकारके
आ जा आ जा, आ भी जा
क्या दूँ तुझे पहले से मैं बैठी हूँ दिल हारके
जा जा जा जा, जा तू जा॥

ये गाना मन्ना डे और आशा भोसले ने गाया है और किसी भी गायक के लिए शरारती गीतों की अदायगी की पाठशाला है। मन्ना डे 1942 में मुम्बई आए थे और 1950 में उन्होंने सचिन दा के संगीत निर्देशन में कवि प्रदीप का लिखा 'ऊपर गगन विशाल' गाया था। इसके बाद उन्होंने सचिन देव बर्मन के लिए कई चुनौतीपूर्ण गीत गाए।

ज़िद पे आ गया है दिल कि आज यूँ न लौटना
मेरी सुनो, लौट जाओ, छोड़ दो ये बचपना
चार दिन की ज़िन्दगी में दिन हैं दो बहार के
आ जा आ जा, आ भी जा॥

कहते हैं कि एक दिन सचिन देव बर्मन शैलेन्द्र का लिखा एक गीत लेकर रात दस बजे मन्ना डे के बँगले 'आनन्दम' पहुँच गए थे। ये 'मेरी सूरत तेरी आँखें' का गीत था—*पूछो न कैसे मैंने रैन बिताई*—जो राग अहीर भैरव पर आधारित कठिन गीत था। बेचैन सचिन दा मन्ना डे की आवाज़ में इसे सुनकर बस तसल्ली करना चाहते थे। मन्ना डे और सचिन देव बर्मन दोनों फ़ुटबॉल के फ़ैन थे। फ़र्क़ बस यह था कि मन्ना दा मोहन बागान के समर्थक थे और सचिन देव बर्मन ईस्ट बंगाल के। दोनों इस बात पर झगड़ते भी ख़ूब थे। यह भी एक तथ्य है कि मन्ना डे ने सचिन देव बर्मन के सहायक के तौर पर भी काम किया था।

कैसे कहूँ कैसी उलझनों में मेरी जान है
हाँको न समझ गए ये प्यार की ज़ुबान है
काटने हैं हमको दिन किसी के इंतज़ार के
जा जा जा जा, जा तू जा॥

इस गाने में 'हाँको ना' शब्द का प्रयोग कितना अनूठा है! किसी और गाने में ये प्रयोग नज़र न आया होगा। रघुवीर अलका का प्यार जीतने की कोशिश कर रहा है पर अलका को नन्द का इन्तज़ार है। इसीलिए तो शैलेन्द्र ने इसे पारम्परिक प्रेम-गीत न बनाते हुए शरारती गीत का दर्जा दिया है। यहाँ अलका कहती है—*क्या दूँ तुझे, पहले से ही मैं बैठी हूँ दिल हार के* या फिर *काटने हैं हमको दिन किसी के इन्तज़ार के।* वो रघुवीर के प्यार और उसकी कोशिशों को स्वीकार नहीं कर रही है। कितना मुश्किल रहा होगा गाने में ये एक्सप्रेशन लाना।

सुन तो ले कि मेरे दिल का तुझसे क्या सवाल है
कुछ न कर सकूँगी मैं इसी का तो मलाल है
दिल न तोड़, चाहे बोल दो ही बोल प्यार के
आ जा आ जा, आ भी जा॥

रघुवीर एक साधु का भेस धर के अलका के मन में नन्द के प्यार के प्रति शक जगा देता है। वो समझाता है कि लंदन में उसका किसी और लड़की के साथ चक्कर है। इस बीच अलका ऊँचे पहाड़ पर एक मन्दिर में जाने की ज़िद करती है। चूँकि बूढ़े माता-पिता पहाड़ नहीं चढ़ सकते इसलिए उसे रघुवीर के साथ भेज देते हैं। रघुवीर मन्दिर के अन्दर नहीं आ रहा है। भगवान पर उसका विश्वास नहीं है। अलका के कहने पर वो मन्दिर में जाता है। रघुवीर की भलमनसाहत अलका का दिल जीत लेती है।

अलका—'मैं आपको इतना अच्छा आदमी नहीं समझती थी।'

रघुवीर—'इसी बात पे जी चाहता है, ये जो चाँद है ना, उसे नोचके आपके माथे पे लगा दूँ।'

खोया-खोया चाँद, खुला आसमान
आँखों में सारी रात जाएगी

तुमको भी कैसे नींद आएगी
खोया-खोया चाँद॥

ज़रा सोचिए कि फ़िल्म की सिचुएशन क्या थी और शैलेन्द्र ने इस पर कितना जादुई गीत रचा! जब विजय आनन्द ने ये सिचुएशन सुनाई तो उस दिन शैलेन्द्र हमेशा की तरह फ़ौरन मुखड़ा नहीं दे पाए। शायद वो कहीं बहुत व्यस्त थे। जब कई दिनों तक गाना नहीं लिखा गया तो सचिन देव बर्मन ने ग़ुस्से में बेटे पंचम यानी भविष्य के संगीतकार राहुल देव बर्मन को शैलेन्द्र के घर भेजा और कहा, 'जब तक गाना नहीं मिले तुम लौटना मत।' शैलेन्द्र को पंचम की ये बात सुनकर बड़ा मज़ा आया।

मस्ती भरी हवा जो चली
खिल-खिल गई ये दिल की कली
मन की गली में है खलबली
कि उनको तो बुलाओ
खोया-खोया चाँद॥

शैलेन्द्र ने पंचम से कहा, 'चलो मेरे साथ।' रास्ते में वो शंकर-जयकिशन के म्यूज़िक रूम में रुके। जयकिशन पंचम को देखकर बोले, 'तुम किसलिए आए हो।' पंचम ने जवाब दिया, 'मैं इनसे गाना लेने आया हूँ।' जयकिशन भड़क गए, 'पर वो तो मेरा गाना लिख रहा है ना।' शैलेन्द्र ने जब तक जयकिशन का काम पूरा किया शाम हो गई। पंचम परेशान कि पिताजी का गाना हो नहीं रहा है, अब क्या होगा।

तारे चले, नज़ारे चले
संग-संग मेरे वो सारे चले
चारों तरफ़ इशारे चले
किसी के तो हो जाओ
खोया-खोया चाँद॥

इसके बाद शैलेन्द्र ने ड्राइवर से कहा कि नेशनल पार्क चलो। दोनों सुदूर बोरीवली के नेशनल पार्क आए। शैलेन्द्र सिगरेट पर सिगरेट पीते रहे और गाना सोचते रहे। पर बात नहीं बनी। रात हो गई। बीस बरस के युवा पंचम

अपनी क़िस्मत को कोस रहे थे, जाने अब क्या होगा। घर लौटूँगा तो पिताजी की डाँट सुननी पड़ेगी।

ऐसी ही रात, भीगी-सी रात
हाथों में हाथ होते वो साथ
कह लेते उनसे दिल की ये बात
अब तो न सताओ
खोया-खोया चाँद॥

रात के ग्यारह बज गए। गाना नहीं लिखा गया। वो पूनम की रात थी। शैलेन्द्र ने पंचम से कहा, 'तुम्हें ट्यून याद है ना, चलो जुहू चलते हैं।' जुहू बीच शैलेन्द्र को बड़ा पसन्द था, वहाँ वे अक्सर टहलते थे। पंचम बोले, 'इतनी रात ग्यारह-साढ़े ग्यारह बजे जुहू कौन जाएगा, वहाँ तो सन्नाटा होगा।' ध्यान रहे कि हम 1960 से पहले की बात कर रहे हैं। यह वो दौर था जब रातें जल्दी घिरती थीं और देर रात तक समुद्र के किनारे टहलने का आज जैसा चलन नहीं था। सन्नाटा हो जाता था। ख़ैर, दोनों वहाँ पहुँचे। अब शैलेन्द्र यहाँ-वहाँ की बातें कर रहे हैं और पंचम को घबराहट कि ये मुखड़ा कब लिखेंगे, कब देंगे।

हम मिट चले जिनके लिए
बिन कुछ कहे वो चुप-चुप रहें
कोई ज़रा ये उनसे कहे, न ऐसे आज़माओ
खोया-खोया चाँद॥

शैलेन्द्र टहलते रहे, सोचते रहे, टहलते रहे, सोचते रहे। पंचम बेचारे पीछे-पीछे चलते रहे। अचानक शैलेन्द्र ने पंचम से कहा, 'तुम्हारे पास माचिस है।' पंचम सकपका गए, हाल में उन्होंने सिगरेट पीना शुरू किया था, पोल खुल जाएगी। बहरहाल, माचिस दी। शैलेन्द्र ने सिगरेट जलाई और पंचम से कहा, 'ज़रा धुन सुनाओ।' पंचम ने माचिस की डिब्बी पर ट्यून बजाकर सुनाई। शैलेन्द्र ने कहा, 'काग़ज़ दो ज़रा।' आधी रात, जुहू बीच, काग़ज़ कहाँ से मिलेगा। दोनों की जेब में भी नहीं था। पंचम ने सिगरेट के पैकेट के भीतर का काग़ज़ निकालकर शैलेन्द्र को थमा दिया। शैलेन्द्र ने उस पर लिखा—*खोया खोया चाँद, खुला आसमान/ आँखों में सारी रात जाएगी/ तुमको भी कैसे नींद आएगी।* मुखड़ा हो गया। दो दिन में गाना पूरा होकर रिकॉर्ड भी कर लिया

गया। समय के साथ ये गीत कालजयी बन गया। उस बरस अमीन सायानी की 'बिनाका गीतमाला' में भी ये गाना सरताज गीत बना था। यह था शैलेन्द्र की गीतकारी की प्रतिभा का कमाल।

'खोया खोया चाँद' इकतरफ़ा प्यार का गाना है। अभी तक अलका ने रघु का प्रेम स्वीकार नहीं किया है। शैलेन्द्र ने अपने शब्दों में इस बात का बारीकी से ख़याल रखा है। विजय आनन्द ने इसका शानदार फ़िल्मांकन किया है। वादियाँ, ऊँचे-ऊँचे पेड़, जूड़े में गजरा सजाए ख़ूबसूरत वहीदा रहमान और देव आनन्द का अपना चिर-परिचित अन्दाज़।

अलका को पास एक पहाड़ी टीले पर एक सुन्दर फूल नज़र आता है और कहती है, देखो कितना प्यारा फूल है। बस रघु को ज़िद आ जाती है। जान पर खेलकर वह फूल को तोड़ने चल पड़ता है। रघु पहाड़ से नीचे गिरने को है। अलका उसे किसी तरह बचाती है और फिर यह संवाद—

> अलका, क्या ये मुमकिन नहीं कि तुम हमेशा मुझे गिरने से बचाती रहो?

यहाँ लगातार दुविधा में पड़ी अलका एक झूठ बोलती है—*रघु मेरी सगाई हो चुकी है।* रघु ऊटी से जाने का फ़ैसला करता है और कहता है—'अब जब तक तुम्हारा प्यार मेरे दिल में है, मुझसे कोई बुरा काम नहीं हो सकता। तुमने मुझे इतना बदल दिया है कि मैं अपने आपको पहचान नहीं सकता हूँ।'

यहाँ से रघुवीर की ज़िन्दगी का रास्ता बदल जाता है। वह काला-बाज़ारी छोड़ देता है। अपनी टोली के लिए एक 'सफ़ेद बाज़ार' खोलता है। बुरे लोगों से उसका संघर्ष भी चल रहा है। बारिश हो रही है। रघु घर जाने के लिए टैक्सी खोज रहा है। बस स्टॉप पर उसे अलका नज़र आती है। दोनों एक ही छाते में चल पड़ते हैं। मरीन ड्राइव...ठाठें मारता समुद्र...बारिश में साठ के दशक की बम्बई का यह हिस्सा देखते ही बनता है। विजय आनन्द का कमाल है कि उन्होंने इस गाने को बैकग्राउंड में ही रखा है यानी कलाकार अपने होंठ नहीं हिलाते हैं इस गाने पर। अलका और रघु एक ही छाते में भीग रहे हैं, यादों की बारिश में। पूरे गाने में अतीत के दृश्यों का कोलाज है—

रिमझिम के तराने लेके आई बरसात
याद आए किसी से वो पहली मुलाक़ात॥

भीगे तन-मन, पड़े रस की फुहार
प्यार का सन्देसा लाई बरखा बहार
मैं न बोलूँ, आँखें करें अँखियों से बात
रिमझिम के तराने लेके॥

इस गाने को मोहम्मद रफ़ी और गीता दत्त ने गाया है। शैलेन्द्र का 'बरसात' से गहरा ताल्लुक़ था। उन्हें बारिश बड़ी प्रिय थी। फ़िल्म 'बरसात' के गाने *बरसात में हमसे मिले तुम सजन* के ज़रिये उनकी गीत-यात्रा शुरू हुई थी। इसके बाद तो शैलेन्द्र ने हमें बारिश के कई गाने दिए हैं। उन्होंने जहाँ 'दो बीघा ज़मीन' में *हरियाला सावन ढोल बजाता आया* जैसा बेमिसाल गाना दिया। 'श्री 420' का *प्यार हुआ इक़रार हुआ* भी लिखा।

वहीं 'उसने कहा था' के बारिश गीत *रिमझिम के ये प्यारे-प्यारे गीत लिए* में उन्होंने *झींगुर बोले चीकी मीकी* जैसी प्यारी बात कही। शैलेन्द्र ने 'जागते रहो' में *ठंडी ठंडी सावन की फुहार* जैसा बारीक मनोभावों वाला गीत लिखा तो 'बन्दिनी' में *अबके बरस भेज भैया को बाबुल* जैसी कजरी भी लिखी। 'परख' का *ओ सजना बरखा बहार आई* तो बारिश गीतों का सिरमौर ही है—

सुनके मतवाले काले बादलों का शोर
रुम-झुम घूम-घूम नाचे मन का मोर
सपनों का साथी चल रहा है मेरे साथ
रिमझिम के तराने लेके॥

यहाँ रघु ही गाता है *सपनों का साथी चल रहा है मेरे साथ,* अलका नहीं गाती। अलका अभी भी दुविधा में है। एक तरफ़ नन्द है, जो पढ़ाई के दिनों का उसका प्यार है और एक फूल तोड़ने की बात पर जवाब देता है, मैं पागल नहीं हूँ। दूसरी तरफ़ रघु है, जो एक ज़रा-सी माँग पर जान पर खेल जाता है। ग़ौर करना होगा कि शैलेन्द्र को यहाँ एक गीतकार के रूप में कितने बारीक मनोभावों को व्यक्त करना था। धुन के साँचे में गीत ढालना था और कहीं भी नायिका का प्रेम सीधे-सीधे ज़ाहिर नहीं करना था। फ़िल्मी-गानों को जो लोग हल्का और कमतर समझते हैं उन्हें इन पैमानों को बारीकी से देखने की ज़रूरत है। ये समझने की ज़रूरत है कि कितनी हदों में रहकर भी शैलेन्द्र जैसे विलक्षण गीतकार कितनी गहरी बातें कह जाते हैं—

जब मिलते हो तुम क्यूँ छिड़ते हैं दिल के तार
मिलने को तुमसे मैं क्यूँ था बेक़रार
रह जाती है क्यूँ होंठों तक आके दिल की बात
रिमझिम के तराने लेके॥

'काला बाज़ार' काफ़ी उलझी हुई फ़िल्म है। एक तरफ़ जहाँ रघु का काले धंधों और ईमानदार ज़िन्दगी के बीच का द्वन्द्व इस फ़िल्म में है वहीं नन्द, रघु और अलका का प्रेम-त्रिकोण, जहाँ एक स्त्री को अपना प्रेम चुनने की आज़ादी है। नन्द जब सगाई के लिए अलका के घर पहुँचता है तो उलझे हुए हालात के मद्‌देनज़र उसे वापस लौट जाना पड़ता है। बहुत उतार-चढ़ाव भरे क्लाइमेक्स के दौरान विदेश से लौटा नन्द अलका को समझाता है—'वो प्यार नहीं था बचपन का पागलपन था।' और उसे अपने प्रेम से आज़ाद कर देता है। रघु को अहसास है कि अलका के साथ जीवन का सफ़र तय करना शायद अब सम्भव नहीं। वो समन्दर के किनारे गहरी सोच में डूबा है। इधर अलका की उलझन मिट चुकी है। वो ख़ुशी से झूमती रघु से मिलने पहुँचती है—

सच हुए सपने तेरे, झूम ले ओ मन मेरे
चिकी-चिकी चिक-चा चा छै, चिकी-चिकी चिक-चा
सच हुए सपने तेरे॥
बेकल मन का धीरज लेकर मेरे साजन आए
जैसे कोई सुबह का भूला साँझ को घर आ जाए
प्रीत ने रंग बिखेरे, झूम ले ओ मन मेरे
चिकी-चिकी चिक-चा चा छै, चिकी-चिकी चिक-चा
सच हुए सपने तेरे॥

यह गाना आशा भोसले की बेमिसाल गायकी की ऊँचाई भी है। ख़ुशी उनकी आवाज़ में छलक-छलक पड़ती है। लता मंगेशकर के विराट साए तले आशा ने जिस तरह अपने जीवन में नया मुहावरा खोजा, अपना अलग मकान हासिल किया यह बात उन्हें बहुत महान कलाकार बनाती है। इस फ़िल्म के दो गाने ऐसे हैं जहाँ उन्होंने शैलेन्द्र के बोलों पर बेमिसाल अदायगी दिखाई है। जाने-माने सेक्सोफ़ोन और मेटल फ़्लूट वादक और म्यूज़िक अरेंजर मनोहारी सिंह जब मुम्बई आए तो सचिन देव बर्मन के साथ इस गाने में पहली

बार उन्होंने सेक्सोफ़ोन बजाया था। इंटरल्यूड्स बड़े ध्यान से सुनें तो आपको पहचान आएगा—

मन की पायल छम-छम बोले, हर इक साँस तराना
धीरे-धीरे सीख लिया अँखियों ने मुस्काना
हो गए दूर अँधेरे, झूम ले ओ मन मेरे
चिकी-चिकी चिक-चा चा छै, चिकी-चिकी चिक-चा
सच हुए सपने तेरे॥

'काला बाज़ार' की पटकथा को कितनी कुशलता से सँभाला गया है। कहीं भी अलका अपने मन में दबा प्रेम रघु के सामने ज़ाहिर नहीं करती। जबकि रघु लगातार उसके पीछे लगा रहता है। अपनी तमन्नाएँ उजागर करता रहता है। पूरी फ़िल्म में नन्द को लेकर उसकी उलझन को उभारा गया है। यह गाना ढाई घंटे से ज़्यादा लम्बी इस फ़िल्म के आख़िरी आधे घंटे में आता है।

जिस उलझन ने दिल उलझाके सारी रात जगाया
बनी है वो आज प्रीत की माला, मन का मीत मिलाया
जगमग साँझ-सवेरे, झूम ले ओ मन मेरे
चिकी-चिकी चिक-चा चा छै, चिकी-चिकी चिक-चा
सच हुए सपने तेरे॥

'काला बाज़ार' के आख़िर में एक लम्बा कोर्ट-रूम सीन है। बुरे रास्ते को छोड़ चुके लोगों को उनके बुरे कामों की सज़ा मिले या नहीं, या फिर उन्हें मौक़ा दिया जाए बेहतर जीवन जीने का, संसार को बेहतर बनाने का। एक रोचक तथ्य ये भी है कि ये ऐसी अकेली फ़िल्म है जिसमें चेतन आनन्द, देव आनन्द और विजय आनन्द तीनों एक साथ नज़र आए थे। 1960 वो साल था जब शैलेन्द्र के गीतों की बगिया फूलों से लदी थी, पर अफसोस, छह बरस बाद सुरों का ये पंछी अपनी डाल से उड़ जानेवाला था।

चील-चील चिल्ला के कजरी सुनाए

♫

शैलेन्द्र को किसी एक खाँचे में फ़िट करना उनकी प्रतिभा के साथ नाइंसाफ़ी होगी। एक तरफ़ जहाँ उनकी कविताएँ 'न्योता और चुनौती' नामक संग्रह में पढ़ी जा सकती हैं। वहीं दूसरी तरफ़ हैं उनके जनगीत आज भी गाए जाते हैं फ़िल्मी गानों में जितने भी जज़्बात पिरोये जा सकते हैं उन्होंने सब मुमकिन किए हैं। उन्होंने अंग्रेज़ी गाना भी लिखा है।

1960 में आई थी भप्पी सोनी की फ़िल्म 'एक फूल चार काँटे'। सुनील दत्त और वहीदा रहमान के अभिनय वाली इस फ़िल्म में जो सबसे मशहूर गीत है—मुकेश का गाया हुआ *मतवाली नार ठुमक ठुमक चली जाए* इसे भी शैलेन्द्र ने ही लिखा है। पर इस फ़िल्म में जो 'सरप्राइज़-गीत' है वह है शैलेन्द्र का लिखा एक रॉक-एन-रोल गीत—

O Beautiful Baby Of Broadway
Rock In Right Over My Heart
You Have Set Me A Fire Any Way
You Are Too Good In Your Art
Don't Want To Miss You
Life Without You
Can't Think Of It
O My Shoo Shoo O O

इसे गाया है इक़बाल सिंह सेठी ने। इक़बाल सिंह असल में ब्रिटिश इंडियन नेवी में काम करते थे और दुनिया-भर में तैनात रह चुके थे। साउथ-

हैम्पटन में उन्हें एक गोरी लड़की से प्यार हो गया था और उसने उन्हें 'रॉक एन रोल' से परिचित करवाया। एल्विस प्रेसले की राहों पर चलना सिखाया। मुम्बई लौटकर वेनिस और ट्रिन्काज़ जैसे नाइट-क्लब्स में परफ़ॉर्म करने की वजह से इक़बाल सिंह 'सिख एल्विस' के नाम से मशहूर हो गए थे। यहीं से फ़िल्म वालों की नज़र उन पर पड़ी और शंकर-जयकिशन ने उनसे *O Beautiful Baby of Broadway* गवाया। असल में इस गाने के असली बोल थे *O Beautiful Bombshell of Broadway* लेकिन सेंसर की आपत्ति के बाद बोल बदल दिए गए थे। शैलेन्द्र के बोल और इक़बाल सिंह की अदायगी का कमाल इस गाने में देखा जा सकता है।

अमूमन शैलेन्द्र को हास्य गीतों से जोड़कर नहीं देखा जाता पर हास्य-गीतों में उनकी महारत का आयाम ही अलग है जिससे पता चलता है कि उनका हास्य-बोध भी कमाल का था। गीतों में तंज़ या व्यंग्य करने में भी वे बड़े माहिर नज़र आते हैं।

1956 में आई फ़िल्म 'परिवार' में उनका एक बेमिसाल हास्य गीत था। किशोर कुमार अभिनीत इस फ़िल्म में शैलेन्द्र को हास्य की सम्भावना से भरी ज़मीन मिली थी। पता नहीं यह दृश्य गीतकार का कमाल है या फिर फ़िल्म-लेखक का। मंच पर प्रस्तुति होनेवाली है और उद्घोषक ऐलान करता है—

> दोस्तो, आपको सुनकर ख़ुशी होगी कि आपका स्वागत करने के लिए बहुत ही शानदार जलसे का बन्दोबस्त किया गया है। इस जलसे में बहुत ही प्रसिद्ध सरोद-वादक ख़ाँ साहब अली अकबर ख़ाँ...(नाम सुनते ही जनता की तालियाँ), स्वर-सम्राट श्री पंकज मलिक (फिर जनता की तालियाँ), सितार की झंकार से अमृत टपकानेवाले ख़ाँ साहब विलायत ख़ाँ (फिर तालियाँ), शहद से भी मीठे गायक श्री हेमन्त कुमार...(तालियाँ), सुर ज्ञानी श्री सचिन देव बर्मन (पुनः तालियाँ)...इन सबको बुलाना चाहकर भी हम बुला नहीं सके। मैं अभी आपके सामने जिसे पेश करूँगा उसे देखकर आप ख़ुशी से उछल पड़ेंगे।

और इसके बाद मंच पर बने कुएँ से किशोर कुमार बाहर आते हैं और गाना शुरू करते हैं—

कुएँ में कूद के मर जाना, यार तुम शादी मत करना।

इसके बाद पूरा घटनाक्रम गाने की शक्ल में आता है। ऐसे गाने की इससे पहले किसी ने कल्पना भी नहीं की होगी। किशोर कुमार के लिए ऐसा खिलंदड़ गाना शैलेन्द्र ही लिख सकते थे। तक़रीबन पाँच मिनट के पहले भाग के बाद इस गाने का दूसरा भाग आता है।

छुट्टे छेड़े क्वाँरे थे हम जा पहुँचे होनूलूलू
वहाँ के मिस्टर वो कहलाए यहाँ के भोला सिंह भोलू
गिटपिट-गिटपिट डिनर-लंच-ब्रेकफास्ट-चाय, सोडा-वाटर
एक नई दुनिया में पहुँचे वहाँ थे सब ब्रदर सिस्टर
मॉडर्न राम्बा साम्बा, गिटार बोंगा चोंगा
वो लड़की थी या बिजली थी
उसका नाम था मिस खम्भा॥

इस तरह गाने में कहानी आगे बढ़ती है। गाने के बोल पढ़कर आप समझ सकते हैं कि ये किस ढाँचे और मिज़ाज का गाना है, ऊपर से सिफ़त ये कि इसे किशोर कुमार के लिए रचा गया है। तक़रीबन आठ मिनट का यह गाना वाक़ई धमाल है। 'परिवार' हास्य फ़िल्म नहीं थी पर इस गीत में शैलेन्द्र ने बेजोड़ हास्य रचा। कुछ बरस बाद 1962 में शैलेन्द्र को हास्य की शानदार उर्वर ज़मीन वाली फ़िल्म मिली 'हाफ़-टिकट।' कालिदास के निर्देशन वाली ये फ़िल्म असल में एक 'केओस' है। एक भगदड़। एक अफ़रा-तफ़री। फ़िल्म और इसकी गीतकारी की पृष्ठभूमि इसी बात से तय हो जाती है कि इसमें किशोर कुमार हैं और अपने पूरे रंग में हैं।

इस फ़िल्म के लिए गाने लिखना शैलेन्द्र के लिए आसान नहीं रहा होगा। फ़िल्म का वन-लाइनर है *गुमे हुए हीरे की खोज* लेकिन जिस तरह की कॉमेडी का परिदृश्य इस फ़िल्म में बुना गया है उसने इसे हिन्दी सिनेमा की कालजयी कॉमेडी फ़िल्मों में शामिल कर दिया है विजय जबलपुर के एक रईस सेठ का लड़का है जो लगातार शरारतें करता है। पिता सोचते हैं कि इसकी शादी कर देंगे तो शायद शरारतों पर लगाम लग जाएगी। विजय नाराज़ होकर घर से निकल जाता है और बच्चे 'मुन्ना' का भेस बनाकर 'हाफ़ टिकट' लेकर मुम्बई की ट्रेन पकड़ता है। हीरों का स्मगलर राजा बाबू उसकी जेब में हीरे छिपा देता है और बस यहाँ से शुरू होता है पीछा करने का खेल। मुन्ना का भेस बनाकर ट्रेन में चढ़ने के बाद वो एक गाना गाता है—

चील-चील चिल्ला के कजरी सुनाए
झूम-झूम कौआ भी ढोलक बजाए
अरे वाह वाह वाह, अरे वाह वाह वाह!
छुक-छुक-छुक चली जाती है रेल
छुप-छुप-छुप तोता मैना का खेल
प्यार की पकौड़ी, मीठी बातों की भेल
थोड़ा नून, थोड़ा मिर्च, थोड़ी सोंठ, थोड़ा तेल
अरे वाह वाह वाह!

यहाँ शैलेन्द्र ने रेल के इस डिब्बे में मौजूद लोगों पर तंज़ का गीत रच दिया है। किशोर कुमार तन से बड़े पर मन से छोटे बच्चे 'मुन्ना' के भेस में हैं। देखने में लगता है कि बेवकूफ़ हैं और उन्हें कुछ समझ नहीं आ रहा। पर

इस गाने में भी वो राजा बाबू यानी प्राण को लगातार चकमा देकर पस्त कर डालते हैं। प्राण किसी भी तरह पीछे की जेब से हीरे नहीं निकाल पाते। शैलेन्द्र के रचे हास्य गीतों की ख़ासियत ये है कि वो चुटकुलेबाज़ी नहीं करते। वो इकहरी 'स्लैप-स्टिक कॉमेडी' नहीं रचते। उनकी पैनी नज़र यहाँ समय और समाज पर तीखा व्यंग्य करती चलती है—

गोल-मोल-झोल मोटे लाला शौक़ीन
तोंद में छिपाए हैं चिराग़-ए-अलादीन
तीन को हमेशा करते आए साढ़े तीन
ज़रा नाप, ज़रा तौल, इसे लूट उसे छीन
अरे वाह वाह वाह!

किशोर कुमार के धमा-चौकड़ी से भरे हास्य-गीतों की यूँ लिखकर चर्चा करने में दिक़्क़त ये होती है कि आप उनकी हरकतों को अल्फ़ाज़ में बयान नहीं कर सकते। शैलेन्द्र ने गीत के मुखड़े और अन्तरों की कारीगरी भले की होगी, सलिल चौधरी ने जाने कैसे धुन बना ली होगी पर गाने की अदायगी और उसके इंटरल्यूड्स में शरारती किशोर कब क्या खेल करेंगे, इसका अन्दाज़ा कभी कोई नहीं लगा सकता था। वे क्या करेंगे, सम्भवत: उन्हें ख़ुद भी पता नहीं होता रहा होगा। इस अन्तरे में बाक़ायदा प्राण को सताया जा रहा है। उनके मज़े लिये जा रहे हैं। उन्हें चकमा दिया जा रहा है।

कोई मुझे चोर कहे कोई कोतवाल
किस पे यक़ीन करूँ मुश्किल सवाल
दुनिया में यारो है बड़ा ही गोलमाल
कहीं ढोल, कहीं पोल, सीधी बात टेढ़ी चाल
अरे वाह वाह वाह!

'हाफ़ टिकट' का ये गीत बड़ा ही धमा-चौकड़ी से भरा है और शैलेन्द्र की स्क्रिप्ट की समझ और उनकी कल्पनाशीलता की बानगी पेश करता है पर यह इस फ़िल्म का सबसे अनूठा गीत नहीं है। फ़िल्म के नाटकीय घटनाक्रम में एक मोड़ ऐसा आता है जब प्राण से बचते हुए किशोर कुमार नौटंकी कलाकारों की बस्ती में पहुँच जाते हैं और लड़की का भेस बनाकर एक झोंपड़ी से बाहर आते हैं। यह गाना किशोर कुमार ने पुरुष और महिला दोनों स्वरों में गाया है।

यानी महिला के भेस में अपने लिए और पुरुष के भेस में प्राण के लिए। इसे कल्ट का दर्जा प्राप्त हो चुका है—

आके सीधी लगी दिल पे जैसे कटरिया
ओ सँवरिया, तेरी तिरछी नज़रिया।
ले गई मेरा दिल तेरी जुल्मी नज़रिया
ओ गुजरिया, जाने सारी नगरिया॥

इस गाने का कुल मिलाकर योगदान यह है कि पटकथा में गहराई तक धँसा है यह गीत हिन्दी सिनेमा में एक बिलकुल अनूठा प्रयोग साबित हुआ है। किशोर कुमार ने पुरुष और महिला दोनों स्वरों को निभाते हुए सम्भवत: दो ही गीत गाए हैं। एक 'हाफ़ टिकट' का शैलेन्द्र का रचा ये गीत और दूसरा राजेन्द्र कृष्ण का रचा फ़िल्म 'लड़का-लड़की' का गीत *सुणिए सुणिए आजकल की लड़कियों का प्रोग्राम।* यह समझना मुश्किल नहीं है कि इस तरह के प्रयोग किशोर कुमार के बिना सम्भव नहीं होते।

जैसा कि हमने कहा, फ़िल्म 'हाफ़ टिकट' एक भगदड़ है। एक केओस है। इस फ़िल्म में गानों की 'प्लेसिंग' भी विचित्र ही है। फ़िल्म में एक मोड़ ऐसा आता है जब मुन्ना यानी किशोर कुमार को पागलख़ाने भेज दिया जाता है। तब आता है यह गीत—

अरे वाह मेरे मालिक, ख़ूब हैं तेरे खेल
पागल सारे छुट्टे घूमें, समझदार को जेल॥
जूते को पगड़ी, पगड़ी को जूता,
सदरी को गमछा, सर को पैर बताएँ
ये आँख के अन्धे कमल-नयन कहलाएँ।

इसे भी हास्य के बजाय व्यंग्य-गीत कहना चाहिए। शैलेन्द्र यहाँ भी अपने प्रतीकों के ज़रिये समाज की उलटी चाल, विरोधाभासों और विडम्बनाओं की पोल खोलते नज़र आते हैं। यह एक गहन-कॉमेडी फ़िल्म के ढाँचे में लिखा गया गीत है—

तन बिन कपड़ा, कपड़ा बिन तन
धड़कन बिन दिल, दिल बिन धड़कन
पहले बुढ़ापा, बाद में बचपन

अरे वाह मेरे मालिक॥
सर वालों के ऊपर मिट्टी, गधे लगाएँ तेल
घर को बाहर, बाहर को घर
सड़क पे बिस्तर, लम्बी लोट लगाएँ
पत्थर पूजें और हमको ठुकराएँ
अरे वाह मेरे मालिक॥
हम जैसों के पैर में बेड़ी, लँगड़ा करे कुलेल
पाई न कौड़ी, नाम करोड़ी,
काठ की घोड़ी सरपट दौड़ी जाए
अजब-अजूबा जो देखे रह जाए
अरे वाह मेरे मालिक॥

किशोर कुमार की हरकतें और उनकी अदायगी इस गाने के रंग को और गाढ़ा करती हैं। और संगीतकार सलिल चौधरी के लिए हमारा सम्मान और ज़्यादा बढ़ जाता है। इस फ़िल्म के गाने उन्होंने किस तरह धुनों में उतारे होंगे, समझना सचमुच मुश्किल लगता है।

शैलेन्द्र की गीत-यात्रा में 'हाफ़ टिकट' मुस्कुराते मोतियों की एक चमकती हुई माला है, पर उनके गीतों के ख़ज़ाने में ऐसे और भी नगीने बिखरे हुए मिलते हैं। किशोर कुमार के लिए 1956 में फ़िल्म 'नई दिल्ली' में लिखते हैं—

अरे भई निकल के आ घर से
दुनिया की रौनक देख फिर से
देख ले फिर से।
दुनिया बदल गई प्यारे
आगे निकल गई प्यारे
अन्धे कुएँ में छिपके क्यों
बैठा हुआ है मन मारे॥

'नई दिल्ली' भाषा के दायरे में बँटे समाज पर टिप्पणी करनेवाली एक महत्त्वपूर्ण फ़िल्म थी। शैलेन्द्र विज्ञान और समाज की कितनी गहरी पकड़ रखते थे इसकी मिसाल इस गाने में मिलती हैं जहाँ वे लिखते हैं—

पानी को तेल को छोड़ा
बिजली की रेल को छोड़ा
कल चाँद और तारों में
पहुँचेगा एटमी घोड़ा॥
अरे भई निकल के आ घर से॥

कल चाँद और तारों में पहुँचेगा एटमी घोड़ा महत्त्वपूर्ण पंक्ति है। इस फ़िल्म के संगीतकार हैं शंकर-जयकिशन। 1956 में आई इस फ़िल्म में शैलेन्द्र एटॉमिक पावर और चाँद पर जाने की बात कर रहे हैं। जबकि मनुष्य ने चाँद पर पहला क़दम 21 जुलाई, 1969 को रखा। इस फ़िल्म के 13 बरस बाद। अफ़सोस कि इस ऐतिहासिक लम्हे की ख़बर पढ़ने के लिए शैलेन्द्र संसार में नहीं थे। हाल ही में शैलेन्द्र के एक गीत की प्रासंगिकता उभरकर सामने आई। जब 23 अगस्त, 2023 को भारत के चन्द्रयान ने चन्द्रमा की सतह पर क़दम रखा। दरअसल शैलेन्द्र ने पहले ही इस पल के बारे में 1959 में आई फ़िल्म 'इनसान जाग उठा' में एक गीत लिख दिया था—

देखो रे देखो लोग अजूबा ये बीसवीं सदी का
आसमाँ के चाँद को छूने निकला चाँद ज़मीं का
ये चन्दा रूस का न ये जापान का
ना ये अमरीकन प्यारे ये तो है हिन्दुस्तान का

शैलेन्द्र आज़ादी के बाद हो रही तरक़्क़ी से भी वाक़िफ़ थे और नाकामी से भी। 1956 में आई फ़िल्म 'चोरी चोरी' में लिखते हैं—

ऐसी कड़की में ये बोझा दो जनों का
आधा-साधा हुआ थोड़े-से चनों का
कभी आया न वो दिन सपनों का
तुम अरबों का हेर-फेर करनेवाले राम जी
सवा लाख की लॉटरी भेजो अपने भी नाम की॥

शैलेन्द्र का लिखा *सवा लाख की लॉटरी* एक आधुनिक मुहावरा बन चुका है। इसे शंकर-जयकिशन ने स्वरबद्ध किया था। ये गीत हमारी व्यवस्था पर कड़ा प्रहार है कि अब लॉटरी से ही एक ठीक-ठाक जीवन सम्भव है, बाक़ी

रास्ते तो नाकाम हुए। शैलेन्द्र ने 1959 में फ़िल्म 'शरारत' में भी एक शरारती गीत लिखा था—

लुस्का लुस्का लुस्का लुई लुई सा
तू मेरा कॉपीराइट, मैं तेरा कॉपीराइट
दुनिया ब्राइट ब्राइट ब्राइट॥

इस गाने में सम्भवत: प्रेमिका प्रेमी पर अपना ज़ोरदार अधिकार दिखा रही है। यहाँ ज़िक्र करते चलें कि शैलेन्द्र ने फ़िल्म 'जंगली' में *चाहे मुझे कोई जंगली कहे...या'* और *अई यई या सुकू सुकू* जैसे बेतुके बोल वाले गाने भी कुशलता से लिखे थे।

शैलेन्द्र की कलम हास्य गीतों को कितनी कुशलता से साधती थी इसकी निशानी है फ़िल्म 'मेम दीदी' (1961) का गीत, जिसमें अभिनेत्री तनूजा एक कुत्ते को चिढ़ाती हुई गा रही हैं—

बेटा वॉव वॉव वॉव
मेरे कान मत खाओ
सोनी की कटोरी में
चल के दूध-भात खाओ॥
आज मैं छुई-मुई लड़की
बहू बनूँगी बड़े घर की
होगा तू दरबान मेरा
रानी मेरी रूप नगर की
बेटा वॉव वॉव वॉव॥

(संगीतकार हैं सलिल चौधरी) यही शैलेन्द्र हैं जिन्होंने आगे चलकर 'गुमनाम' (1965, संगीतकार शंकर-जयकिशन) का गीत *हम काले हैं तो क्या हुआ दिलवाले हैं* लिखा था—

हमें माना ग़रीब हैं तन्दाना
सूरत से अजीब हैं तन्दाना
पर फिर भी नसीब हैं तन्दाना
के तेरे क़रीब है तन्दाना
हम तेरे तेरे तेरे चाहनेवाले हैं॥

मन की किताब से तुम मेरा नाम ही मिटा देना

♫

बिमल रॉय के सिनेमा की ऊँचाई है 'बन्दिनी'। जब यह अहसास होता है कि ये बिमल रॉय की निर्देशित आख़िरी फ़िल्म है तो पल भर के लिए दिल बैठ जाता है। बिमल रॉय और शैलेन्द्र के साथ की ऊँचाई भी है यह फ़िल्म। जीवन की नाटकीयता और उसके संत्रास, संघर्ष, अकेलेपन, रिश्तों की जटिल बुनावट और आस की डोर के लगातार बँधने और टूटने का दस्तावेज़ है 'बन्दिनी।' यह फ़िल्म बंगाल के एक महत्त्वपूर्ण लेखक जरासंध (चारुचन्द्र चक्रवर्ती) के उपन्यास 'तमसी' पर आधारित है। शैलेन्द्र के पास थी इस कथा की सघन संवेदनात्मक बुनावट की सरज़मीं जिस पर उन्होंने गीतों के ऐसे फूल खिलाए कि महक आज तक़रीबन साठ बरस बाद भी कायम है।

जरासंध ख़ुद बंगाल में एक जेलर थे। उनके जीवन का एक बड़ा हिस्सा उत्तरी बंगाल की जेलों के अहातों में बीता। 'बन्दिनी' में हम जेल की सीलन, अँधेर, मनहूसियत और ज़ुल्म से भरी दुनिया देखते हैं जहाँ खुली हवा में साँस लेने और ख़्वाब देखने की आज़ादी को कुचल दिया जाता है, जहाँ की सख़्त आबोहवा में जज़्बात की नमी सूख जाती है। यहाँ भविष्य के झरोखों पर एक मोटा-ठंडा ताला जड़ दिया जाता है। महिला वॉर्ड में कुछ क़ैदी हैं, जिनमें कल्याणी भी है, एक मासूम जज़्बाती लड़की, पर जेल के उसके काग़ज़ पर अंकित है कि वो एक क़ातिल है। एक बूढ़ी क़ैदी रामदेई को तपेदिक हुआ है और उसे अलग रखा गया है। कल्याणी उसकी देखभाल के लिए तब सामने आती है जब कोई और क़ैदी तैयार नहीं होती।

रामदेई के इलाज के दौरान जेल के डॉक्टर देवेन्द्र का झुकाव कल्याणी की ओर होने लगता है। एक दिन मरीज़ देखने के बाद काम में डूबी कल्याणी

से वह कहता है, 'सुनो, जब तुम काम में मशगूल होती हो तो बहुत ही सुन्दर लगती हो।' कल्याणी गहरे संकोच से भर उठती है। डॉक्टर वापस जा रहा है। जेल के अहाते के बाहर कोयल बोल रही है, फूल खिले हैं, वसन्त की आहट है और क़ैदी महिलाएँ अपने रोज़ के कामों में लगी हैं। सिलाई-कढ़ाई चल रही है। धान कूटा जा रहा है, सूपड़े पर अनाज पछोरा जा रहा है, जाँत पर अन्न पीसा जा रहा है। कढ़ाई करती एक क़ैदी जैसे कल्याणी की भावनाओं को शब्दों में पिरो देती है—

दो नैनन से मिलन को दो नैना अकुलाए
जब नैना हों सामने, तो नैना झुक जाए॥
ओ पंछी प्यारे साँझ सकारे
बोले तू कौन-सी बोली...बता रे॥

फ़िल्म में गाने से पहले की ये दोहेनुमा पंक्तियाँ नहीं हैं, रिकॉर्ड में ज़रूर हैं लेकिन शैलेन्द्र ने जेल की सलाख़ों में एक महिला क़ैदी और एक युवा

डॉक्टर के बीच फूटे प्रेम के अंकुर को कितनी ख़ूबसूरती से शब्द दिए हैं। यह गाना जेल की सलाख़ों के भीतर जीवन के संत्रास और अकुलाहट का गीत है। सबसे महत्त्वपूर्ण बात ये है कि यहाँ शैलेन्द्र जो मर्ज़ी चाहे वो लिख सकते थे पर कहानी और भावनाओं की उनकी गहरी समझ ऐसी है कि यहाँ उन्होंने पंछी का रूपक गढ़ा है। एक तरफ़ बसन्त की आहट पर अहाते के उस पार आज़ाद पंछी की कूक तो दूसरी तरफ़ जेल के महिला वॉर्ड में क़ैद हालात की ज़ख़्मी ये महिलाएँ जिन्हें ज़माना ख़ूँख़ार समझता है। यहाँ बिमल रॉय जैसे चाहें वैसे इस गाने को फ़िल्मा सकते थे पर 'बन्दिनी' कालजयी फ़िल्म ऐसे ही नहीं है। यह बिमल रॉय का निर्देशकीय जीनियस है कि उन्होंने इस गीत को परदे पर नूतन से नहीं गवाया है। यह कढ़ाई करती हुई एक अनाम महिला क़ैदी गा रही है। ठीक इन्हीं पंक्तियों पर कैमरा सोच में डूबी नूतन और उसकी सूनी निगाहों और सूक्ष्म मुस्कान को दिखाता है—

मैं तो पंछी, पिंजरे की मैना
पंख मेरे बेकार
बीच हमारे सात रे सागर,
कैसे चलूँ उस पार
ओ पंछी प्यारे॥

यह केवल कल्याणी की व्यथा नहीं है, जेल में क़ैद तमाम महिला क़ैदियों की विवशता का गीत है। बिमल रॉय, शैलेन्द्र, सचिन देव बर्मन और आशा भोसले ने मिलकर इस गीत को अप्रतिम ऊँचाई दी है। गाने की ताल पर काम में डूबी महिला क़ैदियों के पैरों की थिरकन, सूप पर अनाज पछोरने की सर्र-सर्र की आवाज़, शैलेन्द्र के इन बोलों की गहराई, आशा भोसले के स्वर में क़ैदियों की पीड़ा और गाने में बाँसुरी की तरल-तान। सिनेमा की आकाशगंगा में चमकता एक ध्रुव-तारा है यह गीत—

फागुन महीना, फूली बगिया
आम झरे अमराई
मैं खिड़की से चुप-चुप देखूँ
ऋतु बसन्त की आई
ओ पंछी प्यारे॥

'बन्दिनी' में शैलेन्द्र ने एक और मार्मिक गीत दिया है जो एक कजरी है, *अब के बरस भेज भैया को बाबुल*। यह गीत भी परदे पर नूतन नहीं गातीं, बल्कि वही महिला क़ैदी गाती है। कहते हैं कि शैलेन्द्र ने इस गीत को एक बहुत ही मशहूर कजरी 'लिंबुआ तले डाली रख दे' या 'निबुआ तले डोला रख दे मुसाफ़िर' की धुन पर लिखा था। यह कजरी कई मशहूर और सिद्ध स्वरों में मिलती है। मेरी जानकारी के मुताबिक़ रोशनआरा बेगम ने इसे 1940 में रिकॉर्ड किया था। 78 rpm का ये रिकॉर्ड (VE-5050) कोलम्बिया रिकॉर्ड कम्पनी से निकला था। बहरहाल, *अब के बरस* गाते हुए महिला क़ैदी जाँत या चक्की पर अनाज पीस रही है। दूर चबूतरे पर कल्याणी सोच में डूबी बैठी है—

अब के बरस भेज भैया को बाबुल
सावन में लीजो बुलाए रे।
लौटेंगी जब मेरे बचपन की सखियाँ
दीजो सन्देसा भिजाए रे॥

साल का कोई भी दिन हो, कोई मौसम, कोई कैफ़ियत, आँखों की कोरें नम कर जाता है यह गीत। 'बन्दिनी' में आशा भोसले ने शैलेन्द्र के दो गीत गाए हैं। दोनों गीत भीतर तक भिगो देनेवाली बेबसी से तप्त हैं। हिन्दी सिनेमाई गीतों की सरज़मीं पर ये गीत लाचारी और आँसुओं से भीगा एक उदास फूल हैं—

अम्बुआ तले फिर से झूले पड़ेंगे
रिमझिम पड़ेंगी फुहारें
लौटेंगी फिर तेरे आँगन में बाबुल
सावन की ठंडी बहारें
छलके नयन मोरा कसके रे जियरा
बचपन की जब याद आए रे
अब के बरस भेज॥

कल्याणी अपने भाई को खो चुकी है। दूसरों की जान बचानेवाला उसका भाई ख़ुद अपनी जान गँवा चुका है। पूरे संसार में कोई नहीं है जिसे वो अपना कह सके। पुरुषों से भरी हिन्दी फ़िल्मी गीतकारी की दुनिया में परिस्थितियों की सताई एक महिला की भावनाओं, उसकी पीड़ा और उसके सघन अकेलेपन

को शब्द देने का काम जिन गीतकारों ने पूरी संवेदनशीलता से किया है शैलेन्द्र उनमें सिरमौर हैं—

बैरन जवानी ने छीने खिलौने
और मेरी गुड़िया चुराई
बाबुल थी मैं तेरे नाज़ों की पाली
फिर क्यों हुई मैं पराई
बीते रे जुग कोई चिठिया न पाती
ना कोई नैहर से आए रे
अब के बरस भेज॥

'बन्दिनी' का कथानक 1934 का है। भारत की आज़ादी का आन्दोलन जारी है। स्वतंत्रता के दीवाने देश को ग़ुलामी की ज़ंजीरों से आज़ाद कराने के लिए हँसते-हँसते अपनी जान न्योछावर कर रहे हैं। जेल के इस अहाते में भी 'वन्दे मातरम्' के नारे गूँज रहे हैं। आज जेल में एक इंक़लाबी नेता को फाँसी दी जा रही है। क्रूरता और मौत का काला साया जेल पर मँडरा रहा है। आज़ादी का वो परवाना फाँसी पर चढ़ने से पहले पूरे जोश से गा रहा है ये नग़मा—

मत रो माता लाल तेरे बहुतेरे
जनमभूमि के काम आया मैं बड़े भाग हैं मेरे॥
हो हँस कर मुझको आज विदा कर, जनम सफल हो मेरा
रोता जग में आया, हँसता चला ये बालक तेरा
मत रो माता॥
धूल मेरी जिस जगह तेरी मिट्टी से मिल जाएगी
सौ-सौ लाल गुलाबों की फुलबगिया लहराएगी
मत रो माता॥
हो कल मैं नहीं रहूँगा लेकिन जब होगा अँधियारा
तारों में तू देखेगी हँसता एक नया सितारा
मत रो माता॥
फिर जन्मूँगा उस दिन जब आज़ाद बहेगी गंगा
उन्नत भाल हिमालय पर जब लहराएगा तिरंगा
मत रो माता॥

शैलेन्द्र का शोले उगलता यह गीत, सचिन देव बर्मन का संगीत और मन्ना डे की गायकी...अफ़सोस तब होता है जब देशभक्ति फ़िल्मी गीतों की कई फ़ेहरिस्त में यह अनुपस्थित नज़र आता है। कहा जाता है कि 1964 के फ़िल्मफ़ेयर पुरस्कार समारोह में जब सर्वश्रेष्ठ गीतकार का अवॉर्ड साहिर लुधियानवी को 'ताजमहल' के गाने *जो वादा किया वो निभाना पड़ेगा* के लिए दिया जा रहा था, साहिर मंच पर गए और ऐलान किया कि इस पुरस्कार के सही हक़दार शैलेन्द्र हैं जिन्होंने 'बन्दिनी' के लिए *मत रो माता* जैसा गीत लिखा। साहिर ने कहा कि यह उनकी नज़र में अब तक का सर्वश्रेष्ठ देशभक्ति गीत है। साहिर ने शैलेन्द्र को मंच पर बुलवाया और अपना पुरस्कार उन्हें दे दिया। साहिर कहते थे—'फ़िल्म-उद्योग में अगर कोई सही मायनों में गीतकार है तो वो शैलेन्द्र है, हम लोग तो बस शायर हैं।' ये घटना उस दौर के गीतकारों के उसूलों और उनकी खरी बनावट को भी दिखाती है।

फ़िल्म की कथा-वस्तु को निभाते हुए एक तरफ़ जहाँ शैलेन्द्र *मत रो माता* जैसा प्रभावी और मार्मिक देशभक्ति गीत रचते हैं। वहीं दूसरी तरफ़ 1948 में शैलेन्द्र ने तब के हालात देखकर एक कविता रची थी 'भगतसिंह से।' बहुत ही तल्ख़ कविता है ये—

भगतसिंह! इस बार न लेना काया भारतवासी की,
देशभक्ति के लिए आज भी सज़ा मिलेगी फाँसी की!
सत्य अहिंसा का शासन है, राम-राज्य फिर आया है,
भेड़-भेड़िए एक घाट हैं, सब ईश्वर की माया है!
दुश्मन ही जब अपना, टीपू जैसों का क्या करना है?
शान्ति सुरक्षा की ख़ातिर हर हिम्मतवर से डरना है!
पहनेगी हथकड़ी भवानी रानी लक्ष्मी झाँसी की!

पूरी कविता पढ़कर समझ आता है कि तब की व्यवस्था को लेकर कितना रोष था शैलेन्द्र के भीतर। वो शासन से बहुत ज़्यादा नाराज़ थे। यहाँ रेखांकित करनेवाली बात ये है कि एक कवि के रूप में शैलेन्द्र के सरोकार और उनका आक्रोश उनसे क्या लिखवा रहा है और एक गीतकार के रूप में अपनी पटकथा के प्रति ईमानदार रहते हुए वो क्या रच रहे हैं, दोनों के बीच बहुत बड़ा विरोधाभास है। पर ग़ौर करें कि शैलेन्द्र अपनी दोनों भूमिकाओं के साथ न्याय कर रहे हैं।

ख़ैर फिर 'बन्दिनी' की ओर लौटते हैं। 'बन्दिनी' में शैलेन्द्र ने *जोगी जब से तू आया मेरे द्वारे* भी रचा है। ये गीत कल्याणी के भीतर पनपते प्रेम के स्वीकार का गीत है। कल्याणी के भीतर के घटाटोप अकेलेपन में एक रोशनी चमकी है, क्रान्तिकारी बिकास घोष के आने से। वे उसके पिता से मिलने आते हैं और कल्याणी उनसे निकटता महसूस करने लगी है। पिता का वैष्णव कविता सुनाना इसमें उत्प्रेरक का काम कर रहा है। शैलेन्द्र ने वैष्णव कविता के प्रतीकों और संवेदनाओं के ज़रिये इस गीत को बुना है—

तेरी छब देखी जबसे रे नैना जुड़ाए
भए बिन कजरा ये कजरारे
जोगी जबसे तू आया मेरे द्वारे
ओ मेरे रँग गए साँझ सकारे॥

इस गाने के बाद पिता कल्याणी को वैष्णव कविता सुनाते हैं। वे कहते हैं—'रात के अँधेरे में छिपकर राधाजी श्रीकृष्ण से मिलने जा रही हैं, इसलिए उन्होंने श्याम रंग का शृंगार किया है लेकिन फिर भी अँधेरे में जब उनका गोरा रंग चमकता है, तो डरती हैं, कोई देख न ले। कहती हैं, मेरा गोरा रंग मुझसे ले लो और मुझे श्याम रंग दे दो।'

'बन्दिनी' के निर्माण के दौरान शैलेन्द्र और बिमल रॉय के बीच मतभेद हो गए थे। दोनों की बातचीत बन्द थी। इसकी वजह थी कि शैलेन्द्र उसूलों के पक्के थे। उन्होंने एक ऐसा काम किया था जो उनकी नज़र में सही था। पर बिमल रॉय को वह बात बुरी लगी थी। बहरहाल...

बिमल रॉय के सहायक देबू सेन का एक दोस्त था जो एक गैराज में कलर-मिक्स करने का काम करता था और बेहतरीन कविताएँ लिखता था, लेकिन फ़िल्मों में लिखने के लिए राज़ी नहीं था। शैलेन्द्र भी उसे जानते थे। एक दिन जब देबू उस मैकेनिक को खींचकर अपने साथ ले जाना चाह रहे थे और वो आनाकानी कर रहा था, वहाँ मौजूद शैलेन्द्र ने तक़रीबन धकेलकर कहा था—'जाओ जाओ, तुम्हारा मोटर गैरेज छूट नहीं जाएगा।'

और इस तरह फ़िल्म-संसार को एक अद्‌भुत प्रतिभा मिली, उस नये गीतकार ने लिखा—*मोरा गोरा अंग लै ले।* उन्हें हम आज गुलज़ार के नाम से जानते हैं। (सन्दर्भ : नया ज्ञानोदय में गुलज़ार के कॉलम 'मेरे अपने' के तहत प्रकाशित लेख 'शैलेन्द्र उर्फ़ बोस्की की क़मीज़ और सिगरेट का डिब्बा।'

अंक : जून 2011) गुलज़ार कहते हैं—'मामूली सिचुएशन में, मामूली से शब्दों में बड़ी बात कहना शैलेन्द्र की ख़ासियत थी। शैलेन्द्र भारतीय फ़िल्म उद्योग के सर्वश्रेष्ठ गीतकार हैं।'

गुलज़ार ने 'बन्दिनी' का एक ही गीत रचा। इस बीच बिमल रॉय और शैलेन्द्र के मतभेद दूर हो गए और शैलेन्द्र ने फ़िल्म के बाक़ी छह गीत लिखे। फ़िल्म में घटनाक्रम कुछ इस तरह करवट लेता है कि बिकास सबके सामने कल्याणी को अपनी पत्नी स्वीकार कर लेता है। पुलिस उसे पकड़कर दूसरे शहर जेल में भेज देती है। इस बीच गाँव वाले कल्याणी पर लांछन लगाते हैं। उसके पिता पर भी कीचड़ उछालते हैं। मजबूरन कल्याणी एक रात चुपचाप घर से निकल जाती है, पीछे बाबा के नाम एक चिट्ठी छोड़ जाती है—'मैं तुमसे नाराज़ नहीं हूँ। जा रही हूँ क्योंकि इसके सिवा कोई चारा नहीं है।' ये एक ऐसा फ़ैसला है जिससे उसका पूरा जीवन बदल जानेवाला है। घर से निकलकर वो एक नज़र अपने घर-द्वार पर डालती है...बाँसुरी की बहुत ही उदास तान...जैसे आसमान से कोहरा नहीं उदासी झर रही हो...मुकेश का भीगा स्वर गूँजता है—

ओ जानेवाले हो सके तो लौट के आना
ये घाट तू, ये बाट कहीं भूल न जाना॥
ओ जानेवाले॥

अचानक घर-बार छूट रहा है। कल्याणी भीतर से दरक रही है। जीवन उसे अनजान राहों पर ले जा रहा है। शैलेन्द्र ने इस कातरता, दुख, टूटन और पीड़ा को जिस तरह शब्दों में उतारा है उसने इस गीत को कालजयी बना दिया है। गीतों की फ़िल्म से अलग अपनी एक स्वतंत्र यात्रा होती है। कई बार गीत का सन्दर्भ और यहाँ तक कि उसके मायने भी बदल जाते हैं। 'बन्दिनी' का यह गीत हर उस व्यक्ति का गीत बन जाता है जो अपने ख़्वाबों की तलाश में अपना घर, अपना शहर या अपना देश छोड़कर, अपनों को छोड़कर अनजान राहों पर जा रहा है। घर से निकलनेवाला हर शख़्स जानता है कि यह ज़िन्दगी का एक नया अध्याय है। अब जीवन पहले जैसा नहीं रहेगा—

बचपन के तेरे मीत तेरे संग के सहारे
ढूँढ़ेंगे तुझे गली-गली सब ये ग़म के मारे

पूछेगी हर निगाह कल तेरा ठिकाना॥
ओ जानेवाले॥

सचिन दा ने इस अन्तरे तक आते-आते इसे और इंटेंस बना दिया है। वाद्यों का संयोजन, मुकेश की आर्त पुकार, हिन्दी सिनेमा की यात्रा में सबसे ज़्यादा दिल चीर देनेवाला ये कोरस और शैलेन्द्र के बोल डूबकर सुननेवाला भला कौन ऐसा होगा, जिसकी आँखें न भीग जाएँ! अगर कोई गाना रुलाता है तो यह उसकी रचनात्मक कामयाबी है और आपके ज़्यादा मानवीय होने का सुबूत भी है। हालाँकि शैलेन्द्र ने यह गीत 'बन्दिनी' में कल्याणी के गाँव छोड़नेवाली सिचुएशन के लिए रचा था, पर यह अवसान का गीत भी है। यह मृत्यु का गीत भी है, यह शोकाकुल मन की विह्वल पुकार भी है—

दे दे के आवाज़ ये कोई हर घड़ी बुलाए
फिर जाए जो उस पार कभी लौट के न आए
है भेद ये कैसा कोई कुछ तो बताना
ओ जानेवाले॥

केवल साढ़े तीन मिनट और सिर्फ़ दो अन्तरों के गीत में ऐसी तरलता, ऐसा सम्मोहन! कैसे रहे होंगे वो रचनात्मक लोग, जो ऐसे गीत रच गए, उन्हें सुरों में पिरो गए, अपनी गायकी से अमर कर गए! 'बन्दिनी' के गीतों को एक के बाद एक सुना जाए तो आप कविता और संगीत के एक मायावी संसार में पहुँच जाते हैं। जीवन के इतने विविध रूप, भावनाओं का ऐसा ज्वार, आस-निरास, व्याकुलता, प्रेम, विरह, दर्शन...एक के बाद एक लहरें आपको भिगोती चली जाती हैं। 'बन्दिनी' के गीत इस क़दर सराबोर करते हैं कि इस अनुभूति को शब्दों का जामा पहनाना नितान्त असम्भव लगने लगता है। एक गीतकार के रूप में शैलेन्द्र की क़ाबिलियत और उनकी कलम को सलाम करने का मन करता है। अमूमन गीतकारी को आसान काम और फ़िल्मी-गीतों को हल्का समझा जाता रहा है। 'बन्दिनी' जैसी जटिल स्क्रिप्ट में शैलेन्द्र कितनी गहराई तक उतरे होंगे कि उनका हर गीत किरदार की मनोव्यथा का दस्तावेज़ बन गया है।

कल्याणी जेल से छूट रही है। जेलर उसे वॉर्डन सुशीला के साथ ट्रेन से डॉक्टर देवेन्द्र के पास भेजते हैं, जहाँ उसकी शादी होनी है। रेलवे वेटिंग रूम में अचानक कल्याणी की मुलाक़ात बहुत बीमार बिकास बाबू से हो जाती

है। उनका सहयोगी प्रकाश कल्याणी को बताता है कि किस तरह मजबूरी में बिकास दादा को एक पुलिस अफ़सर की बेटी से शादी करनी पड़ी ताकि क्रान्तिकारियों को ख़ुफ़िया सूचनाएँ मिल पाएँ। अब बिकास बाबू जीना नहीं चाहते, वो गाँव वापस लौट रहे हैं। बिकास बाबू वेटिंग रूम में कोई सफ़ाई नहीं देते बस कल्याणी से इतना कहते हैं—

> मेरी वजह से तुम्हें बहुत तकलीफ़ें हुई हैं, बदनामी भी हुई। मैंने ईश्वर से कभी कुछ नहीं माँगा। कभी प्रार्थना तक नहीं की। जब तक ज़िन्दा रहूँगा यही प्रार्थना करता रहूँगा कि तुम सुखी रहो।

स्टीमर की डरावनी आवाज़। दीवार के इस ओर बेंच पर कल्याणी। उस ओर बीमार बिकास। हिन्दी सिनेमा के सबसे मार्मिक दृश्यों में से एक है ये। दोनों के बीच सन्नाटा पसरा है और तभी चायख़ाने पर बैठा एक मुसाफ़िर गाने लगता है—

ओ रे माँझी, ओ रे माँझी, ओ मेरे माँझी
मेरे साजन हैं उस पार
मैं मन मार हूँ इस पार
ओ मेरे माँझी अबकी बार
ले चल पार, ले चल पार॥

'बन्दिनी' का क्लाइमेक्स। बाँसुरी की तान। सचिन देव बर्मन की आवाज़ और ये भटियाली गीत। सचिन दा के स्वर में एक वीतराग है, उदासी की एक गहरी लकीर जैसे आँखों की कोर पर अटका एक खारा आँसू जैसे एक अनकही तड़प। चालीस के दशक में वो बतौर गायक फ़िल्मों में प्लेबैक कर चुके हैं। 'आठ दिन' और 'ताजमहल' जैसी फ़िल्मों के रिकॉर्ड पर गायक कुमार सचिन देव बर्मन के रूप में उनका नाम अंकित है। पर वो उनका मुहावरा नहीं है। उनका मुहावरा तब बना है जब बिमल रॉय के लिए सचिन दा ने चार बरस पहले 1959 में 'सुजाता' में एक अनमोल भटियाली गीत गाया है—*सुन मेरे बंधु रे, सुन मेरे मितवा।* फिर ये भी हुआ कि 1969 में उन्हें सर्वश्रेष्ठ पार्श्वगायक का राष्ट्रीय पुरस्कार भी मिला फ़िल्म 'आराधना' के गाने—*सफल होगी तेरी आराधना* के लिए।

...और अब एक बार फिर उनका स्वर रुपहले परदे पर गूँज रहा है।

हालाँकि तीन बरस बाद 'गाइड' में भी वो शैलेन्द्र के अप्रतिम बोलों को अमर कर देनेवाले हैं। स्टीमर की आवाज़ दोबारा गूँजती है। बिकास अपने सहायक के साथ लड़खड़ाते क़दमों से स्टीमर पर जा रहे हैं—

मन की किताब से तुम, मेरा नाम ही मिटा देना
गुण तो न था कोई भी, अवगुण मेरे भुला देना
मुझे आज की विदा का मरके भी रहता इन्तज़ार
मेरे साजन हैं उस पार॥

कल्याणी ट्रेन में बैठने जा रही है। अभी-अभी तो जेलर ने उससे कहा था, 'मेरी क़ैद से तो छुटकारा मिल रहा है, अब गृहस्थी की जेल में ज़िन्दगी-भर क़ैद रहोगी।' उसके सामने दो रास्ते हैं। या तो डॉक्टर देवेन्द्र के साथ ब्याह रचा ले और इतने यातनापूर्ण जीवन के बाद सुख की गुनगुनी धूप सेंके। या अन्तिम पलों में उसका साथ निभाए, जिसने उसके मन में प्रेम के फूल खिलाए जिसकी प्रतीक्षा वह जीवन-भर करती रही। कल्याणी के मन में तूफ़ान मचा है—

मत खेल जल जाएगी, कहती है आग मेरे मन की
मैं बन्दिनी पिया की, मैं संगिनी हूँ साजन की
मेरा खींचती है आँचल, मन-मीत तेरी हर पुकार
मेरे साजन हैं उस पार॥

इधर रेल की सीटी, उधर स्टीमर की पुकार। कल्याणी ट्रेन से उतरकर भागती है और स्टीमर छूटने से पहले बिकास के पास पहुँच जाती है और उनके गले लग जाती है। सचिन दा की आवाज़ गूँजती है—*मैं बन्दिनी पिया की, मैं संगिनी हूँ साजन की...मेरा खींचती है आँचल मनमीत तेरी हर पुकार...।* स्टीमर के काले ख़ौफ़नाक धुएँ की लकीर के साथ 'बन्दिनी' ख़त्म होती है...। यह काला धुआँ एक रूपक है।

केवल दो अन्तरों का गीत है ये। शैलेन्द्र ने पूरी फ़िल्म के मर्म को इस गीत की पोटली में समा दिया है। प्रशंसा के सारे विशेषण इस गीत के सामने बौने नज़र आते हैं। अगर 'बन्दिनी' सेलुलॉइड पर उकेरी गई एक उदास कविता है, तो शैलेन्द्र इस कविता की आत्मा।

फूल खिलेगा बाग़ों में जब तक गुलाब का प्यारा

♫

शैलेन्द्र बेबाक कवि थे। जीवन में उन्होंने डरना सीखा नहीं था। *सीधी-सी बात, न मिर्च मसाला, कहके रहेगा कहनेवाला* जैसी पंक्तियाँ उनके जीवन को दर्शाती हैं। शैलेन्द्र कहीं-न-कहीं नेहरूवियन समाजवाद से मुतास्सिर थे और यह बात बच्चों के लिए लिखे गए उनके कई गानों में भी झलकती है। उनका सपना था कि एक दिन हम ज़रूर बेहतर समाज की रचना कर पाएँगे और इसमें बच्चों का बड़ा अहम योगदान होगा।

1952 में आई फ़िल्म 'संस्कार' का एक गाना जिसे संगीतकार रोशन की तर्ज़ पर नन्हे हृदयनाथ मंगेशकर ने गाया था—

बदलेगी ये दुनिया बदलेगी इक दिन बदलेगी
आसमान की बिटिया धरती गिरकर फिर से सँभलेगी॥

गाना बहुत कम चर्चित हुआ। शैलेन्द्र के मशहूर गीतों में इसकी गिनती कभी न हो पाई। सच तो ये है कि बहुत कम लोगों ने इसे सुना होगा। पर यहाँ शैलेन्द्र यक़ीन दिलाते हैं कि दुनिया बदलेगी और यह बदलाव बच्चों के ज़रिये ही आएगा—

हर छोटी-सी बात पे तुम आपस में लड़ मरते हो
फैला इतना ज़हर कि तुम गंगाजल से भी डरते हो
बच्चों की मासूम नज़र ये रीत बदलकर दम लेगी।
बदलेगी ये दुनिया इक दिन बदलेगी।

फ़िल्म 'दीप जलता रहे' (1959) के एक और कम चर्चित गीत में शैलेन्द्र लिखते हैं—

एक दौर दुनिया में शुरू बच्चों के क़दम से होगा
बदनाम हो जिससे देश अपना वो काम न हमसे होगा॥

शैलेन्द्र का ऐसा गहन विश्वास था नई पीढ़ी पर। फ़िल्म 'बूट पॉलिश' अगस्त 1954 में आई थी। इसके निर्माता राजकपूर थे, हालाँकि फ़िल्म का निर्देशन उन्होंने नहीं बल्कि प्रकाश अरोरा ने किया था। एक बेहतर समाज और एक बेहतर संसार की उम्मीद हर युग में लगाई जाती है। और यही वो उम्मीद है जिसकी डोर पकड़कर बदलाव की शुरुआत होती है। कामगार बच्चों के जीवन पर बनी इस फ़िल्म में शैलेन्द्र ने लिखा था—

हम से न छुपाओ बच्चों हमें भी बताओ
आनेवाली दुनिया कैसी होगी समझाओ
आनेवाली दुनिया में सब के सर पे ताज होगा
न भूखों की भीड़ होगी न दुखों का राज होगा
बदलेगा ज़माना ये सितारों पे लिखा है॥

बेहतर समाज की उम्मीद वाला यह नग़मा उनके जीवन से गहराई से जुड़ा है। दरअसल उनकी पत्नी बेटे की जन्मकुंडली बनवाने पर ज़ोर दे रही थीं पर शैलेन्द्र का कुंडली पर विश्वास था नहीं इसलिए इसका विरोध कर रहे थे। ज़ाहिर है कि इस मुद्दे को लेकर बहस भी हो जाती थी। उन्होंने इसी वाद-विवाद के दौरान एक दिन बच्चे को गोद में लिया और कहा— *नन्हे मुन्ने बच्चे तेरी मुट्ठी में क्या है।* बाद में यह गीत फ़िल्म 'बूट पॉलिश' में आया। आम ज़िन्दगी की घटनाओं को शैलेन्द्र किस तरह अपनी रचनाओं में बदल देते थे उसकी बानगी है ये गीत।

शैलेन्द्र बच्चों की आँखों में चमकती मासूम उम्मीदें देखनेवाले कवि हैं। अपने फ़िल्मी गानों में वो दुनिया के बदलने का सपना बार-बार देखते हैं। हिन्दी सिनेमा में और आम जीवन में भी माँ को ही लोरी गाते हुए देखा-दिखाया गया है। अमूमन पिता अपने बच्चों के लिए लोरी नहीं गाते। शायद पिता को उतना जज़्बाती या ज़िम्मेदार माना ही नहीं जाता पर फ़िल्मों में कुछ लोरियाँ ऐसी हैं जिनमें पुरुष बच्चों को सुला रहे हैं और यह पटकथा की माँग है। फ़िल्म

भारत के प्रथम प्रधानमंत्री पंडित जवाहरलाल नेहरू के साथ गीतकार शैलेन्द्र

'ब्रह्मचारी' (1968) में उन्होंने एक बहुत प्यारी लोरी रची है। शम्मी कपूर इस फ़िल्म में परदे पर यह लोरी गाते हैं—

माना आज की रात है लम्बी, माना दिन था भारी
पर जग बदला, बदलेगी इक दिन तकदीर हमारी
उस दिन के ख़्वाब सजाओ
मैं गाऊँ तुम सो जाओ
कल जब तुम आँखें खोलोगे, जब होगा उजियारा
ख़ुशियों का सन्देसा लेकर, आएगा समय हरकारा
मत आस के दीप बुझाओ
मैं गाऊँ तुम सो जाओ
सुख सपनों में खो जाओ॥

इस गाने के लिए शैलेन्द्र को सर्वश्रेष्ठ गीतकार का फ़िल्मफ़ेयर पुरस्कार भी मिला था। ये गाने फ़िल्म के दायरे में, उसकी पटकथा के अनुशासन में रहकर लिखे गए हैं और यही बात शैलेन्द्र को एक बड़ा गीतकार बनाती है। शैलेन्द्र नेहरू से प्रभावित थे। पर उनका मोहभंग भी हुआ था और उन्होंने नेहरू के लिए एक बड़ी तल्ख़ कविता रची थी। हुआ यूँ था कि 2 जून, 1953 को ब्रिटेन की महारानी एलिज़ाबेथ द्वितीय का राज्याभिषेक हुआ था और इसमें शामिल होने के लिए पंडित नेहरू भी गए थे। शैलेन्द्र ने इस घटना पर लिखा था—

मुझको भी इंग्लैंड ले चलो, पंडित जी महराज,
देखूँ रानी के सिर कैसे धरा जाएगा ताज!

बुरी घड़ी में मैं जन्मा जब राजे और नवाब,
तारे गिन-गिन बीन रहे थे अपने टूटे ख़्वाब,
कभी न देखा हरम, चपल छप्पन छुरियों का नाच,
कलजुग की औलाद, मिली है क़िस्मत बड़ी ख़राब,
दादी मर गई, कर गई रूप कथा से भी मुहताज!

तुम जिनके जाते हो उनका बहुत सुना है नाम,
सुनता हूँ, उस एक छत्र में कभी न होती शाम,
काले, पीले, गोरे, भूरे, उनके अनगिन दास,

साथ किसी के साझेदारी औ' कोई बेदाम,
ख़ुश होकर वे लोगों को दे देती हैं सौराज!

रूमानी कविता लिखता था सो अब लिखी न जाए,
चारों ओर अकाल, जिऊँ मैं कागद-पत्तर खाय?
मुझे साथ ले चलो कि शायद मिले नई स्फूर्ति,
बलिहारी वह दृश्य, कल्पना अधर-अधर लहराए
साम्राज्य के मंगल तिलक लगाएगा सौराज!

ज़ाहिर है ये बड़ी तल्ख़ रचना थी। बहुत स्वाभाविक था कि नेहरू इसे पढ़कर नाराज़ हो जाते। उनकी प्रतिक्रिया क्या रही होगी यह तो नहीं पता लेकिन आगे की घटनाओं का ब्योरा मौजूद है जिससे पता चलता है कि तब की राजनीति और लोग किस माटी के बने थे और आज का युग तब से कितना अलग है।

शैलेन्द्र के पुत्र दिनेश शैलेन्द्र ने लिखा है कि इस घटना के तक़रीबन नौ बरस बाद 1962 में चीन युद्ध के बाद पंडित नेहरू ने फ़िल्म उद्योग की कुछ हस्तियों को दिल्ली बुलवाया था। नेहरू जी स्वयं धन्यवाद करना चाहते थे कि फ़िल्म-उद्योग ने किस तरह कार्यक्रम करके फ़ौजियों का हौसला बढ़ाया और उनकी मदद के लिए पैसे भी जमा किए। इसी दौरान राजकपूर अपने साथियों शंकर-जयकिशन, मुकेश, हसरत जयपुरी और शैलेन्द्र के साथ पंडित नेहरू से मिलने गए थे। किसी कारणवश नेहरू जी को आने में देर हो रही थी। शैलेन्द्र इस इन्तज़ार से बुरी तरह ऊब गए और उन्होंने राजकपूर से कहा कि वे अपने कमरे में जाना चाहते हैं। वैसे भी यहाँ इतने लोग हैं। पंडित जी को ध्यान भी नहीं रहेगा कि शैलेन्द्र मौजूद नहीं हैं। राजकपूर राज़ी हो गए।

थोड़ी देर बाद पंडित जवाहरलाल नेहरू आए और उन्होंने सबसे मुलाक़ात की। अचानक वे कह उठे—'शैलेन्द्र कहाँ हैं, जिन्होंने *होंठों पे सच्चाई रहती है, जहाँ दिल में सफ़ाई रहती है, हम उस देश के वासी हैं जिस देश में गंगा बहती है* लिखा है।' अब राजकपूर को समझ नहीं आया कि वे क्या कहें। उन्होंने फ़ौरन शंकर को होटल के कमरे में भेजा कि वो शैलेन्द्र को लेकर आएँ। ज़ाहिर है कि शैलेन्द्र को फिर से जल्दी-जल्दी तैयार होना पड़ा और वे आए। राजकपूर ने पंडित नेहरू से उनका परिचय करवाया और तब नेहरू जी ने इस बात पर ज़ोर दिया कि वे शैलेन्द्र के साथ अलग से तसवीर खिंचवाना

चाहते हैं। उन्होंने यह भी कहा कि वे तसवीर साइन करके शैलेन्द्र को भिजवा भी देंगे। और सच में ऐसा ही हुआ।

अफ़सोस कि इसके दो बरस बाद 27 मई, 1964 को पंडित नेहरू का असमय निधन हो गया। शैलेन्द्र ने पंडित जी के जाने के बाद उन्हें श्रद्धांजलि देते हुए एक गीत रचा—*फूल खिलेगा बाग़ों में।* इसे मुकेश और बहुत सारे बच्चों ने गाया था और स्वरबद्ध किया था शंकर-जयकिशन ने। आज यह गीत वक़्त की धुंध में भले खो गया हो, पर एक गीतकार के रूप में शैलेन्द्र की बनावट, उनकी चेतना और भावुकता की बानगी है। दो भागों में रिकॉर्ड किया गया यह गीत क़रीब सात मिनट लम्बा है।

शैलेन्द्र के फ़िल्मी-गीतों की तो पर्याप्त चर्चा होती है पर उनके ग़ैर-फ़िल्मी गीतों पर भी ग़ौर करें तब एक रचनाकार के रूप में उन्हें मुकम्मल तौर पर पहचाना जा सकता है। इसलिए इस गीत के कुछ अंश यहाँ दिए जा रहे हैं—

फूल खिलेगा बाग़ों में जब तक गुलाब का प्यारा
तब तक ज़िन्दा है धरती पर नेहरू नाम तुम्हारा
जब तक है इस जग में चन्दा सूरज का उजियारा
तब तक ज़िन्दा है धरती पर चाचा नाम तुम्हारा॥

हमको है दुख हमने खो डाला अपना हमजोली
जिसके साथ दीवाली थी, जिसके संग खेले होली
कौन बड़ा अब हम जैसा बनके खिलवाड़ करेगा
प्यार करेगा, झगड़ेगा, झूठी तकरार करेगा
खेलेगा जग के आँगन में जब तक बचपन प्यारा॥

कभी न भूलेंगे हम, तुमने इतना प्यार दिया है
कभी न मुरझाएगा तुमने जो गुलज़ार दिया है
हमें तुम्हारी यादों की सौगंध कि हम बच्चे भी
योग्य बनेंगे उसके तुमने जो संसार दिया है
जब तक मेहनत के हाथों जाएगा विश्व सँवारा
तब तक ज़िन्दा है धरती पर चाचा नाम तुम्हारा॥

हम सच्चे इनसान बनें हम दोस्त बनें विश्वासी
हम चाहे जो हों, पहले हों अच्छे भारतवासी
कभी न हो अब जंग ज़मीं पर, देश रहें सब मिलकर
जंग एक ही हो दुनिया में भूख, रोग और दुख पर
जब तक बहती है इस दुनिया में गंगा की धारा
तब तक ज़िन्दा है धरती पर चाचा नाम तुम्हारा॥

शैलेन्द्र ने 1964 में पंडित नेहरू पर एक और कविता भी लिखी थी, जिसका शीर्षक था 'तुम्हारी मुस्कुराहट के असंख्य गुलाब'। इसका एक अंश—

महामानव
मेरे देश की धरती पर
तुम लम्बे और मज़बूत डग भरते हुए आए
और अचानक चले भी गए!
लगभग एक सदी पलक मारते गुज़र गई
जिधर से भी तुम गुज़रे
अपनी मुस्कुराहट के असंख्य गुलाब खिला गए,
जिनकी भीनी सुगन्ध
हमेशा के लिए वातावरण में बिखर गई है!
तुम्हारी मुस्कान के ये अनगिनत फूल
कभी नहीं मुरझाएँगे!
कभी नहीं सूखेंगे!

कुछ और नहीं इनसान हैं हम

♫

शैलेन्द्र की पूरी गीत-यात्रा देखें तो पाएँगे वो मानवीय सम्बन्धों की गहनता के कवि हैं, जो गीतकारी की दुनिया में सक्रिय रहे। फ़िल्मी-गीतों को धुन, सिचुएशन और किरदार के दायरे में रचा जाना होता है। शैलेन्द्र ने इन सीमाओं के बावजूद ऐसे गीत रचे जो धड़कते हैं। उनकी एक-एक पंक्ति जुगनू की तरह सुनहरी लकीर खींचती चलती है। इन्तज़ार के किसी गीत में वे लिखते हैं—*आए न तुम, सौ-सौ दफ़ा आए-गए मौसम।* अद्‌भुत और गहन पर कम चर्चित अपने एक गीत में शैलेन्द्र कहते हैं—*ठंडी ठंडी सावन की फुहार, पिया आज खिड़की खुली मत छोड़ो।* अपने एक अन्य प्रेम-गीत में लिखते हैं—*एक सुख पाया मैंने सौ दुख सहके।* ये सब गीतों में गूँथी गई सूक्तियाँ ही तो हैं। कहीं शैलेन्द्र के भीतर की गहन उदासी किसी गाने में यूँ उतरती है—

हैं सबसे मधुर वो गीत, जिन्हें हम दर्द के सुर में गाते हैं
जब हद से गुज़र जाती है ख़ुशी आँसू भी छलकते आते हैं।

ये गीत शैलेन्द्र के प्रिय अंग्रेज़ी कवि शैली की कविता 'To A Skylark' की एक पंक्ति पर आधारित है—*'Our sweetest songs are those that tell of saddest thought.'* याद रखें कि शैलेन्द्र ने अपने एक बेटे का नाम भी 'शैली' रखा था।

शैलेन्द्र के हिस्से में कई प्रेम-त्रिकोण फ़िल्में आईं। और उन्होंने इन फ़िल्मों के लिए बहुत जज़्बाती गीत रचे। तीनों फ़िल्मों की चर्चा एक साथ करने का कारण यह है कि तीनों के गीतों में शैलेन्द्र एक स्त्री के नज़रिये को, उसकी पीड़ा, उसके संघर्ष और द्वन्द्व को उजागर करते हैं। 1960 में आई थी किशोर

साहू की फ़िल्म 'दिल अपना और प्रीत पराई'। राजकुमार, मीना कुमारी और नादिरा के अभिनय वाली इस फ़िल्म में शैलेन्द्र के पाँच गीत थे। हर गीत अपनी चमक लेकर तैयार होता है। 'दिल अपना और प्रीत पराई' इस फ़िल्म का सबसे चमकदार गीत बना—

अजीब दास्ताँ है ये कहाँ शुरू कहाँ ख़तम
ये मंज़िलें हैं कौन-सी न वो समझ सके न हम॥

गाना दिलीप नाइक के गिटार की तरंगों से शुरू होता है। शंकर-जयकिशन ने इस गाने में एक गाढ़ा और शानदार कोरस रखा है। और फिर लता मंगेशकर की आवाज़। डॉक्टर सुशील (राजकुमार) और नर्स करुणा (मीना कुमारी) एक ही अस्पताल में हैं और दोनों के बीच प्यार पनपना शुरू ही होता है कि कश्मीर यात्रा के दौरान माँ अनेक कारणों से सुशील की शादी कुसुम के साथ करवा देती हैं। अब सुशील अपनी दुल्हन के साथ लौटा है

और नर्सें मिलकर उसे पार्टी देती हैं। जहाँ करुणा गाने में अपने जज़्बात का इज़हार करती है—

ये रोशनी के साथ क्यों, धुआँ उठा चिराग़ से
ये ख़्वाब देखती हूँ मैं कि जग पड़ी हूँ ख़्वाब से॥

शंकर-जयकिशन गानों की मीठी-पैकेजिंग के मास्टर्स थे। इस गाने में अन्तरे में पीटर मोंसोरेट का बहुत ही नशीला ट्रम्पेट है जिसे कोरस की चाशनी में डुबो दिया गया है। ज़ाहिर है कि शैलेन्द्र को ट्यून दी गई थी, जिस पर उन्होंने करुणा के टूटे दिल के जज़्बात पिरो दिए। इस गाने को सुनते हुए महसूस होता है कि शैलेन्द्र एक स्त्री की टूटन को कितनी गहराई से समझ सकते थे—

मुबारकें तुम्हें कि तुम किसी के नूर हो गए
किसी के इतने पास हो कि सबसे दूर हो गए

असल में शंकर-जयकिशन ने 1956 में जिम रीव्ज़ के रिकॉर्ड किए गाने 'माइ लिप्स आर सील्ड' से प्रेरित होकर यह गीत बनाया था, लेकिन अगर मूल गीत को सुनें तो केवल 'ट्यून' वहाँ से आई है। शंकर-जयकिशन ने जिस तरह इस गीत को सजाया है, इसमें मेलोडी, हार्मनी और साज़ों के रंग भरे हैं और किरदार की हालत बयाँ करते, पटकथा में धँसे शैलेन्द्र नाज़ुक बोल। यह गाना मूल धुन से कई गुना बेहतर बन पड़ा है और आज छह दशक बाद भी इस गाने का जादू ऐसा है कि लोग इसे सुनते नहीं थकते। जाने कितनी पीढ़ियों ने इसे अलग-अलग मौक़ों पर गुनगुनाया है। जाने कितने करोड़ बार ये गीत दुनिया-भर में रेडियो पर बजा है, जाने कितनी स्त्रियों ने इस गाने को सुनते हुए आँसुओं से तकिए भिगोए हैं—

किसी का प्यार लेके तुम नया जहाँ बसाओगे
ये शाम जब भी आएगी, तुम हमको याद आओगे

जीवन में जब प्रेम होता है तो वो एक दीपक की तरह प्रकाश फैलाता है और उसका चले जाना, उसकी अनुपस्थिति धुएँ की लकीर बनकर आँखों में जलन पैदा करती है। शैलेन्द्र ने इस गहरी बात को फ़िल्म 'दिल अपना और प्रीत पराई' के गाने में कुछ यूँ पिरोया है कि गाना एक टीस बनकर रह

गया है। जीवन की राहों में प्रेम के पीछे छूटने की कहानी थी 1963 में आई 'दिल एक मन्दिर।' एक प्रेम-त्रिकोण। डॉक्टर धर्मेश (राजेन्द्र कुमार) के पास जब सीता (मीना कुमारी) और राम (राजकुमार) कैंसर के इलाज के लिए आते हैं तो उनके मन में उथल-पुथल मच जाती है। सीता कभी उनका प्यार थी। अब अपने पति राम के कैंसर का इलाज कराने इस अस्पताल में आई है। हर पल डॉ. धर्मेश को वो दिन याद आते हैं, प्यार के वो दिन, जब दोनों ने एक सुनहरे जीवन के सपने देखे थे। यहाँ शुरू होता है धर्मेश के जीवन की तड़प का गीत। गाने की शुरुआत होती है वी. बलसारा के हारमोनियम से—

याद न जाए बीते दिनों की
जाके न आएँ जो दिन, दिल क्यूँ बुलाए उन्हें,
दिल क्यूँ बुलाए॥

हर इनसान को बीते दिनों से सबसे ज़्यादा जुड़ाव होता है। अतीत को याद करना, उसके लिए तड़पना, उसमें जीना—एक जाल है, एक नशा है। शैलेन्द्र इस बात को बख़ूबी समझते थे। उन्होंने इसी अहसास पर फ़िल्म 'दूर गगन की छाँव में' का *कोई लौटा दे मेरे बीते हुए दिन* जैसा गीत भी रचा है। इसी तरह फ़िल्म 'अनुराधा' के एक गीत में वो कहते हैं—*हाय रे वो दिन क्यों न आए।* यहाँ शैलेन्द्र अतीत में जीने की इस तड़प के लिए कहते हैं—

दिन जो पखेरू होते, पिंजरे में मैं रख लेता
पालता उनको जतन से, मोती के दाने देता
सीने से रहता लगाए॥

'दिल एक मन्दिर' जैसी प्रेम-त्रिकोण वाली फ़िल्म की चुनौती को शैलेन्द्र कुशलता से निभा ले गए। इस फ़िल्म के एक अन्य गीत में उन्होंने कैसे जीवन के फ़लसफ़े को, उसकी क्षण-भंगुरता को इन दो पंक्तियों में उतार दिया है—

कल का डरना, काल की चिन्ता, दो तन हैं मन एक हमारे
जीवन-सीमा के आगे भी आऊँगी मैं संग तुम्हारे
रुक जा रात ठहर जा रे चन्दा॥

जीवन में सब कुछ छूटते जाने की अनकही पीड़ा को हम सभी झेलते हैं पर शैलेन्द्र ने हमारी इस पीड़ा को शब्द दिए हैं—

तसवीर उनकी छुपाके, रख दूँ जहाँ जी चाहे
मन में बसी ये मूरत, लेकिन मिटी न मिटाए
कहने को हैं वो पराए॥

इसके अगले साल आई 'संगम।' राजकपूर और शैलेन्द्र का साथ यहाँ तक आते-आते सोलह बरस का हो चुका था। इसके बाद शैलेन्द्र राजकपूर के लिए एक और फ़िल्म के गीत लिखनेवाले थे बस। 1966 में शब्दों के इस पंछी को माया-लोक की डाल से उड़ जाना था। बहरहाल, 'संगम' एक सपना था राजकपूर का। कभी इसे वो दिलीप कुमार, नरगिस और ख़ुद के साथ बनाना चाहते थे, तब इसका नाम होता 'घरौंदा।' पर ये हो न सका। इस प्रेम-त्रिकोण की चुनौती भी शैलेन्द्र के सामने आनी थी। 'संगम' में शैलेन्द्र ने चार गीत लिखे थे। *बोल राधा बोल* जैसा शरारती गाना भी उन्हीं का कमाल था। कहते हैं कि राजकपूर ने वैजयन्तीमाला को 'संगम' में राधा का रोल करने की पेशकश की थी। पर उनकी ओर से सहमति नहीं आ रही थी। वह न भी नहीं कह रही थीं। लम्बी प्रतीक्षा के बाद एक दिन राजकपूर ने वैजयन्तीमाला को चेन्नई एक टेलीग्राम किया—*बोल राधा बोल संगम होगा कि नहीं* और वहाँ से जवाब आया—*होगा, होगा, होगा।* शैलेन्द्र ने इस घटना को एक गाने में पिरो दिया था। जीवन की इस वास्तविक घटना को एक शानदार गीत में बदल देना शैलेन्द्र की गीतकारी की अपार प्रतिभा की बानगी है—

कितनी सदियाँ बीत गई हैं हाय तुझे समझाने में
मेरे जैसा धीरज वाला है कोई और ज़माने में
मन का बढ़ता बोझ कभी कम होगा कि नहीं
बोल राधा बोल संगम होगा कि नहीं॥

इसी फ़िल्म में बेवफ़ाई के एक नायाब गीत में उन्होंने लिखा—

गले लगीं सहम-सहम, भरे गले से बोलती
वो तुम न थीं, तो कौन था, तुम्हीं तो थीं
सफ़र के वक़्त में पलक पे मोतियों को तोलती

वो तुम न थीं तो कौन था, तुम्हीं तो थीं
नशे की रात ढल गई, अब ख़ुमार न रहा॥

'संगम' का कथानक कुछ ऐसा है कि दो दोस्तों के बीच खाई पैदा हो जाती है। पति-पत्नी के बीच अविश्वास की दरार पड़ जाती है। ऊपर हमने जिस अन्तरे का ज़िक्र किया उसमें गोपाल सुन्दर पर तोहमत लगाता है, जबकि एक अन्य अन्तरे में वो अपने दोस्त पर इल्ज़ाम लगाता है—

अमानतें मैं प्यार की, गया था जिसको सौंपकर
वो मेरे दोस्त तुम ही थे, तुम्हीं तो थे
जो ज़िन्दगी की राह में, बने थे मेरे हमसफ़र
वो मेरे दोस्त तुम ही थे, तुम्हीं तो थे
सारे भेद खुल गए राज़दार न रहा
ज़िन्दगी हमें तेरा एतबार न रहा।
दोस्त दोस्त न रहा॥

'संगम' का यह गीत अपनी फ़िल्म के साथ-साथ आम ज़िन्दगी में इतना घुल-मिल गया है कि एक आधुनिक मुहावरा बन चुका है। इसका एक-एक शब्द, इसकी एक-एक पंक्ति एक नक्श की तरह हमारे दिलों पर उकेरी जा चुकी है। हिन्दी सिनेमा के नायाब पियानो गीतों में भी इसकी गिनती होती है।

दो सिरों पर हैं गोपाल और सुन्दर। इनके बीच समय ने राधा को कुछ यूँ ला खड़ा किया है कि उसके हिस्से में सिर्फ़ तोहमतें हैं, इल्ज़ाम हैं। क्या एक स्त्री का मन भी कोई मायने रखता है? क्या एक स्त्री जीवन के किसी मोड़ पर अपने तईं फ़ैसले नहीं ले सकती? इसी का जवाब शैलेन्द्र ने दिया है फ़िल्म 'संगम' के एक बेमिसाल गीत में। लता मंगेशकर के बेचैन आलाप और सितार की धुन से शुरू होता है ये गीत—

ओ मेरे सनम, ओ मेरे सनम
दो जिस्म मगर एक जान हैं हम,
एक दिल के दो अरमान हैं हम॥

इस गाने में सितार दर्द की एक लकीर की तरह पिरो दिया गया है।

जाने-माने सितार वादक उस्ताद रईस ख़ाँ का कमाल है यह। एक गीत राधा के किरदार को कितना बड़ा, कितना समझदार और व्यावहारिक बना देता है। 'संगम' जब क्लाइमेक्स पर पहुँचती है, तब आता है यह गीत। शैलेन्द्र ने पूरी विशाल पटकथा को इस गाने के तीन अन्तरों में समा दिया है, ध्यान रहे 'संगम' दो इंटरवल वाली बहुत लम्बी फ़िल्म थी—

तन सौंप दिया, मन सौंप दिया, कुछ और तो मेरे पास नहीं
जो तुमसे है मेरे हमदम, भगवान से भी वो आस नहीं
जिस दिन से हुए एक दूजे के, इस दुनिया से अनजान हैं हम
एक दिल के दो अरमान हैं हम॥

इस गाने के अगले अन्तरे का फ़िल्मांकन दिलचस्प है। राजकपूर यहाँ गाने पर होंठ हिलाते नज़र नहीं आ रहे हैं। यहाँ अतीत की कुछ झलकियों का कोलाज रचा गया है। सुन्दर के मन में सही और ग़लत को लेकर जो उथल-पुथल है, अविश्वास की गाढ़ी धुंध ने जिस तरह उसकी सोच पर असर डाला है, उसे शैलेन्द्र ने इस गीत में उकेरा है—

सुनते हैं प्यार की दुनिया में, दो दिल मुश्किल से समाते हैं
क्या ग़ैर वहाँ, अपनों तक के साये भी न आने पाते हैं
हमने आख़िर क्या देख लिया, क्या बात है क्यूँ हैरान हैं हम
एक दिल के दो अरमान हैं हम
ओ मेरे सनम, ओ मेरे सनम॥

किसी एक घटना से एक दाम्पत्य का ढाँचा चरमरा रहा है। जीवन बिखर रहा है। उसे समेटने और नये सिरे से शुरू करने की कोशिश की जा रही है। आधुनिक जीवन में अक्सर रिश्तों का जाल बहुत उलझ जाता है। जीवन की राह पर साथ चल रहे दो लोगों के बीच ग़लतफ़हमियों की धुंध छा जाना बड़ा आसान है। शैलेन्द्र इस गीत में कितनी ख़ूबसूरती से सब कुछ भुलाकर आगे बढ़ने की बात कहते हैं। यहाँ भी वो जीवन का एक फ़लसफ़ा हमें दे जाते हैं, इस अन्तरे की एक-एक पंक्ति एक नगीना है—

मेरे अपने अपना ये मिलन, संगम है ये गंगा-जमुना का
जो सच है सामने आया है, जो बीत गया एक सपना था

ये धरती है इनसानों की, कुछ और नहीं इनसान हैं हम
एक दिल के दो अरमान हैं हम॥

ये धरती है इनसानों की, कुछ और नहीं इनसान हैं हम—एक यह बात कितनी चीज़ों का हल है, कितनी उलझनों का निदान है। शैलेन्द्र एक दार्शनिक, एक लाइफ़-कोच, एक बुज़ुर्ग, एक दोस्त, एक कवि—कितने-कितने रूपों में हमारे सामने आते हैं। अपने शब्दों का आलोक बिखेरते हैं और जीवन को उजियारे से भर देते हैं।

इक ऐसे गगन के तले

♫

किशोर कुमार 19 बरस के थे जब 1948 में उन्होंने अपना पहला गीत गाया था फ़िल्म 'ज़िद्दी' में—*मरने की दुआएँ क्यों माँगूँ, जीने की तमन्ना कौन करे।* इसे प्रोफ़ेसर मोइन अहसान 'जज़्बीं' ने लिखा था और संगीतकार थे खेमचन्द प्रकाश। शैलेन्द्र ने अपना पहला गीत लिखा था 1949 में फ़िल्म 'बरसात' के लिए। तब उनकी उम्र थी छब्बीस साल। अब सवाल ये उठता है कि इन दोनों की राहें आख़िर कब मिली होंगी। यानी पहली बार शैलेन्द्र का लिखा कौन-सा गाना किशोर कुमार ने गाया होगा। 1953 में आई थी शान्ति कुमार निर्देशित फ़िल्म 'माशूक़ा', जिसके हीरो थे मुकेश और हीरोइन थीं सुरैया। इस फ़िल्म में किशोर कुमार ने मीना कपूर के साथ गाया—*ये समाँ हम तुम जवाँ।* संगीतकार थे रोशन। ये शैलेन्द्र का लिखा पहला गीत था जिसे किशोर कुमार ने गाया था। सम्भवत: यह आग़ा पर फ़िल्माया गया था, क्योंकि नायक बने मुकेश ने अपने गाने स्वयं गाये थे। इसके बाद 1954 में जब बिमल रॉय ने फ़िल्म 'नौकरी' बनाई तो उन्होंने किशोर कुमार को इस फ़िल्म के लिए बतौर हीरो चुना, ज़ाहिर है कि गाने भी उन्हीं ने गाये थे। शैलेन्द्र इस फ़िल्म के गीतकार थे। इसके बाद किशोर कुमार ने जाने कितनी फ़िल्मों में शैलेन्द्र के लिखे गीत गाए लेकिन एक बड़ा ही सुन्दर संयोग होनेवाला था दस बरस बाद। जब 1964 में किशोर कुमार ने पहली बार फ़िल्म निर्देशन के मैदान में उतरने का फ़ैसला किया और बनाई 'दूर गगन की छाँव में।'

किशोर कुमार इससे पहले भी फ़िल्म निर्माण कर चुके थे। 1958 में उन्होंने फ़िल्म 'चलती का नाम गाड़ी' बनाई थी, जिसमें अशोक कुमार, अनूप कुमार और किशोर कुमार तीनों भाइयों ने काम किया था, साथ में थीं मधुबाला।

इस फ़िल्म के निर्देशक थे सत्येन बोस। रोचक बात ये है कि किशोर कुमार को उम्मीद थी कि ये फ़िल्म फ़्लॉप हो जाएगी और वो थोड़ा घाटा दिखाकर इनकम टैक्स में बचत कर पाएँगे। पर उनकी उम्मीद के उलट फ़िल्म ख़ूब चली। परेशान होकर किशोर कुमार ने फ़िल्म के अधिकार अपने सेक्रेटरी अनूप शर्मा के नाम कर दिए थे। बहरहाल, जब किशोर कुमार ने निर्देशन की दुनिया में उतरने का फ़ैसला किया तो उन्होंने इस फ़िल्म के गाने शैलेन्द्र से

ही लिखवाए और संगीत की ज़िम्मेदारी ख़ुद सँभाली। 'दूर गगन की छाँव में' एक जादू है, एक तिलिस्म जिससे निकलना मुश्किल है।

किशोर कुमार की पहली पत्नी रूमा गुहा ठाकुरता सत्यजीत रे की भानजी थीं। इस लिहाज से मानेक दा किशोर कुमार के मामा (ससुर) हुए। 'दूर गगन की छाँव में' से जुड़ा एक दिलचस्प तथ्य है कि किशोर कुमार सत्यजीत रे की 'पाथेर पांचाली' से बहुत प्रभावित थे और उन्होंने यह फ़िल्म बार-बार देखी थी। एक और बात कि 'पाथेर पांचाली' के निर्माण के दौरान जब सत्यजीत रे आर्थिक परेशानियों से जूझ रहे थे तो भी किशोर कुमार ने उन्हें पाँच हज़ार रुपये दिए थे। बीते दिनों किशोर कुमार के घर पर उनका एक पत्र मिला है। जो उन्होंने 1963 में सत्यजीत रे को लिखा था। इस पत्र में किशोर कुमार ने सत्यजीत रे को 'मानिक मामा' कहा है और लिखा है, 'मुझे आपके निर्देशन में आपकी फ़िल्म में गाकर बहुत ख़ुशी होगी। आप मुम्बई आकर गाना रिकॉर्ड करवा लें। मैं सारा इन्तज़ाम करवा दूँगा।' यह ज़िक्र सत्यजीत रे की फ़िल्म 'चारुलता' में 'आमी चीनी गो चीनी गो' गाना गाने का है।

'दूर गगन की छाँव में' किशोर कुमार ने एक ज़िद के तहत बनाई थी। सत्यजीत रे से प्रेरणा लेकर वे अपनी तरह का सिनेमा बनाना चाहते थे। कहा जाता है कि इस फ़िल्म का आइडिया उन्हें 1958 में आई माइकल कर्टिज़ की फ़िल्म 'द प्राउड रिबेल' से मिला था। दोनों फ़िल्मों की कहानी में काफ़ी समानता है। शंकर एक फ़ौजी सिपाही है जब वह जंग से लौटता है तो पता चलता है कि आग में उसका घर जल चुका है और इस हादसे में उसके पिता और पत्नी की जान चली गई है। यही नहीं, इस सदमे से उसका किशोर बेटा रामू गूँगा हो चुका है। वह जंग से ख़ुशी-ख़ुशी वापस लौटा था कि अब अपनों के साथ वक़्त बिताएगा, पर लौटने पर उसके सारे सपने चूर-चूर हो चुके हैं—

अलबेले दिन प्यारे, मेरे बिछड़े साँझ सकारे
हाय कहाँ गए, हाय कहाँ गए।
आँखों के उजियारे, मेरे सूनी रात के तारे
हाय कहाँ गए॥
कोई लौटा दे मेरे बीते हुए दिन
बीते हुए दिन वो मेरे प्यारे पल छिन॥

कुछ फ़िल्मी गाने ऐसे होते हैं, जो अपनी फ़िल्म, कहानी, किरदार, समय

और काल की परिधि से बाहर निकल आते हैं, वो हम सबके साथी बन जाते हैं। जब भी कोई इन गानों को सुनता है तो उसे यूँ लगता है कि जैसे यह गीत मेरे लिए है। जैसे इनमें मेरे जीवन की कहानी छिपी है। हैरत की बात यह है कि रेडियो पर अगर हज़ारों लोग एक ही गाना एक साथ सुन रहे हैं, तो कैसे वो इन हज़ारों जीवन की अपनी कहानी बन सकता है पर ऐसा सचमुच होता है। कोई गाड़ी चलाते हुए रेडियो पर गाना सुनकर यादों में खो जाता है, कहीं किसी होस्टल में रहता कोई नौजवान किसी गाने को सुनकर घर को याद करता है और जज़्बाती हो जाता है, या किसी छोटे शहर में रहता कोई बुज़ुर्ग जब सुनता है—'मैं अकेला तो न था, थे मेरे साथी कई' तो बरबस उसकी आँखें बरस पड़ती हैं। दिल में यादों का सैलाब उमड़ पड़ता है। यही बात सिने-संसार के कुछ गानों को कालजयी बनाती है। यह भी ऐसा ही गीत है। कहते हैं कि इस गीत की सिचुएशन जब किशोर कुमार ने शैलेन्द्र को सुनाई तो वो बहुत उदास हो गए। और किशोर कुमार के बँगले 'गौरी कुंज' से निकल गए। उन्होंने कहा कि मैं जुहू में समुद्र के किनारे थोड़ा टहलकर आता हूँ। जब वो वापस आए तो अपने साथ पूरा गाना लेकर आए थे।

मेरे ख़्वाबों के महल, मेरे सपनों के नगर
पी लिया जिनके लिए मैंने जीवन का ज़हर
आज मैं ढूँढ़ूँ कहाँ, खो गए जाने किधर
बीते हुए दिन वो हाय प्यारे पल-छिन॥

नॉस्टेल्जिया से हम सबको बहुत प्यार होता है। बीता हुआ समय सबको अपने वर्तमान से ज़्यादा बेहतर और आकर्षक लगता है। शैलेन्द्र की ख़ासियत थी कि उन्होंने अपने बारे में सारी बातें अपने गानों के ज़रिये कहीं। जबकि उन्हें सन्तुलन रखना था कि गाने किरदार और कहानी के लिए हों, उनके अपने लिए नहीं। फिर भी शैलेन्द्र की अपनी शख़्सियत से जुड़ी कई बातें, अपने समय और समाज के बारे में उनके विचार, उनका दर्शन इन गानों में उतर आया है। जैसे—*होंगे राजे-राजकुँवर हम बिगड़े दिल शहज़ादे, हम सिंहासन पर जा बैठें जब-जब करें इरादे* या *पते की बात कहेगा/ कहेगा जब भी दीवाना/ मेरी सूरत पे न जाना* ऐसी अनेक मिसालें मौजूद हैं। स्क्रिप्ट में गहरे जुड़े इन गानों की अपनी एक स्वतंत्र और जादुई यात्रा भी रही है। शैलेन्द्र ने फ़िल्म 'दूर गगन

की छाँव में' के किरदार शंकर के लिए लिखी पंक्तियाँ या फिर शंकर शैलेन्द्र यानी ख़ुद के लिए—

मैं अकेला तो नहीं था, थे मेरे साथी कई
एक आँधी-सी उठी जो भी था ले के गई
ऐसे भी दिन थे कभी, मेरी दुनिया मेरी थी मेरी
बीते हुए दिन वो हाय प्यारे पल छिन॥

अब शंकर के जीवन का एक ही मक़सद रह गया है, किसी तरह अपने बेटे रामू की आवाज़ वापस लाना, जो एक हादसे के बाद खो गई है। शंकर के लाख कोशिश करने के बाद भी वह एक शब्द नहीं बोल पा रहा है। रामू का एक कुत्ता भी है जो उसके जीवन का गहरा हिस्सा है। शंकर ठान लेता है कि रामू को लेकर शहर जाएगा और बड़े डॉक्टरों को दिखाएगा। वह गाँव से निकल जाता है—

राही तू मत रुक जाना
तूफ़ाँ से मत घबराना
कभी तो मिलेगी तेरी मंज़िल
कहीं दूर गगन की छाँव में॥

इस गीत का एक बड़ा हिस्सा फ़िल्म के टाइटल के पीछे रखा गया है। हेमन्त कुमार की आवाज़ की गहन दार्शनिकता, उसकी गहराई और उसका वैराग्य इस गाने की आत्मा है। किशोर कुमार चाहते तो इसे स्वयं गा सकते थे। फ़िल्म उनकी थी, संगीत उनका, फ़ैसला भी उनका होता। पर उन्होंने कितनी सूझबूझ से हेमन्त दा के फ़क़ीराना स्वर को चुना। और इसकी धुन बनाते हुए गाने में एक भटियाली मिज़ाज कायम रखा जो इसे और भी अद्‌भुत बनाता है। संगीतकार सलिल चौधरी हेमन्त कुमार को 'ईश्वर का स्वर' ऐसे ही नहीं कहते थे। शैलेन्द्र ने इस गाने को हर समय और हर राह के मुसाफ़िर का सार्वकालिक गीत बना दिया है—

माना कि गहरी है धारा
पर है कहीं तो किनारा
तू भी मिला आशा के सुर में

मन का ये इकतारा
कभी तो मिलेगी तेरी मंज़िल
कहीं दूर गगन की छाँव में॥

तू भी मिला आशा के सुर में मन का ये इकतारा कितनी सुन्दर पंक्ति है। जीवन-पथ पर सतत आशा का अनन्त-प्रकाश-पुंज है यह गीत।

जीवन की राहों में हमें सम्बल की ज़रूरत होती है, प्रेरणा की ज़रूरत पड़ती है। ये प्रेरणा हमें व्यक्तियों से भी मिल सकती है, किताबों से, कविताओं से और फ़िल्मों से भी। महादेवी वर्मा की कविता *चिर सजग आँखें उनींदीं आज कैसा व्यस्त बाना/ जाग तुझको दूर जाना* मुझे बहुत प्रेरक लगती रही है। बचपन में हिन्दी के पाठ्यक्रम में शिवमंगल सिंह 'सुमन' की कविता *तूफ़ानों की ओर घुमा दो नाविक निज पतवार* भी अक्सर प्रेरक रही है। मैथिलीशरण गुप्त की *नर हो न निराश करो मन को* भी राह में रोशनी कर देती है। बच्चन भी अक्सर राहों के साथी बनते हैं जब वो कहते हैं—*एक पत्र छाँह भी माँग मत/...अग्निपथ...।* पर इस क़तार में तमाम गाने भी शामिल हैं जो बिना थके चलते जाने की ईमानदार प्रेरणा देते हैं, जिन्हें अपनी कठिन राहों पर गुनगुनाया जा सकता है—

होते हैं मौसम के फेरे
रातों के संग हैं सवेरे
जाके अगर लौटी हैं साँसें
लौटेंगे फिर दिन तेरे
कभी तो मिलेगी तेरी मंज़िल
कहीं दूर गगन की छाँव में॥

यह अन्तरा गाने के फ़िल्मी-संस्करण में मौजूद है, बहुधा ऑडियो संस्करणों में सुनाई नहीं देता। 'दूर गगन की छाँव में' फ़िल्म के इस गाने ने जाने जीवन से थके, कितने निराश लोगों को प्रेरणा दी है। जाने कितने बच्चों ने स्कूल के सांस्कृतिक-कार्यक्रमों में इसे गाया है। जाने कितने परिवारों की ख़ुशनुमा महफ़िलों में इसे गुनगुनाया गया है। फ़िल्मी-गाने जिस तरह लोक-स्मृति का हिस्सा बन जाते हैं, जनमानस पर छा जाते हैं और कई पीढ़ियों के साथी बन जाते हैं यह इस बात का सुबूत है कि अब इन पर गम्भीर विमर्श ज़रूरी हो

गया है। आख़िर वे कौन से तत्त्व हैं जो इन गानों को लगातार परिवर्तित होते हुए समय और बदलती हुई पीढ़ियों के बावजूद जन-स्मृति में बनाए रखते हैं। फ़िल्म-संगीत सिर्फ़ एक लोकप्रिय माध्यम नहीं है। इसकी डोर हमारी धड़कनों से जुड़ी है। भला कौन होगा, जो जीवन में कभी कोई फ़िल्मी-गीत गुनगुनाता न होगा—

सबका वो ऊपर वाला
सबको उसी ने सँभाला
जब भी घिरा ग़म का अँधेरा
उसने किया उजियाला
कभी तो मिलेगी तेरी मंज़िल
कहीं दूर गगन की छाँव में॥

सफ़र में शंकर और रामू आराम के लिए रुकते हैं और हालात कुछ ऐसे मोड़ लेते हैं कि एक गाँव के ठाकुर और उसके दो बेटों से उसकी भिड़ंत हो जाती है। शंकर के सिर पर लाठी मार देते हैं। वह बेहोश हो जाता है। मूक रामू मदद माँगने भागता है तो उसे मिलती है गाँव के एक दिवंगत ज़मींदार की लड़की मीरा। गाँव के डॉक्टर बाबू की सलाह है कि एक बार ठीक होने के बाद ही शंकर को यहाँ से जाना चाहिए। डॉक्टर यह भी कहते हैं कि वो शहर के अपने एक डॉक्टर दोस्त को चिट्ठी लिख देंगे और पता लगाएँगे कि रामू का इलाज किस तरह सम्भव है। शंकर अपने जीवन के हालात से बहुत निराश है—

जिन रातों की भोर नहीं है, आज ऐसी ही रात आई
बोझ से ग़म में डूब गया दिल, सागर की है गहराई॥

कितनी विचित्र बात है कि अपने दिल में उम्मीद का अथाह सागर भरकर चलनेवाले शैलेन्द्र को जब निराशा भरे कुछ गाने लिखने पड़े तो भी उन्होंने कमाल किया। उन्होंने एक पेशेवर और कुशल गीतकार के रूप में अपनी भूमिका बख़ूबी निभाई। 1952 में आई फ़िल्म 'दाग़' के एक गाने में वह कहते हैं—

चल जहाँ ग़म के मारे न हों

झूठी आशा के तारे न हों
इन बहारों से क्या फ़ायदा
जिनमें दिल की कली जल गई
ज़ख़्म फिर से हरा हो गया
ऐ मेरे दिल कहीं और चल
ग़म की दुनिया से दिल भर गया
ढूँढ़ ले अब कोई घर नया॥

'दूर गगन की छाँव में' के इस गीत में वो शंकर के निराश मन को शब्दों का जामा पहना रहे हैं—

रात के तारों तुम ही बता दो, मेरी वो मंज़िल है कहाँ
पागल बनकर जिसके लिए मैं खो बैठा हूँ दोनों जहाँ
जिन रातों की भोर नहीं॥

किशोर कुमार एक संगीतकार के तौर पर कितने ज़हीन थे इसकी मिसाल हैं इस फ़िल्म के गाने। अपने पेशे के तहत उन्होंने तमाम तरह के गाने गाए। पर उनके जिस पहलू को किसी फ़िल्मकार या किसी भी संगीतकार ने नहीं उभारा उसे वे ख़ुद हम सबके सामने ले आए। छोटे शहर का एक उदास, एकाकी, गम्भीर और जज़्बाती शख़्स। अफ़सोस कि उन्हें हमेशा एक खिलंदड़ या हँसोड़ कलाकार ही समझा जाता रहा। *राही तू रुक मत जाना* में तो इकतारा, वायलिन, बाँसुरी और कैसटेनेट्स की आवाज़ें गाने को एक नया आयाम और अलग मिज़ाज देती हैं जबकि यहाँ आपको किशोर दा की आवाज़ के पीछे साज़ तक़रीबन न के बराबर सुनाई देंगे। एकदम गाढ़ी, असरदार, उदास आवाज़ और शैलेन्द्र के नाज़ुक शब्द—

राह किसी की हुई न रोशन, जलना मेरा बेकार गया
लूट गई तकदीर मुझे मैं जीत के बाज़ी हार गया
जिन रातों की भोर नहीं॥

इस फ़िल्म के कई गीत ख़ुद शैलेन्द्र के पसन्दीदा गानों में से रहे हैं। किशोर कुमार जब यह फ़िल्म बना रहे थे तो उन्हें लोगों के विरोध का सामना करना पड़ा। उनके अपने लोगों ने उन्हें समझाया कि यह सही पेशेवर फ़ैसला नहीं

है। उन्हें नुक़सान उठाना पड़ेगा। इससे पहले किशोर कुमार 'दिल्ली का ठग', 'झुमरू', 'हाफ़ टिकट', 'नॉटी बॉय', 'बेवक़ूफ़' जैसी कई कॉमेडी फ़िल्में कर चुके थे। सत्तर के दशक में एक अमेरिकी टी.वी. चैनल के लिए किशोर दा से सुर-कोकिला लता मंगेशकर ने बातचीत की थी और पूछा था, 'आप तो कॉमेडी फ़िल्मों के लिए जाने जाते हैं, फिर ऐसी फ़िल्म क्यों बनाई?' तो किशोर कुमार ने जवाब दिया था, 'एक कॉमेडियन के मन में भी उदासी मौजूद रहती है।' यह एक बहुत महत्त्वपूर्ण स्टेटमेंट है। जिस दौर में किशोर कुमार ने 'दूर गगन की छाँव में' बनाई मधुबाला गम्भीर बीमारी से जूझ रही थीं और किशोर कुमार जद्दोजहद कर रहे थे। कहीं-न-कहीं शैलेन्द्र का लिखा ये गीत किशोर दा के निजी जीवन के संघर्ष का आईना भी है।

फ़िल्म 'दूर गगन की छाँव में' की कहानी आगे बढ़ती है। मीरा की शंकर और उसके बेटे रामू से नज़दीकी बढ़ने लगी है। मीरा रामू की बड़ी लगन से देखभाल करती है। उसे नहलाती है, खिलाती है, उससे बातें करती है, खेलती है, थपकी देकर सुलाती है। उसकी आत्मीयता रामू के लिए सुकून भरी छाँह है। रामू उसमें अपनी माँ की छवि देखने लगा है। रामू उससे लोरी गाने का अनुरोध करता है क्योंकि कभी उसकी माँ भी लोरी गाती थी। मीरा रामू से पूछती है, 'रामू तू बोलने लगेगा तो मुझे क्या कहेगा।' रामू इशारे से जवाब देता है—'माँ।'

खोया-खोया चन्दा खोये खोये तारे
सो गए तू भी सो जा चाँद हमारे॥
लेके जादू की छड़ी आई, सपनों की परी
रूपनगरी में तुझे, छोड़ आएगी अभी
है वो सपनों का जहाँ, एक मेला है वहाँ
देख परदेस के बच्चे चले वहाँ
मिले आकाश की गंगा के किनारे॥
खोया-खोया चन्दा खोये खोये तारे
सो गए तू भी सो जा चाँद हमारे॥

शैलेन्द्र की लिखी इस नायाब लोरी को आशा भोसले ने बड़ी अदायगी के साथ गाया है। शैलेन्द्र के गीतों में 'तारों' का ज़िक्र बार-बार आता है। यहाँ भी आया है। 'दूर गगन की छाँव में' की कहानी का ये ऐसा मोड़ है, जहाँ

एक लड़की के भीतर की ममता जाग उठी है। वह एक अनजान बच्चे पर अपना प्यार लुटा रही है। उसके लिए सपनों का जहाँ रच रही है। शैलेन्द्र ने इस विकल स्त्री की अव्यक्त ममता को शब्द दे दिए हैं। शैलेन्द्र, आशा भोसले और संगीतकार का ज़िम्मा सँभालते किशोर दा, इन तीनों ने जादू रचा है—

झूला चाँदी का पड़ा, हीरे पन्नों से जड़ा
रेशमी डोर बँधी, झूलेगा लाल मेरा
जब भी तू पींग भरे, जाके बादल को छुए
छू ले बिजली को तो वो खिलखिला पड़े
और छिप जाए कहीं लाज के मारे॥
खोया-खोया चन्दा खोये खोये तारे
सो गए तू भी सो जा चाँद हमारे॥

लोरी में परियों का जैसा मायावी संसार रचा जाता है, शैलेन्द्र ने वही संसार रचा है—*जब भी तू पींग भरे, जाके बादल को छुए* और *छू ले बिजली को तो खिलखिला पड़े*। शैलेन्द्र ने अपनी कल्पना को अन्तरिक्ष की दुनिया में पहुँचा दिया है, चाँद, तारों के बीच। दिलचस्प है कि अन्तरिक्ष और विज्ञान में हो रही प्रगति में शैलेन्द्र की ख़ासी दिलचस्पी थी और वे इस विषय में बहुत पढ़ा करते थे।

कहीं कोई गीत गाए, कोई बंसी बजाए
और कोई ढोल लिये धिन-धिन-तक सुनाए
सब पे इक रंग पड़े, कोई बच न सके
प्यार और मेल का गुलाल यूँ उड़े
खेलें मिल के कोई जीते कोई हारे॥

शैलेन्द्र ने कई फ़िल्मों में लोरियाँ रचीं। ज़्यादातर लोरियाँ बहुत लोकप्रिय हुईं। वो अपनी लिखी लोरियों में सामाजिक सरोकारों को पिरोने में माहिर रहे हैं। इस गाने में भी उन्होंने ऐसा ही किया है। यहाँ वो कहते हैं—*प्यार और मेल का गुलाल यूँ उड़े*। इस लोरी में बच्चों को सामाजिक एकता के संस्कार देने का आग्रह नज़र आता है। शैलेन्द्र की लिखी एक अद्‌भुत लोरी 'दो बीघा ज़मीन' में *आ जा री आ निंदिया तू आ* अलग-अलग फ़िल्मों के लिए शैलेन्द्र

की लिखी लोरियों में आशा की उजली चमक भी है और निराशा की काली छाया भी। 1968 में आई फ़िल्म 'ब्रह्मचारी' के लिए लिखी लोरी के दुखी संस्करण में वे लिखते हैं—

माना आज की रात है लम्बी, माना दिन था भारी
पर जग बदला बदलेगी एक दिन तकदीर हमारी
उस दिन के ख़्वाब सजाओ
मैं गाऊँ तुम सो जाओ॥

इस गीत के लिए शैलेन्द्र को सर्वश्रेष्ठ गीतकार का फ़िल्मफ़ेयर पुरस्कार भी मिला था। यह गीत इस बात की नज़ीर है कि किस तरह शैलेन्द्र ने फ़िल्मी-गीतकारी की दुनिया में सार्थक-हस्तक्षेप किया। इस उदास लोरी गीत में भी वह एक बेहतर दुनिया की आस को कायम रखते हैं। एक गीतकार के लिए किसी फ़िल्म में दो अलग-अलग सिचुएशन के लिए एक ही गीत के दो संस्करण लिखना कड़ी चुनौती होती है। 'ब्रह्मचारी' के इसी गीत के ख़ुशनुमा संस्करण में शैलेन्द्र लिखते हैं—

कल तुम जब आँखें खोलोगे,
जब होगा उजियारा
ख़ुशियों का सन्देशा लेकर
आएगा सबेरा प्यारा
मत आस के दीप बुझाओ
मैं गाऊँ तुम सो जाओ॥

शैलेन्द्र की जीवटता यही है। उनकी शख़्सियत के कुछ पहलू उनके ऐसे गानों में छलक-छलक पड़ते हैं। पर शैलेन्द्र की कुछ लोरियों में निराशा की छाया भी है। 1964 में आई फ़िल्म 'बेटी-बेटे' की एक लोरी के भी शैलेन्द्र ने दो संस्करण लिखे हैं। एक पुरुष स्वर और दूसरा स्त्री स्वर के लिए। इस गाने में शैलेन्द्र निराश तो नज़र आते हैं लेकिन बताते हैं कि ईश्वर कभी-न-कभी हालात ज़रूर बदलेगा—

कौन आएगा इधर, किसकी राह देखें हम
जिनकी आहटें सुनीं, जाने किसके थे क़दम

अपना कोई भी नहीं, अपने हैं तो राम
तू भी सो जा, सो गई रंग भरी शाम
आज कल में ढल गया, दिन हुआ तमाम॥

शैलेन्द्र की लोरियों की फ़ेहरिस्त में एक और उम्मीद भरी लोरी शामिल है 1959 में आई फ़िल्म 'नई राहें' से, इसमें वे लिखते हैं—

कल के चाँद आज के सपने,
तुमको प्यार बहुत-सा प्यार
लाल तुम्हारे दम से ही
कल जगमग होगा ये संसार।

शैलेन्द्र की लोरियों के बाद फिर फ़िल्म की कहानी की तरफ़ वापस चलते हैं। शंकर मीरा के घर पर रम गया है। उसने खेती का काम भी सँभाल लिया है और घर की देखरेख के कामों में भी मदद करता रहता है। एक दिन बाज़ार से लौटते हुए रामू के लिए बाँसुरी और कुछ खिलौने लाता है। रामू बाँसुरी पर एक बहुत प्यारी-सी धुन बजाता है और शंकर से एक सुन्दर-सा गाना गाने को कहता है—

आ चल के तुझे मैं लेके चलूँ
एक ऐसे गगन के तले
जहाँ ग़म भी न हो आँसू भी न हो
बस प्यार ही प्यार पले॥

'दूर गगन की छाँव में' का ये गीत बहुत लोकप्रिय है, हम सबकी स्मृतियों और सपनों का हिस्सा। लेकिन यह गीत शैलेन्द्र ने नहीं बल्कि स्वयं किशोर कुमार ने लिखा है। यानी किशोर इस गाने के गीतकार, संगीतकार और गायक तीनों हैं। इस एक गाने को छोड़कर फ़िल्म के बाक़ी सारे गाने शैलेन्द्र ने ही लिखे हैं।

शंकर के आने से जिस तरह मीरा की खेती का काम सँभल गया है, ठाकुर उससे ख़ुश नहीं है। उसकी चालबाज़ियाँ लगातार जारी रहती हैं। बीच-बीच में हिंसक टकराव भी होता है। एक दिन रामू के इलाज के बारे में शहर के डॉक्टर का जवाब आ जाता है। और रामू शहर जाने की तैयारियाँ करने

लगता है। मीरा को उसके जाने का अफ़सोस है। वह इस बात से भी दुखी है कि उसके कारण शंकर को यहाँ ठाकुर से काफ़ी संघर्ष करना पड़ा। शंकर कहता है, 'हम एक रास्ता भूले मुसाफ़िर की तरह यहाँ आए थे जिन्हें तुमने सहारा दिया, अपनापन दिया, रामू को जो प्यार तुमसे मिला वह अपनों से भी नहीं मिलता। मैं तुम्हारे अहसानों का बदला कभी नहीं चुका पाऊँगा। कल से हम इस दुनिया में फिर अकेले हो जाएँगे।' मीरा रो पड़ती है। रामू का जाना उसे बहुत दुखी कर रहा है—

पथ भूला एक आया मुसाफ़िर
लेके मेरा मन दूर चला
बिखरे सपने, रह गईं यादें
रात से पहले चाँद ढला
पथ भूला॥

फ़िल्म 'दूर गगन की छाँव में' में मीरा के किरदार और इस परिस्थिति के लिए शैलेन्द्र ने जो गीत रचा है वह सच में उसकी सबसे कोमल भावनाओं की अभिव्यक्ति है—

कोई न समझे, कोई न जाने,
दिल की लगी है क्या
लाख छुपाऊँ, छुप न सके
ये प्रेम का रोग बुरा
पथ भूला॥

आशा भोसले ने इस गीत को गाया है। इसमें साज़ों का बहुत कम इस्तेमाल है। एक संगीतकार के रूप में किशोर कुमार के काम पर ज़्यादा चर्चा नहीं हुई है। जब हम उनके स्वरबद्ध गानों को गहराई से सुनते हैं तो पाते हैं कि चाहे धुनें हों या फिर साज़ों का संयोजन या गायकों का चुनाव, किशोर एक विलक्षण संगीतकार के तौर पर उभरते हैं। आशा भोसले की जज़्बाती आवाज़ इसे और भी प्रभावी बनाती है। इस फ़िल्म के सबसे नाज़ुक गानों में से एक है ये गीत—

दिल कहता है रोक ले उसको
उस बिन कौन तेरा
लेकिन किसकी दूँ मैं दुहाई

क्या अधिकार मेरा
पथ भूला॥

किशोर कुमार ने 'दूर गगन की छाँव में' को पेशेवर लटकों-झटकों से पूरी तरह बचाया है और इस फ़िल्म के कालजयी फ़िल्मों के दायरे तक पहुँचने की एक बड़ी वजह यह भी है। फ़िल्म का अन्तिम गीत गहन निराशा के क्षणों में होता है जब शंकर शहर में तमाम डॉक्टरों के चक्कर काट-काटकर थक जाता है। सारे डॉक्टर यही कहते हैं कि बच्चा इलाज के ज़रिये कभी बोल नहीं सकेगा। एक चोर उसके सारे पैसे चुराकर भाग जाता है। अब कोई उम्मीद नहीं, कोई राह नहीं। शंकर रामू को गले लगाकर फफक-फफक कर रो रहा है। तभी मन्दिर से भजन के स्वर गूँजते हैं—

मूकं करोति वाचालं पंगुं लंघयते गिरिम्।
यत्कृपा तमहं वन्दे परमानन्द माधवम्॥
ओ जग के रखवाले,
हमें तुझ बिन कौन सँभाले॥
जित देखूँ, देखूँ अँधियारा, घायल मन घबराए
जैसे अन्धी रात में पंछी राह भूल दुख पाए
चहुँ ओर हैं बादल काले, हमें तुझ बिन कौन सँभाले
ओ जग के रखवाले॥

मन्दिर में प्रार्थना चल रही है। मन्ना डे के स्वर में यह भजन है। जीवन की राहों में जब कुछ नहीं सूझे, जब चारों ओर अँधेरा छा जाए तो ईश्वर के द्वार रोशनी देते हैं। आस बँधाते हैं। शैलेन्द्र ने अपने इस भजन में यही बात कही है—

एक आस अब तुमसे भगवन, एक ही द्वार तुम्हारा
बाँह बढ़ा के हमें उठा लो, तुम्हीं एक सहारा
भगवान, भगवान, भगवान, भगवान॥

यहाँ शंकर भी गाने लगता है। मानो ईश्वर से कह रहा हो कि अब आप ही राह दिखाओ—

किया सब कुछ तेरे हवाले, ओ जग के रखवाले
हमें तुझ बिन कौन सँभाले ओ जग के रखवाले॥

शंकर गाँव लौट जाता है। उसे ठाकुर की क्रूरता से जूझना पड़ता है। हालात कुछ ऐसे मोड़ लेते हैं कि एक ख़ौफ़नाक दृश्य के दौरान रामू को फिर सदमा लगता है और उसकी आवाज़ वापस आ जाती है। फ़िल्म एक ख़ुशनुमा मोड़ पर ख़त्म हो जाती है।

'दूर गगन की छाँव में' के लिए शैलेन्द्र ने एक और गीत लिखा था जिसे फ़िल्म में शामिल नहीं किया गया। हालाँकि इसे आशा भोसले की आवाज़ में रिकॉर्ड किया गया था। मुजरा शैली के इस गीत के बोल थे—*छोड़ मोरी बैंयाँ बलम बेईमान/ आते-जाते देख लेगा कोई।*

किशोर कुमार के निर्देशन और शैलेन्द्र के गीतों का साथ कई फ़िल्मों तक रहा। किशोर कुमार ने 1967 में एक फ़िल्म बनानी शुरू की थी 'हम दो डाकू।' इस फ़िल्म में मधुबाला की दो बहनें गंगा और ज़ाहिदा (मधुर) काम कर रही थीं, साथ में थे किशोर कुमार और अनूप कुमार। इस फ़िल्म का निर्देशन भी वो ख़ुद करनेवाले थे। इसके गाने भी किशोर दा ने शैलेन्द्र से ही लिखवाए थे। ये फ़िल्म रिलीज़ नहीं हो सकी थी, पर इसके गाने मौजूद हैं। इस फ़िल्म के लिए एक मस्ती भरा पैरोडी गीत रिकॉर्ड किया गया था *पग घुँघरू बाँध गुरु नाचो रे।* किशोर कुमार जिस तरह के शरारती गीतों के लिए जाने जाते हैं, ये उसी तरह का गीत है।

'हम दो डाकू' तो बन नहीं सकी लेकिन किशोर कुमार का फ़िल्म बनाने का जुनून जारी रहा। उन्होंने 1971 में बनाई 'दूर का राही।' किशोर कुमार घनघोर कॉमेडियन के खाँचे में फ़िट कर दिए गए थे। लेकिन उनकी निर्देशित फ़िल्मों की कहानियाँ, विषय और गीत सबमें एक ख़ास तरह का जीवन-दर्शन है। एक तलाश है। हम कहाँ से आए हैं और हमें कहाँ जाना है। शैलेन्द्र किशोर कुमार निर्देशित फ़िल्मों का एक ज़रूरी हिस्सा रहे। अपने गाने उन्हें शैलेन्द्र से ही लिखवाने होते थे क्योंकि शैलेन्द्र उनके भीतर की इस बेचैनी को बख़ूबी समझते थे और उसे गीतों में ढाल देते थे। 'दूर गगन की छाँव में' और 'दूर का राही' ऐसी फ़िल्में हैं जो किशोर कुमार के जीवन का फ़लसफ़ा दिखाती हैं। मानवता और सेवा में उनका अटूट विश्वास दिखाती हैं। 'दूर का राही' के लिए शैलेन्द्र ने दो ही गीत लिखे थे। ये फ़िल्म बन नहीं सकी थी—तभी शैलेन्द्र का अवसान हो गया था।

'दूर का राही' प्रशान्त की कहानी है। वह यायावर है और अपना पूरा जीवन समाज की भलाई में लगा देना चाहता है। अपने प्यार तक को क़ुर्बान

कर देता है। कहता है, 'मेरा कर्तव्य मेरी मंज़िल की राहों पर बिखरा पड़ा है, हर मोड़ पर मुझे बुलाता है, मुझे जाना होगा करुणा, मुझे न रोको।' प्रशान्त अपनी प्रेमिका को उसे छोड़कर जीवन की राहों पर आगे बढ़ने को कहता है। अपने जीवन के लक्ष्य के बारे में बताते हुए वो कहता है, 'दूर को मैं अपने क़रीब बुला लेता हूँ और ख़ुद को अपनों से दूर कर देता हूँ।' यहाँ आता है इस फ़िल्म का शीर्षक गीत जो शैलेन्द्र की कलम का कमाल है। 'दूर का राही' टाइटल्स में किशोर कुमार ने ख़ास तौर पर वहाँ ज़िक्र किया है, इस फ़िल्म का 'थीम सॉन्ग' स्वर्गीय शैलेन्द्र ने लिखा है।'

चलती चली जाए, ज़िन्दगी की डगर
कभी ख़त्म न हो, ये सफ़र
मंज़िल की उसे, कुछ भी न ख़बर
फिर भी चला जाए, दूर का राही॥

किशोर कुमार के बारे में यह तथ्य आज सर्वविदित है कि वे मुम्बई के फ़िल्म-संसार से ऊब गए थे और बहुत बरस से उनके मन में खँडवा वापस लौटने का विचार चल रहा था। दरअसल किशोर के मन में एक वीतराग था, एक वैराग्य और एक सतत तलाश। इस गाने में शैलेन्द्र ने उसे ही अल्फ़ाज़ दिए हैं। शायद यही वजह है कि शैलेन्द्र किशोर दा के प्रिय गीतकार थे। यहाँ एक बार फिर बतौर संगीतकार किशोर कुमार ने हेमन्त कुमार को गायक के रूप में चुना है। इस गाने में है एक गाढ़ा कोरस जो सुननेवालों को अपने साथ बहा ले जाता है। गाने को ज़्यादा अर्थवान बनाता है। यूँ लगता है जैसे एक यायावर राही के साथ धरती आकाश सब गा रहे हैं—

मुड़ के न देखे, कुछ भी न बोले
भेद अपने दिल का, राही न खोले
आया कहाँ से, किस देश का है
कोई न जाने, क्या ढूँढ़ता है
मंज़िल की उसे, कुछ भी न ख़बर
फिर भी चला जाए, दूर का राही॥

शैलेन्द्र की सबसे बड़ी ख़ासियत रही है कि वे बिना किसी बौद्धिक जुगाली के आम जनता के लिए अपनी सीधी-सरल भाषा में ऐसी बात कह जाते थे

जो सीधे दिल को छू जाए। वैसे भी फ़िल्म एक लोकप्रिय जन-माध्यम है और फ़िल्मी-गानों का मक़सद है लोगों के जीवन को छूना, उनकी स्मृतियों का हिस्सा बन जाना। शैलेन्द्र के गानों ने ये कमाल हमेशा किया है। आज इतने बरस बाद भी यह गीत समय और समाज के बीच कहीं गूँजता मिल जाएगा। कोई नौजवान इसे गुनगुनाता नज़र आएगा, तो कहीं किसी रेडियो स्टेशन पर गूँजती हेमन्त दा की आवाज़ में शैलेन्द्र के बोल हवाओं में तैरते मिलेंगे—

झलके न कुछ भी आशा-निराशा
क्या कोई समझे नैनों की भाषा
चेहरा कि जैसे कोरा सफ़ा है
क़िस्मत ने जिस पर कुछ न लिखा है
मंज़िल की उसे, कुछ भी न ख़बर
फिर भी चला जाए, दूर का राही॥

शैलेन्द्र ने 'दूर का राही' के केवल दो गीत लिखे थे और ये दोनों गाने फ़िल्म-संगीत के संसार के चमकते हुए तारे हैं। इनमें प्रेरणा है, दर्शन है, निराशा का गहन अन्धकार है तो कहीं है एक अबूझ प्यास, एक विकलता। 'दूर का राही' का ये गीत मन्ना डे ने गाया है और बहुत भाव-प्रवणता के साथ गाया है—

एक दिन और गया
हाय रोके न रुका, छाया अँधियारा
आज भी नाव न आई
आया न खेवनहारा
एक दिन और गया॥

मुमकिन है कि ये गाने 1965-66 में कभी लिखे गए और रिकॉर्ड किये गए हों। तब शैलेन्द्र मौजूद रहे होंगे। हालाँकि इस फ़िल्म को बनने में काफ़ी समय लग गया। जब तक फ़िल्म रिलीज़ हुई, शैलेन्द्र दुनिया छोड़कर जा चुके थे।

काली नागिन-सी घिरी रैना कजरारी
सहमी-सहमी सी है ये नगरी हमारी
देके आवाज़ थका, मन दुखियारा
एक दिन और गया॥

हालाँकि यह गाना लोकप्रिय गानों की श्रेणी में शामिल नहीं है पर फ़िल्म-संगीत के क़द्रदान इसे एक उत्कृष्ट और बेशक़ीमती गीत मानते हैं। इसे अगर फ़िल्म की कहानी से इतर देखें तो पाएँगे कि महानगरीय जीवन के संत्रास, तनाव, दबाव और गलाकाट-प्रतियोगिता से घायल और विचलित मन का गीत है यह। आधुनिक जीवन की हताशा का गान। आज इतने बरस बाद भी इसकी प्रासंगिकता में ज़रा भी कमी नहीं आई है—

फिर वही रात कठिन छुप गए तारे
अभी से बुझने लगे दीप हमारे
दूर बड़ी दूर सवेरा, दूर बहुत दूर उजाला
दूर है आशाओं का कूल-किनारा
एक दिन और गया

ये ज़िक्र करते चलें कि इस गीत का एक बांग्ला-संस्करण भी आया था, बोल थे—*एक दिन आरो गेलो* इसे किशोर दा ने ख़ुद गाया। ये किसी फ़िल्म में नहीं आया बल्कि किशोर दा के एक अलबम 'बेदोनार बालूचारे सेंटीमेंटल हिट्स' का हिस्सा था जिसे सम्भवत: दुर्गा पूजा के अवसर पर रिलीज़ किया गया था।

किशोर कुमार के निर्देशन और शैलेन्द्र के गीतों के साथ का ये सिलसिला शैलेन्द्र के जीवन के साथ ख़त्म हो गया। बाद में किशोर कुमार ने जो फ़िल्में निर्देशित कीं उनके गाने दूसरे गीतकारों ने रचे। पर शैलेन्द्र के बिना किशोर कुमार का काम कहाँ चलता था। इसकी बानगी है एक और अनमोल गीत। शैलेन्द्र ने 1960 में एक फ़िल्म 'सुहाना गीत' के लिए एक गाना लिखा था—'मेरा गीत अधूरा है' इसे किशोर कुमार और लता मंगेशकर गानेवाले थे। 1989 में जब किशोर कुमार ने अपनी आख़िरी फ़िल्म 'ममता की छाँव में' का निर्देशन किया तो यह गीत अपनी ही आवाज़ में रिकॉर्ड किया—

मेरा गीत अधूरा है, कोई बिखरे तार सज़ा दे
गीत मेरा एक सुन्दर सपना, एक झिलमिल तसवीर
रात का साथी एक सितारा, राही की तक़दीर
दिल में मेरे रह-रहके, हरदम रहे अधीर
मेरा गीत अधूरा है॥

इन साँसों की सरगम, पूछ थकी सौ बार
पास भी हो दूर भी हो, कौन हो तुम उस पार
तुम जो मिलो तो गीत हो पूरा, मिल जाए मन के तार
मेरा गीत अधूरा है॥

1966 में 14 दिसम्बर को अचानक शैलेन्द्र इस असार संसार से चले गए। अपने पीछे छोड़ गए अपने अधूरे गीत, अधूरे सपने। उन्होंने अपना अन्तिम गीत फ़िल्म 'ज्वेल थीफ़' के लिए लिखा था—*रुला के गया सपना मेरा।* जाने क्यों मुझे लगता है कि इस बार उन्होंने फ़िल्म के किरदार के लिए नहीं बल्कि अपने लिए कुछ लिखा। एक गाने में अपना सारा दर्द, अपनी सारी तकलीफ़ शैलेन्द्र ने छिपा दी और फिर इस संसार से चुपचाप चले गए—

कैसी ये ज़िन्दगी...कि साँसों से हम...ऊबे
कि दिल डूबा हम डूबे
एक दुखिया बेचारी, इस जीवन से हारी
उस पर ये ग़म का अँधेरा
रुला के गया सपना मेरा
बैठी हूँ कब हो...सवेरा॥

मुसाफ़िर जाएगा कहाँ

♫

सिनेमा अद्भुत माध्यम है। जीवन का जितना सघन, जटिल और बारीक रूप सिनेमा में नज़र आता है शायद किसी और कला-माध्यम में उतने आबो-ताब के साथ नहीं झलक पाता। सिनेमा अकेले नहीं रचा जाता बल्कि एक पूरी टोली किसी एक कहानी को अपने तरीक़े से रजत-पट पर पेश करने के लिए जुटती है और शिद्दत से काम करती है। हिन्दी सिनेमा में गीतकार और संगीतकार इस टोली का अटूट हिस्सा होते हैं। कभी सोचा आपने कि हिन्दी की कालजयी फ़िल्मों में से अगर संगीत को निकाल दें तो क्या होगा? अब 'गाइड' को ही लीजिए। गीतों के बिना हम इस फ़िल्म की कल्पना भी नहीं कर सकते।

जब देव आनन्द ने आर.के. नारायण की कहानी पर फ़िल्म बनाने का फ़ैसला किया तो उन्हें काफ़ी दिक़्क़तों का सामना करना पड़ा। सारी जद्दोजहद के बाद विजय आनन्द को 'गाइड' के निर्देशन की बागडोर सौंपी गई। 'गाइड' से ठीक पहले विजय आनन्द ने एक बेमिसाल फ़िल्म 'तेरे घर के सामने' का निर्देशन किया था। ऐसा लगता है कि इस फ़िल्म को वो शोहरत नहीं मिली जिसकी ये हक़दार थी। बहरहाल, 'तेरे घर के सामने' के गीत हसरत जयपुरी ने लिखे थे और संगीत सचिन देव बर्मन का था। ज़ाहिर है कि इसी टोली को 'गाइड' के लिए साइन कर लिया गया। यह टोली 'तू कहाँ, ये बता', 'दिल का भँवर करे पुकार', 'सुन ले तू दिल की सदा' और 'देखो रूठा न करो' जैसे नायाब गाने दे चुकी थी इसलिए इसका चुनाव लाज़िमी भी था। सचिन देव बर्मन को उन दिनों दिल का दौरा पड़ चुका था इसलिए उन्होंने सुझाव दिया कि किसी और से फ़िल्म का संगीत तैयार करवा लिया जाए पर देव और विजय आनन्द ने उनकी सेहत सुधरने तक इन्तज़ार करने का फ़ैसला

किया। 'गाइड' का संगीत वे सचिन दा के सिवाय किसी और से तैयार नहीं करवाना चाहते थे।

हसरत जयपुरी और सचिन देव बर्मन की टीम 'गाइड' के गाने तैयार करने में लग गई। हसरत जयपुरी ने इस फ़िल्म के दो गाने लिखे थे। तीसरे गाने के रूप में नामचीन शायर हफ़ीज़ जालंधरी की एक ग़ज़ल चुनी गई थी—

हम ही में थी न कोई बात याद न तुम को आ सके
तुम ने हमें भुला दिया हम न तुम्हें भुला सके

इसे मोहम्मद रफ़ी की आवाज़ में रिकॉर्ड भी किया गया था पर बाद में फ़िल्म में नहीं लिया गया। 'गाइड' का काम इन तीन गानों के साथ शुरू किया गया था पर फिर एक समस्या आ गई। हसरत जयपुरी ने अगले गाने के रूप में *दिल ढल जाए हाय रात न जाए* लिखा तो देव आनन्द, विजय आनन्द और सचिन दा को इसके कुछ शब्द पसन्द नहीं आए। उनसे कहा गया कि इन शब्दों को बदल दें। बहस हुई और इस दौरान हसरत ने फ़िल्म के नायक के लिए एक ऐसी बात कह दी जो विजय आनन्द को पसन्द नहीं आई। तय हुआ कि 'गाइड' के गाने हसरत जयपुरी से नहीं लिखवाए जाएँगे। फ़ौरन ही विजय आनन्द ने शैलेन्द्र से मुलाक़ात की। शैलेन्द्र को ये जानकर बड़ा अफ़सोस हुआ कि वह इस फ़िल्म के लिए बतौर गीतकार पहली पसन्द नहीं थे, जबकि शैलेन्द्र इससे पहले 1960 में नवकेतन के लिए 'काला बाज़ार' के गाने लिख चुके थे और ये गाने बहुत हिट रहे थे। 'गाइड' की कहानी सुनते ही शैलेन्द्र ने फ़ौरन मुखड़ा दे दिया था—*गाता रहे मेरा दिल, तू ही मेरी मंज़िल।*

'गाइड' एक सपना था और इस सपने को पूरा करने की राह बड़ी पथरीली थी। देव आनन्द ने अपनी बायोग्राफ़ी 'रोमांसिंग विद लाइफ़' में इस फ़िल्म के बारे में एक बड़ी अनमोल बात कही है और इसे बाक़ायदा आज के सिनेमा के परिप्रेक्ष्य में देखा जा सकता है—

> पूरी दुनिया ये उम्मीद कर रही थी कि मैं दीवालिया हो जाऊँगा, और मैं सँजोकर रखी अपनी आध्यात्मिक पूँजी के सहारे आगे बढ़ रहा था—दुनिया को ये दिखाने के लिए कि आत्मा को सबसे ज़्यादा तृप्त करनेवाली सर्वश्रेष्ठ फ़िल्में हमेशा सिर्फ़ अरबों डॉलर के बजट से नहीं बनतीं।

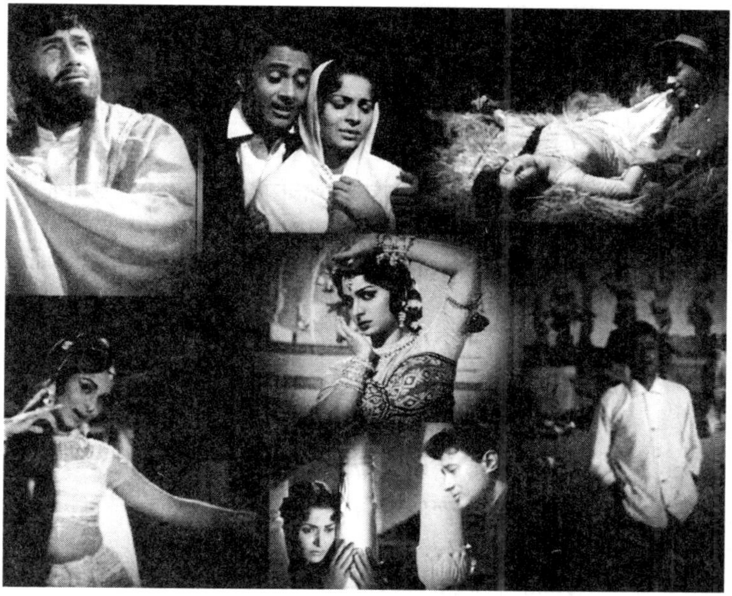

'गाइड' में अब शैलेन्द्र थे। एक नगीना, एक सितारा, आत्मा की गाढ़ी स्याही में डूबी एक कलम।

फ़िल्म 'गाइड' राजू के जेल से छूटने से शुरू होती है। ज़िन्दगी के दोराहे पर राजू के सामने एक बड़ा सवाल है, वापस घर लौट जाए या फिर...क़ैद से रिहा होने के बाद एक चिन्ता उसे खाए जा रही है—

> एक बार फिर से सोच ले राजू, वही शहर जो एक दिन तेरे नाम पर झुका हुआ था, आज तेरी हँसी न उड़ाए। वही सड़कें जिन पर तू राजा बनके घूमता था कहीं आज तुझे चोर न समझें।...सिवाय बदनामी के इस शहर में कुछ नहीं। छोड़ दे इस दुनिया को। बसा सकता है तो कहीं और जाके बसा ले अपनी दुनिया।

यहाँ शुरू होता है 'गाइड' का पहला गीत—

वहाँ कौन है तेरा
मुसाफ़िर जाएगा कहाँ
दम ले ले घड़ी भर
ये छैयाँ पाएगा कहाँ॥

शैलेन्द्र के गीतों में दर्शन की एक अन्तर्धारा चलती है, कई रूमानी गीतों में भी वे कोई एक ऐसी पंक्ति दे जाते हैं जिसमें जीवन का मर्म छिपा हो और यही बात उन्हें विलक्षण गीतकार बनाती है। सचिन दा ने इस गाने में बाँसुरी और सितार की अन्तर्धारा रखी है—

बीत गए दिन
प्यार के पल-छिन
सपना बनी ये रातें
भूल गए वो, तू भी भुला दे
प्यार की वो मुलाक़ातें
सब दूर अँधेरा
मुसाफ़िर जाएगा कहाँ॥

ये सोचकर हैरत होती है कि कोई कुशल गीतकार किस तरह पटकथा में छिपे गीत के बीज को अपनी कल्पना और समझ का खाद-पानी देकर एक छायादार पेड़ में बदल देता है, एक ऐसा पेड़ जिसकी कुछ शाख़ें फ़िल्म से बाहर झूल रही होती हैं—तो कुछ फ़िल्म के भीतर। हम सब जीवन के थपेड़ों से घायल और पस्त होकर जिसकी छाया में पनाह पाते हैं। अपनी खरोंचों को सहलाते हैं। 'गाइड' का यह गीत जितना फ़िल्म का है उतना हमारा भी है। यह हम सबको जीवन के यथार्थ का आईना दिखाता है—

कोई भी तेरी राह न देखे
नैन बिछाये न कोई
दर्द से तेरे कोई न तड़पा
आँख किसी की न रोई
कहे किसको तू मेरा
मुसाफ़िर जाएगा कहाँ॥

'गाइड' में राजू गाइड के जीवन के ग्रे शेड्स भी नज़र आएँगे। जब रोज़ी उससे जेल में मिलने आती है तो कहती है 'बार-बार कोसती हूँ, अपने आपको कि तुम्हें बचाने के लिए एक झूठ भी न बोल सकी।' राजू को अब अपनी ग़लतियों का अहसास हो चुका है। वो कहता है, 'शोहरत तुम्हें मिली सिर मेरा घूम गया, होश आया तो देखा जेल में हैं।'

इस दृश्य के आख़िर में राजू कहता है, 'हाँ, मुझे तो नये सिरे से शुरू करना होगा...जीवन।' शैलेन्द्र ने जेल में क़ैद राजू के मन में जीवन के प्रति पैदा हुए वीतराग को अपने गीत में ढाल दिया है। आम आदमी के मन में ये वीतराग जीवन और रूटीन की क़ैद में जीते हुए भी पैदा होता है—

कहते हैं ज्ञानी दुनिया है फ़ानी
पानी पे लिखी-लिखाई
है सबकी देखी, है सबकी जानी
हाथ किसी के न आई
कुछ तेरा न मेरा
मुसाफ़िर जाएगा कहाँ॥

'गाइड' का यह गीत ख़ुद सचिन देव बर्मन ने गाया है और इसमें भटियाली संगीत के तत्त्व मौजूद हैं। सचिन दा के सिवा किसी और के स्वर में हम इस गीत की कल्पना भी नहीं कर सकते। यह जानना दिलचस्प है कि शैलेन्द्र को सचिन दा ने इस गीत के लिए एक धुन दी थी और वह धुन उनके ही गाए एक गीत की थी—*दूर कौन पोरोबाशे तुमि चोले जाइबा रे/ कोबे आइबा रे।* किस विकलता से सचिन दा गाते हैं—*कोबे आइबा रे।*

वहाँ कौन है तेरा सिर्फ़ गीत नहीं है। विजय आनन्द ने इस गाने को पटकथा के प्रवाह का अनन्य हिस्सा बनाया है। राजू इस पूरे गीत के दौरान अपने 'पुराने' जीवन का 'सब कुछ' त्यागता चला जाता है। सूटकेस पोटली में बदलता है, फिर पोटली छूटती है, जूते छूटते हैं, चप्पल छूटती है, नंगे पैर हो जाता है। रोज़ी की तसवीरें भी छूट जाती हैं। अन्तर्द्वन्द्व चलता रहता है। सोते हुए राजू को भिखारी समझकर लोग सिक्के फेंक जाते हैं और फिर उसे साधुओं की टोली मिलती है, जिसके साथ वह एक मन्दिर में पनाह लेता है। जाते हुए एक साधु उसे केसरिया चादर ओढ़ा जाता है और गाँव वाले उसे साधु समझ बैठते हैं। ये सही मायनों में माया-मोह की दुनिया छोड़ने का गीत

भी है। शैलेन्द्र के लिखे इस गीत का एक-एक शब्द फ़िल्म की कहानी में जुगनू की तरह झिलमिलाता है।

'गाइड' की नायिका है 'रोज़ी।' एक देवदासी की बेटी जिसे माँ बेहतर जीवन की चाह में एक उम्रदराज़ आर्कियोलॉजिस्ट से ब्याह देती है, जो सबसे पहले उसे नृत्य और संगीत से दूर कर देता है। रोज़ी के जीवन से 'रस' चला गया है। उसके पास सब कुछ है पर कुछ भी नहीं। अपने पति की अवहेलना झेल रही रोज़ी आत्महत्या की कोशिशें करती है। राजू उसे बचाता है और समझाता है, 'जो आदमी अपने नसीब को कोसता रहता है उसका नसीब भी उसे कोसता है।' शायद राजू की इस एक बात से उसके भीतर 'आज़ादी' की लौ जल उठती है, एक जज़्बा पैदा होता है बन्धनों को तोड़ने का। वह राजू से उसे चित्तौड़ ले जाने को कहती है। गाड़ी है नहीं इसलिए राजू उसे भूसे के एक ट्रक पर ले जा रहा है। रोज़ी अब एक अल्हड़ युवती बन गई है। एक राहगीर की पगड़ी पर हाथ मारती है। एक ग्रामीण महिला की मटकी छीन लेती है। राजू सवाल करता है—

> मेरी समझ में नहीं आया, कल तक आप लगती थीं चालीस साल की एक औरत, जो ज़िन्दगी की हर ख़ुशी, हर उमंग, हर उम्मीद पीछे कहीं रास्ते में खो आई हैं और आज लगती हैं सोलह साल की बच्ची...भोली, नादान, बचपन की शरारत से भरपूर...

रोज़ी जवाब में सवाल करती है, 'जानते हो क्यों।' और तब शुरू होता है ये गाना—

काँटों से खींच के ये आँचल
तोड़ के बन्धन बाँधी पायल
कोई न रोको दिल की उड़ान को
दिल वो चला...
आज फिर जीने की तमन्ना है
आज फिर मरने का इरादा है॥

शैलेन्द्र को जब इस गाने की सिचुएशन सुनाई गई थी तो उन्होंने फ़ौरन ही लिखा था—*आज फिर जीने की तमन्ना है/ आज फिर मरने का इरादा है।* कहते हैं कि तीन घंटे की सिटिंग के दौरान आगे की बात नहीं बनी। ये तय

पाया गया कि शैलेन्द्र घर जाकर गाना लिखेंगे। पर ये क्या...शैलेन्द्र अगले कुछ दिन तक सिटिंग में नहीं आए। न ही उनका सन्देसा आया। ऐसे में एक दिन विजय आनन्द शैलेन्द्र के घर जा पहुँचे और पूछा, 'क्या बात है, आपकी तबीयत तो ठीक है ना?' शैलेन्द्र ने कहा, 'सब ठीक है, बस गाना नहीं हो सका इसलिए मैं नहीं आया आपके पास।' शैलेन्द्र का कहना था कि लगता है इन पंक्तियों से मुखड़े की बात नहीं बन रही है। लगता है इन्हीं में कुछ दिक़्क़त है। इस पर विजय आनन्द ने कहा कि कोई बात नहीं, मुखड़ा मिल जाएगा। ऐसा करते हैं सवाल करते हैं। क्यों आज फिर जीने की तमन्ना है? क्यों आज फिर मरने का इरादा है? अचानक शैलेन्द्र के मन में एक विचार कौंधा। जो गाना बीते कई दिनों से रुका हुआ था—अब चल पड़ा। शैलेन्द्र ने लिखा—*काँटों से खींच के ये आँचल/ तोड़ के बन्धन बाँधी पायल/ कोई न रोको दिल की उड़ान को/ दिल वो चला...*

शैलेन्द्र का यह गीत महज़ एक गीत नहीं है। एक दबी-कुचली स्त्री की स्वतंत्रता का ऐलान है। रोज़ी चाहती तो मज़े से एक सजावटी गुड़िया बनकर मार्को की मर्ज़ी से जी सकती थी। पर उसने अपने लिए एक आज़ाद ज़िन्दगी का चुनाव किया। रोज़ी के इस जज़्बे को शैलेन्द्र ने जिस सूझबूझ के साथ गीत में पिरोया है, उससे यह हिन्दी सिनेमा में स्त्री की आज़ादी के ऐलान का परचम बन गया है। शैलेन्द्र यहाँ अपनी संवेदनशीलता और रचनात्मकता में सबसे अलग खड़े नज़र आते हैं।

शैलेन्द्र ने इस गाने में एक अनूठा प्रयोग किया है। अमूमन हिन्दी सिनेमाई गीतों का व्याकरण कुछ इस तरह का है कि पहले मुखड़ा, फिर अन्तरे, हर अन्तरे के बाद मुखड़ा, इस तरह गाना आगे बढ़ता है। लेकिन यह गाना अन्तरे से शुरू है, मुखड़ा *आज फिर जीने की तमन्ना है* बाद में आता है। ऐसी मिसालें बहुत कम हैं—

अपने ही बस में नहीं मैं
दिल है कहीं तो हूँ कहीं मैं
जाने क्या पा के मेरी ज़िन्दगी ने
हँसकर कहा...
आज फिर जीने की तमन्ना है
आज फिर मरने का इरादा है॥

'गाइड' में इस गाने से कुछ पहले हिन्दी सिनेमा का एक बेमिसाल दृश्य है। रोज़ी राजू गाइड से कहती है कि उसे घुँघरू चाहिए। बाज़ार से जब रोज़ी घुँघरू ख़रीदती है तो राजू उसके पैरों में बाँध देता है। फिर वो सरे-बाज़ार घुँघरू पहन छम-छम चलती है। लोग हतप्रभ देखते रहते हैं। राजू संकोच से गड़ा जा रहा है। पर रोज़ी बेपरवाह चली जा रही है—छम, छम, छम...हिन्दी सिनेमा के इतिहास का एक अद्भुत दृश्य। यहाँ बैकग्राउंड म्यूज़िक में सचिन दा ने सितार और तबले की शानदार जुगलबन्दी रखी है। यह गाना असल में रोज़ी की आज़ाद तमन्ना की तान है—

मैं हूँ ग़ुबार या तूफ़ाँ हूँ
कोई बताए मैं कहाँ हूँ
डर है सफ़र में कहीं खो न जाऊँ
रस्ता नया...
आज फिर जीने की तमन्ना है
आज फिर मरने का इरादा है॥

यह जानकर आपको हैरत होगी कि ये गाना फ़िल्म से लगभग हटा ही दिया गया था। देव आनन्द और विजय आनन्द फ़िल्म की शूटिंग के लिए जयपुर जानेवाले थे। गाना तैयार नहीं था। देव की चिन्ता देखकर सचिन दा ने कहा, 'घबराइए मत, ऐसा थीम सॉन्ग दूँगा कि लोग इसे हमेशा याद रखेंगे।' गाना रिकॉर्ड हुआ पर देव इससे ख़ुश नहीं थे। विजय आनन्द भी नहीं। हालाँकि यूनिट के लोगों का कहना था कि गाना कमाल का है। इसलिए विजय आनन्द ने ज़ोर दिया कि इसे फ़िल्मा लिया जाए। ठीक नहीं लगा तो बाद में हटा लेंगे। चित्तौड़ किले में इसे शूट किया गया और शूटिंग के दौरान ही गाना यूनिट के लोगों की ज़ुबान पर ऐसा चढ़ा कि इसे हटाने का सवाल ही नहीं उठता था—

कल के अँधेरों से निकल के
देखा है आँखें मलते-मलते
फूल ही फूल ज़िन्दगी बहार है
तय कर लिया...
आज फिर जीने की तमन्ना है
आज फिर मरने का इरादा है॥

'गाइड' अपनी कहानी, निर्देशन या अभिनय के लिए जितनी याद की जाती है उतनी ही अपने गानों के लिए भी। 'गाइड' के गानों का एक-एक रेशा उसकी पटकथा से सराबोर है। रोज़ी मार्को की अवहेलना से बहुत आहत है। रामू रोज़ी को समझाता है—

> तुम्हारी आज ये हालत इसलिए है क्योंकि तुमने बग़ावत करना नहीं सीखा। या तो क़सम खा लो कि जो पैर ठोकरें मारते हैं, मरते दम तक उनके तलवे चाटती रहोगी। अगर नहीं तो अपना हक़ जताने में कोई पाप नहीं। पाप है ज़ुल्म सहने में।

इसके बाद रोज़ी बग़ावत करती है, मार्को को हालात का आईना दिखाकर वहाँ से निकल पड़ती है। राजू जब उसे अपने घर ले आता है तो रोज़ी कहती है, 'तुमने चिंगारी क्या दिखाई, मैंने आशियाँ फूँक डाला।' इस फ़िल्म के संवादों के लिए विजय आनन्द ने फ़िल्मफ़ेयर पुरस्कार जीता था। पर अफ़सोस शैलेन्द्र को अपने इन अद्‌भुत गीतों के लिए पुरस्कार नहीं मिला। उस बरस राजिन्दर कृशन ने फ़िल्म 'ख़ानदान' के गाने *तुम्हीं मेरे मन्दिर* के लिए फ़िल्मफ़ेयर पुरस्कार जीता।

बहरहाल, यहाँ राजू रोज़ी को अपनी ज़िन्दगी की हमसफ़र मान लेता है। कहता है—

> ठंडे मन से एक बात सुनोगी, तुम कोई वादा नहीं कर रही हो, तुम्हारा हाथ अपने दिल पर रखकर मैं एक वादा करना चाहता हूँ।

इस सिचुएशन पर शैलेन्द्र ने जो गीत रचा है, वह अद्‌भुत है। ग़ौर करनेवाली बात है कि राजू को इससे फ़र्क़ नहीं पड़ता कि रोज़ी का बीता जीवन क्या था, वह किन मरहलों को पार करती हुई उसकी ओर खिंची चली आई है। रोज़ी जैसी है न सिर्फ़ राजू उसे वैसा ही अपनाने का साहसिक फ़ैसला करता है बल्कि रोज़ी जो बग़ावत करती है उसकी प्रेरणा राजू ही देता है—

तेरे मेरे सपने अब एक रंग हैं
जहाँ भी ले जाएँ राहें हम संग हैं॥
मेरे तेरे दिल का तय था इक दिन मिलना

जैसे बहार आने पर तय है फूल का खिलना
ओ मेरे जीवन-साथी॥

इस गाने को शैलेन्द्र ने निर्मल प्रेम के इज़हार का एक कालजयी गीत बना दिया है। आम जीवन में प्रेम के इज़हार का लालित्यपूर्ण या नाटकीय या सिनेमाई तरीक़ा और मौक़ा बहुधा उपलब्ध नहीं होता। फ़िल्मी-गीत हमें वो मोहलत और ज़रिया देते हैं कि जीवन में प्रेम की अभिव्यक्ति अगर कभी हो तो बड़ी काव्यात्मक हो—

तेरे दुख अब मेरे, मेरे सुख अब तेरे
तेरे ये दो नैना चाँद और सूरज मेरे
ओ मेरे जीवन-साथी॥

सचिन देव बर्मन ने इस अन्तरे के बाद गीत को सेक्सोफ़ोन का स्वर्ण-स्पर्श दिया है। मनोहारी सिंह का बजाया सेक्सोफ़ोन है—

लाख मना ले दुनिया, साथ न ये छूटेगा
आके मेरे हाथों में हाथ न ये छूटेगा
ओ मेरे जीवन-साथी॥

न जाने कितनी पीढ़ियों ने शैलेन्द्र के इस गाने के ज़रिये अपने प्रेम का इज़हार किया होगा। शायद राजू की तरह ये भी कहा हो—'तुम्हारा हाथ अपने दिल पर रखकर मैं एक वादा करना चाहता हूँ।' फ़िल्मी गीत जब जीवन की धड़कन बन जाएँ तो समझिए कि उन पर समयातीत होने की मोहर लग गई है। अब वे समय के पार ज़िन्दा रहेंगे, गाये-गुनगुनाए जाते रहेंगे। यह शैलेन्द्र की कुशलता ही है कि किसी किरदार के लिए लिखा गया कोई गीत प्रेम की इतनी सरल और सघन अभिव्यक्ति बन जाए कि वह हम सबका गीत हो जाए। प्रसिद्ध लेखक असग़र वजाहत शैलेन्द्र को यूँ ही जनकवि नहीं कहते।

राजू गाइड की कोशिशों से रोज़ी अब एक बड़ी नृत्यांगना बनने की दिशा में चल पड़ी है। यहाँ 'गाइड' की पटकथा में एक नृत्य-गीत की ज़रूरत थी जिसके ज़रिये रोज़ी को हर दिन कामयाबी की सीढ़ियाँ चढ़ते दिखाया जा सके। सही मायनों में यह फ़िल्मकार विजय आनन्द की कला है कि उन्होंने कई दृश्यों का काम एक गाने से करवाने की परिकल्पना की। यहाँ शैलेन्द्र ने जो गीत रचा है वह हिन्दी सिनेमा के महानतम नृत्य-गीतों में शामिल हो गया

है। वहीदा रहमान की नृत्य-कला, उनकी चपलता और भंगिमाओं को पूरी विलक्षणता के साथ सामने लाता है यह गीत—

पिया तोसे नैना लागे रे
जाने क्या हो अब आगे रे॥
जग ने उतारे, धरती पे तारे
पर मन मेरा मुरझाये हाँ!
उन बिन आई, ऐसी दीवाली
मिलने को जिया अकुलाए
आ सजन पायल पुकारे
झनक-झन-झन, झनक-झन-झन
पिया तोसे॥

शास्त्रीय-नृत्य जिन रचनाओं—ठुमरियों या बन्दिशों वग़ैरह पर किए जाते हैं—सैकड़ों सालों से चली आ रही ठेठ ललित रचनाएँ हैं। 'गाइड' के लिए शैलेन्द्र को शास्त्रीय नृत्य के लिए बिलकुल नए तरीक़े से फ़िल्मी गीत रचना था। अपनी कल्पना और कविता की भाव-भूमि तैयार करनी थी। यह आसान काम नहीं रहा होगा पर शैलेन्द्र की जादुई कल्पनाशीलता देखिए कि उन्होंने एक अन्तरे में प्रकाश-पर्व दीपावली में नायिका के विरह को चित्रित किया है तो एक अन्य अन्तरे में पिया बिन सूनी होली का चित्र खींचा है। शेष दो अन्तरों में से एक में रात का चित्रण है और दूसरे में भोर का। उनकी बुनावट ने गीत को हिन्दी सिनेमा का एक अद्‌भुत गीत बना दिया है—

भोर की बेला सुहानी, नदिया के तीरे
भर के गागर जिस घड़ी मैं चलूँ धीरे-धीरे
तुझ पे नज़र जब जाए
जाने क्यों बज उठे कँगना
छनक-छन-छन, छनक-छन-छन
पिया तोसे॥

सचिन दा की इस पेचीदा धुन पर एक नृत्य-गीत रचना, जिसके बोलों के बीच (छोटे-बड़े) आलाप और कोरस की महीन कशीदाकारी की गई है, शैलेन्द्र के लिए ख़ासा मुश्किल रहा होगा। इसके अलावा पूरे गीत के बोलों में

जगह-जगह नृत्य और वाद्यों की ध्वनियाँ भी बुनी गई हैं। कहीं छनक-छन-छन है तो कहीं झनक-झन-झन और कहीं धिनक-धिन-धिन। धुन के सँकरे नाप के मुताबिक़ शब्दों का जो झिलमिलाता आवरण शैलेन्द्र ने रचा है, साबित करता है कि वे केवल कुशल कवि या गीतकार ही नहीं थे—बल्कि वे शब्दों के महान कारीगर भी थे—

आई होली आई, सब रंग लाई
बिन तेरे होली भी न भाए
भर पिचकारी, सखियों ने मारी
भीगी मोरी सारी हाय
तन-बदन मेरा काँपे थर-थर
धिनक-धिन-धिन, धिनक-धिन-धिन
पिया तोसे॥

संगीतकार सचिन देव बर्मन की धुनों और लता मंगेशकर के स्वर की ऊँचाई भी है यह गीत। सितार, वायलिन, बाँसुरी, संतूर, हारमोनियम, तबले और उत्तर-पूर्व के ड्रम्स जैसे तमाम वाद्यों और उसके साथ कोरस की मधुर रस-धार से रचा तक़रीबन साढ़े आठ मिनट का एक तिलिस्म...एक इन्द्रजाल... जिससे आप देर तक बाहर नहीं निकल पाते। यहाँ इस बात का ज़िक्र ज़रूरी है कि इस गाने का नृत्य-निर्देशन मास्टर सोहनलाल और उनके छोटे भाई हीरालाल ने किया था। यही नहीं वहीदा रहमान को तक़रीबन बीस दिन की ज़ोरदार प्रैक्टिस करवाई गई थी। फ़िल्म 'गाइड' में छायांकन का ज़िम्मा महान सिनेमेटोग्राफ़र फ़ली मिस्त्री ने सँभाला था, शैलेन्द्र के शब्दों को बड़ी सुन्दरता से इस गाने के फ़िल्मांकन में मूर्त रूप दिया गया है—

रात को जब चाँद चमके, जल उठे तन मेरा
मैं कहूँ मत कर ओ चन्दा, इस गली का फेरा
आना मोरा सैयाँ जब आए
चमकना उस रात को जब
मिलेंगे तन-मन, मिलेंगे तन-मन
पिया तोसे॥

विजय आनन्द ने 'गाइड' में गानों की 'जगह' बड़ी कुशलता से बनाई है।

पिया तोसे नैना लागे रे के बाद फ़िल्म में रोज़ी को कामयाब होते दिखाया गया है और कामयाबी के इस रास्ते पर ज़िन्दगी साथ बिताने का वादा। मार्को से तलाक़ हो चुका है और राजू गाइड रोज़ी के सामने ब्याह की पेशकश रखता है। हिन्दी सिनेमा के इतिहास में ये बहुत दुर्लभ कथा-वस्तु है कि नायक ऐसी नायिका से शादी की पेशकश करता है, जो एक देवदासी की बेटी है, नृत्यांगना है और जिसका तलाक़ हो चुका है। इस तरह 'गाइड' प्रगतिशील मूल्यों वाली एक फ़िल्म बन जाती है। इस पड़ाव पर गाना आता है—*गाता रहे मेरा दिल।*

'गाइड' उतार-चढ़ावों से भरी फ़िल्म है। रोज़ी की कामयाबी राजू गाइड का दिमाग़ ख़राब कर देती है। शराब और जुए की गिरफ़्त में पड़कर ख़तरनाक ढलान पर उतर जाता है वह। यहाँ से दोनों के बीच दूरियाँ आनी शुरू होती हैं। शराब में डूबे राजू को रोज़ी बर्दाश्त नहीं कर पाती। एक शाम अकेला-उदास राजू शराब पी रहा है। अकाउंटेंट मनी से वह कहता है—'बातें करने के लिए इतना तरस रहा था कि सोचा, थोड़ी पीकर अपने आप से कुछ कहूँगा।' और फिर अपनी तरंग में वो एक बहुत दार्शनिक बात कहता है—"ज़िन्दगी भी एक नशा है दोस्त...जब चढ़ता है तो पूछो मत क्या आलम रहता है...लेकिन जब उतरता है..."

दिन ढल जाए हाय रात न जाए
तू तो न आए तेरी याद सताए॥

राजू को अपनी ग़लतियों का अहसास नहीं है। उसकी तकलीफ़ है कि रोज़ी उससे दूर जा रही है। लगातार यह सोच रहा है कि उसने रोज़ी के लिए सब कुछ दाँव पर लगा दिया और उसे अवहेलना ही मिली है—

प्यार में जिनके सब जग छोड़ा और हुए बदनाम
उनके ही हाथों हाल हुआ ये, बैठे हैं दिल को थाम
अपने कभी थे, अब हैं पराए॥

शैलेन्द्र ने यहाँ राजू के दुख को बारिश से जोड़ा है। उनके गीतों का सिलसिला (फ़िल्म) 'बरसात' से ही शुरू हुआ था और उन्होंने मुम्बई में खार में ख़रीदे अपने घर का नाम भी 'रिमझिम' रखा था। बारिश से शैलेन्द्र का गहरा नाता और ये पंक्तियाँ—

ऐसी ही रिमझिम, ऐसी फुहारें, ऐसी ही थी बरसात
ख़ुद से जुदा और जग से पराए हम दोनों थे साथ
फिर से वो सावन अब क्यों न आए॥

बहुत कम लोग जानते हैं कि 'गाइड' के इस गीत का मुखड़ा हसरत जयपुरी ने लिखा था। आनन्द भाइयों को ये गाना पसन्द नहीं आया था। विजय आनन्द और देव आनन्द से मतभेद के बाद हसरत ने फ़िल्म छोड़ दी और जब शैलेन्द्र इस फ़िल्म में बतौर गीतकार आए तो विडम्बना देखिए उन्होंने इसी मुखड़े को कायम रखते हुए पूरा गीत रचा। इस धुन को गीत में ढालने के इनाम के रूप में उन्हें स्कॉच की एक बोतल भी दी गई थी। सच, हर गीत का अपना एक प्रारब्ध होता है—

दिल के मेरे पास हो इतने फिर भी हो कितनी दूर
तुम मुझसे, मैं दिल से परेशां दोनों हैं मजबूर
ऐसे में किसको कौन मनाए॥

फ़िल्म 'गाइड' अद्‌भुत गीतों का एक कैलिडोस्कोप है। इसकी पटकथा में जो गीत टाँके गए हैं, वे अनमोल नगीने हैं और उन्होंने फ़िल्म को किसी आकाशगंगा की तरह चमकीला बना दिया है। रोज़ी और राजू की दूरियाँ इतनी बढ़ चुकी हैं कि अब राजू 'गाइड' की पोशाक पहन चुका है। अपनी पुरानी ज़िन्दगी में वापस लौट रहा है। आख़िरी बार वह रोज़ी से मिलने जाता है, उसका मंच पर उतरने का समय हो चुका है—

मोसे छल किए जाए
हाय रे हाय सैयाँ बेईमान
समझा के मैं तो हारी
धमकाया दीन्हीं गारी
और करूँ भी क्या
देखो मोरा जियरा तरपाए
देखो सैयाँ बेईमान॥

इस गाने के बीज 1958 में आई सचिन देव बर्मन के संगीत से सजी फ़िल्म 'सितारों से आगे' के एक गाने में मिलते हैं। यह गाना है— *पग ठुमक*

चलत बल खाए हाय, सैयाँ कैसे धारूँ धीर। सितार, बाँसुरी और तार शहनाई से सजा यह इंटरल्यूड और फिर आते हैं शैलेन्द्र के बोल—

मन का है बैरी काला
दिल जिसे दे डाला
प्रीत मोरी पल-पल रोए
तरपाए हाय रे हाय
देखो सैयाँ बेईमान॥
मोसे छल किए जाए॥

यहाँ शैलेन्द्र ने एक बार फिर सिचुएशन के मुताबिक़ एक नृत्य-गीत रचा है। कम लोग जानते हैं कि इस गीत में तबला जाने-माने संतूर-वादक पंडित शिव कुमार शर्मा ने बजाया है। सचिन देव बर्मन का कमाल देखिए कि उन्होंने फ़िल्म में बैक-टू-बैक आनेवाले दो गीत एक ही धुन पर रचे हैं। *मोसे छल किये जाए* और *क्या से क्या हो गया बेवफ़ा तेरे प्यार में।* दोनों गाने राग झिंझोटी पर बनाए गए हैं। तो ग़ौर किया जाए कि एक ही धुन पर शैलेन्द्र को सिचुएशन के मुताबिक़ दो गीत रचने पड़े और दोनों में वो खरे उतरे हैं—

क्या से क्या हो गया बेवफ़ा तेरे प्यार में
चाहा क्या, क्या मिला बेवफ़ा तेरे प्यार में॥

दोनों गीतों के बीच का जो इंटेंस इंटरल्यूड म्यूज़िक है, उसमें राजू गाइड को एक शिकंजे में कसते दिखाया गया है। सलाख़ें, हथकड़ी, सिर पर लटकता जाल...संगीतकार, गीतकार, निर्देशक, छायाकार सबके मिले-जुले कौशल और जुनून ने 'गाइड' को खरा सोना बना दिया है।

चलो सुहाना भरम तो टूटा जाना कि हुस्न क्या है
कहती है जिसको प्यार दुनिया, क्या चीज़ क्या बला है
दिल ने क्या न सहा, बेवफ़ा तेरे प्यार में॥

इस गाने में रफ़ी साहब के स्वर की जो विकल पुकार है, उनकी आवाज़ की जो गूँज है, दिल के भीतर एक तीर की तरह उतर जाती है। दर्द की एक गहरी लकीर छोड़ते हुए। इस गाने का एक आयाम है इसके इंटरल्यूड्स में बुना गया तिलिस्मी कोरस। उस पर बाँसुरी की जो झालर टाँकी गई है...उफ़।

जीनियस सचिन दा ने हर अन्तरे के बाद के संगीत में कोरस की नक़्क़ाशी रची है, इसके सम्मोहन से बाहर निकलना मुश्किल है—

तेरे मेरे दिल के बीच अब तो सदियों के फ़ासले हैं
यक़ीन होगा किसे कि हम-तुम इक राह संग चले हैं
होना है और क्या बेवफ़ा तेरे प्यार में॥

'गाइड' में शैलेन्द्र ने एक बारिश गीत भी रचा है। गाँव में भयानक सूखा पड़ा है। हालात ऐसे मोड़ लेते हैं कि गाँव वाले राजू को कोई संत समझ लेते हैं। अब राजू को बारह दिन तक लगातार उपवास करना है ताकि भगवान पानी बरसाने के लिए मजबूर हो जाए। यहाँ सचिन देव बर्मन की आवाज़ में आता है यह गीत—

अल्लाह मेघ दे, पानी दे
छाया दे रे रामा मेघ दे
श्यामा मेघ दे॥
आँखें फाड़े दुनिया देखे आज ये तमाशा
हाय रे विश्वास मेरे हाय मेरी आशा
अल्लाह मेघ दे।

सचिन दा ने इस गीत को बांग्लादेश के बेमिसाल लोक-गायक अब्बासुद्दीन अहमद के प्रसिद्ध गीत *अल्लाह मेघ दे* के आधार पर बनाया था। अब्बासुद्दीन भटियाली और मुर्शीदी गीतों के लोकप्रिय गायक रहे हैं। 'गाइड' को चौदहवें फ़िल्मफ़ेयर पुरस्कारों में सात पुरस्कार मिले थे—सर्वश्रेष्ठ फ़िल्म निर्देशक, अभिनेता, अभिनेत्री, कहानी, संवाद और छायांकन। लेकिन एक बड़ा अफ़सोस रह गया। सचिन देव बर्मन को इस फ़िल्म के लिए सर्वश्रेष्ठ संगीतकार का फ़िल्मफ़ेयर पुरस्कार नहीं मिला था। पुरस्कार शंकर-जयकिशन को फ़िल्म 'सूरज' के लिए मिला था।

'गाइड' महज़ एक फ़िल्म नहीं थी—जुनून था, एक ख़्वाब था...कुछ फ़िल्में महज़ फ़िल्में नहीं होतीं, सेलुलॉइड पर रची कविता बन जाती हैं।

तुम्हें याद करते-करते जाएगी रैन सारी

♫

राजकपूर का सिनेमा आम आदमियों से जुड़े मुद्दों की कहानी उनके ख़ास मुहावरे में कहता था—वहाँ नगीनों की तरह जड़े होते थे शैलेन्द्र के गीत। दूसरी तरफ़ उन्होंने बिमल रॉय के संवेदनशील सिनेमा को भी अपने गीतों से सजाया। शैलेन्द्र की ख़ासियत थी कि उन्होंने हर तरह की फ़िल्म के गीत लिखे। शैलेन्द्र ने अपने समय और समाज पर करारी टिप्पणी करनेवाले गीत भी रचे हैं। लेकिन उनके लिए सबसे चुनौतीपूर्ण रहा होगा ऐतिहासिक फ़िल्मों के गीत लिखना। 'संगीत सम्राट तानसेन' (1962), 'वसन्त बहार' (1956) और 'यहूदी' (1958) इसी श्रेणी की फ़िल्में हैं और इनमें शैलेन्द्र की गीत-यात्रा के कुछ सबसे महत्त्वपूर्ण गाने हैं। बिमल रॉय की फ़िल्म 'यहूदी' के एक गाने *ये मेरा दीवानापन है या मुहब्बत का सुरूर* के लिए उन्हें सर्वश्रेष्ठ गीतकार का फ़िल्मफ़ेयर पुरस्कार भी मिला। लेकिन शैलेन्द्र की इस गीत-यात्रा में मील का पत्थर बनी एक ऐतिहासिक फ़िल्म। एक ऐसी चुनौती जिसे उन्होंने बख़ूबी निभाया। लेख टंडन की फ़िल्म 'आम्रपाली।'

11 सितम्बर, 1966 को यह फ़िल्म रिलीज़ हुई थी। यानी शैलेन्द्र के अवसान के तीन महीने पहले। 'आम्रपाली' को 39वें अकादमी पुरस्कारों में विदेशी भाषा की सर्वश्रेष्ठ फ़िल्म के वर्ग में भारतीय प्रविष्टि के रूप में भेजा गया था। निर्देशक लेख टंडन ने बताया था कि तब भारतीय फ़िल्मों पर विश्व का उतना ध्यान नहीं जाता था, जितना आज। इसलिए यह फ़िल्म शॉर्ट-लिस्ट नहीं हो सकती। यह फ़िल्म इसलिए भी मायने रखती है कि राजकपूर 'अजन्ता' नाम की एक फ़िल्म बनाना चाहते थे पर ये हो न सका। उनके असिस्टेंट रह चुके लेख टंडन ने 'आम्रपाली' के जीवन पर विस्तृत शोध किया और पेशेवर

सिनेमा के दायरे में यह कहानी पेश की। इस फ़िल्म की कथा-पटकथा ओंकार साहिब ने लिखी थी। संवाद लिखे थे अर्जुन देव रश्क ने। ये वही लेखक हैं जिन्होंने 'जिस देश में गंगा बहती है' लिखी थी। 'आम्रपाली' के गीत लिखने का ज़िम्मा सौंपा गया शैलेन्द्र और हसरत जयपुरी को और संगीत की कमान सँभाली शंकर-जयकिशन ने। इस टोली के लिए यह आसान फ़िल्म नहीं थी क्योंकि इसका परिदृश्य ईसा से भी पाँच सौ साल पहले का था। यानी गाने भी उस समय के अनुरूप रचे जाने थे और संगीत भी वैसा ही होना था। सिनेमाई गीतों के हिसाब से यह सबसे मुश्किल 'पीरियड' फ़िल्मों में गिनी जाती है। इस फ़िल्म में मगध-सम्राट अजातशत्रु की भूमिका में थे सुनील दत्त और आम्रपाली की भूमिका में थीं वैजयन्तीमाला।

आम्रपाली बौद्ध-काल में वैशाली की एक प्रसिद्ध नृत्यांगना थी। कहते हैं कि ईसा पूर्व 500 में वह एक ग़रीब दम्पती को आम के पेड़ के नीचे मिली थी और इस वजह से उसका नाम आम्रपाली रखा गया। किशोर हुई तो उसके सौन्दर्य की चर्चा दूर-दूर तक फैल गई। वैशाली राज-प्रशासन ने उसे नगर-वधू बना दिया था। वह राज-नर्तकी भी थी। ऐतिहासिक तथ्य है कि भगवान बुद्ध एक बार राजगृह जाते हुए वैशाली में आम्रपाली के घर पर रुके थे। इसके बाद उसने बौद्ध धर्म अपना लिया था।

फ़िल्म 'आम्रपाली' का आरम्भ होता है एक युद्ध से। मगध के सम्राट अजातशत्रु अपने तमाम हितैषियों और ज्योतिषियों तक की बात न मानते हुए वैशाली पर हमला कर देते हैं। उनकी हार होती है। घायल अजातशत्रु वैशाली के एक सिपाही का भेस बनाकर एक घर में शरण लेते हैं। यह नर्तकी आम्रपाली का घर है। आम्रपाली को वैशाली से अपार प्रेम है, फ़िल्म में जब उससे पूछा जाता है कि तुम्हारी माँ कौन हैं, उसका उत्तर होता है—'वैशाली।' किन्तु उसे पता नहीं कि एक शत्रु भेस बदलकर उसके घर आया है। वह घायल सिपाही की देखभाल करती है और उसके प्यार में पड़ जाती है। मगध को हराने के बाद वैशाली नगर में एक बड़े उत्सव का आयोजन किया जाता है, जहाँ मगध सम्राट अजातशत्रु का पुतला जलाया जाएगा। सिपाही के भेस में अजातशत्रु अपनी आँखों से सब देख रहा है।

लेख टंडन ने यहाँ एक भव्य गीत की परिकल्पना की थी, शैलेन्द्र ने इसे लिखा भी था और शंकर-जयकिशन ने इसका संगीत भी तैयार किया था। पर गीत फ़िल्म में मौजूद नहीं है, सम्भवत: फ़िल्म की लम्बाई ज़्यादा होने के

कारण इसे हटा दिया गया होगा। भव्य ऑर्केस्ट्रा से सुसज्जित इस गीत का सिग्नेचर म्यूज़िक ही तक़रीबन डेढ़ मिनट लम्बा और बहुत ही आकर्षक है। सितार, ढोल, मृदंग, नगाड़े, घुँघरू जैसे साज़ों और भव्य कोरस की झालर से सजा कमाल का संगीत। आम्रपाली समेत वैशाली के तमाम नागरिक इस संगीत की धुन पर उत्सव मना रहे हैं, नृत्य कर रहे हैं, लेकिन यहाँ गाने के बोल नहीं आते। गाना काट दिया गया है। शैलेन्द्र ने इस परिस्थिति को ध्यान में रखते हुए एक बड़ा सुन्दर गीत रचा है—

नाचो गाओ नाचो, धूम मचाओ नाचो
आया मंगल त्योहार लेके ख़ुशियाँ हज़ार॥
जन-मन हार नहीं सकता अन्यायी तलवारों से
राख हुआ है जो भी खेला है इन अंगारों से
सच की हरदम है जीत, सच के सारे हैं मीत
आया मंगल त्योहार लेके ख़ुशियाँ हज़ार॥

शंकर-जयकिशन ने इस गीत को किसी एक गायक या गायिका के स्वर में नहीं बल्कि समवेत स्वरों में रखा है। एक भव्य कोरस इसे गाता है। पूरे शहर की उत्सवधर्मिता को यह कोरस समेट लेता है और गाना अपने उत्कर्ष पर पहुँचता है। वैशाली संसार का पहला लोकतंत्र है। यहाँ के नागरिक अपनी जान पर खेलकर इसकी रक्षा करने को तत्पर हैं। हाल ही में उन्होंने एक अहंकारी आक्रान्ता को करारी हार दी है। ऐसे में जनसमुदाय किन शब्दों में अपनी ख़ुशी व्यक्त कर सकता है, शैलेन्द्र यह बख़ूबी जानते थे। इसीलिए तो उन्होंने *जन-मन हार नहीं सकता अन्यायी तलवारों से* जैसी शोला उगलती पंक्ति इस गाने में पिरोयी है। अपनी लेखनी, गायकी और संगीत तीनों पक्षों में यह गाना अनूठा है। अफ़सोस कि इस गाने को रुपहले पर्दे पर जगह नहीं मिली। अफ़सोस कि आज रेडियो स्टेशनों पर भी ये गाना अमूमन सुनाई नहीं पड़ता। एक अनमोल नगीने का इस तरह धुंध में खो जाना बहुत तकलीफ़देह है। उत्साह से भर देनेवाला गीत है यह—

देखेंगी जो आँखें अपने देश को बुरी नज़र से
बुझ जाएँगी, गिर जाएगा कट कर वो सर धड़ से
टूट जाएँगे हम, झुक न पाएँगे हम
आया मंगल त्योहार लेके ख़ुशियाँ हज़ार॥

'आम्रपाली' एक भव्य फ़िल्म है। अपने सेट्स, कॉस्ट्यूम्स, सिनेमेटोग्राफ़ी, संगीत सभी मामलों में उस समय इस फ़िल्म ने उत्कृष्टता के नये प्रतिमान गढ़े। मुरलीधर आचरेकर इसके आर्ट डायरेक्टर थे, जिन्होंने 'काग़ज़ के फूल' और 'जिस देश में गंगा बहती है' जैसी बेमिसाल फ़िल्मों के लिए कला-निर्देशन किया था और फ़िल्मफ़ेयर पुरस्कार भी जीता था। कैमरामैन द्वारका दिवेचा फ़िल्म-उद्योग के चोटी के छायाकार रहे और 'शोले' जैसी फ़िल्म के लिए जाने जाते हैं। इस फ़िल्म के लिए कॉस्ट्यूम डिज़ाइन किया था भानु अथैया ने जिन्होंने आगे चलकर फ़िल्म 'गांधी' के लिए ऑस्कर पुरस्कार जीता। इस फ़िल्म के नृत्य निर्देशक थे महान गोपी कृष्ण। फ़िल्म 'आम्रपाली' में सब कुछ इतना भव्य था कि इससे जुड़ी टीम ने अपनी पूरी ताक़त लगा दी थी।

राज-दरबार में जीत का उत्सव चल रहा है। नर्तकी नृत्य प्रस्तुत कर रही है। आम्रपाली वहाँ दर्शक के रूप में मौजूद है। वह नर्तकी की गलती की तरफ़ इशारा करती है। दरबार में तहलका मच जाता है और यहाँ शुरू होता है नृत्य

का एक ज़ोरदार मुक़ाबला। हिन्दी सिनेमा में नृत्य के सबसे उत्कृष्ट दृश्यों में इस प्रतियोगिता को शामिल किया जाता है। वैजयन्तीमाला और माधवी का नृत्य अद्भुत और अकल्पनीय है। निर्देशकीय सूझबूझ ये है कि लेख टंडन यहाँ गाना रखने के मोह से बच निकले हैं।

इस फ़िल्म के एक गाने के बारे में बड़ी ही दिलचस्प कहानी है। हुआ यूँ था कि शंकर-जयकिशन, शैलेन्द्र और निर्देशक लेख टंडन एक दिन फ़ेमस स्टूडियो ताड़देव में मौजूद थे। उन्हें शैलेन्द्र के लिखे एक गाने की रिकॉर्डिंग करनी थी। गाना लता मंगेशकर गानेवाली थीं और तक़रीबन सौ साज़िन्दे तैयार थे। रिहर्सल भी हो चुकी थी। बस लता जी के आते ही गाना रिकॉर्ड हो जाता। तभी स्टूडियो का फ़ोन बजा। दूसरी तरफ़ राजकपूर थे, वे शंकर-जयकिशन के शंकर से बात करना चाहते हैं। शंकर के 'हैलो' करते ही उन्होंने कहा, 'मुझे बताइए कि कविराज ने क्या गाना लिखा है?' वे शैलेन्द्र को 'कविराज' कहकर पुकारते थे। राजकपूर के आदेश पर फ़ोन पर ही शंकर ने पूरे ऑर्केस्ट्रा पर गाना गाकर बताया। यह गाना था—*काटे न कटे रैना/ मोरे लागे उनसे नैना।* गाना ख़त्म होते ही राजकपूर ने कहा कि ऐसा करो, फ़ोन लेख को दो। लेख टंडन ने बात की और सबने देखा कि उनके होश उड़ते चले जा रहे हैं, चेहरा मुरझाता चला जा रहा है। फ़ोन रखते ही सबने पूछा कि बात क्या है। लेख टंडन के चेहरे पर हवाइयाँ उड़ रही थीं। उन्होंने बताया, राज साहब चाहते हैं ये गाना उन्हें 'मेरा नाम जोकर' के लिए दे दिया जाए। अब हमारा क्या होगा?

लेख टंडन राजकपूर के सहायक रह चुके थे। राज साहब को 'ना' नहीं कह सकते थे। रही बात शैलेन्द्र या शंकर-जयकिशन की, तो ये सभी राजकपूर की टीम का हिस्सा थे, सभी राजकपूर की ही खोज थे। इनके कुछ कहने का सवाल ही नहीं उठता था। समझ नहीं आ रहा था कि अब जब लता जी आएँगी तो क्या जवाब दिया जाएगा। आफ़त तो तब हुई जब थोड़ी ही देर में लता मंगेशकर स्टूडियो में गाना गाने हाज़िर भी हो गईं। इस मुसीबत के बारे में लता जी से कौन कहे! इतना सम्मान था उनका। ऊपर से वह उनका व्यस्ततम दौर था। उनकी 'डेट्स' नहीं मिलती थीं। बहरहाल, सबके मुरझाए चेहरे देखकर लता समझ गईं कि कुछ तो गड़बड़ है। उन्हें सारा माजरा बताया गया। एक पल ख़ामोश रहीं, फिर कहा, 'तो क्या हुआ। दूसरी धुन बना लेते हैं, नया गाना लिख लिया जाएगा। दिक़्क़त क्या है।'

लता मंगेशकर शंकर-जयकिशन के साथ थोड़ी देर बैठीं और एक धुन

तैयार हो गई। जिस पर वहाँ मौजूद शैलेन्द्र ने बोल लिखे—*जाओ रे जोगी तुम जाओ रे।* सब लोग 'वाह-वाह' कर उठे। अब सवाल ये उठा कि अन्तरों का क्या होगा। शैलेन्द्र ने फ़ौरन कहा, 'ऐसा करते हैं, हम सब ठीक तीन बजे मिलेंगे। तब तक मैं पक्का अन्तरे लिख लूँगा।'

शैलेन्द्र और लेख टंडन गाड़ी में एक साथ निकल गए। रास्ते में उन्होंने बीयर ख़रीदी और अपनी पसन्दीदा जगह आरे मिल्क कॉलोनी गोरेगाँव गए। वहाँ एक रेस्त्राँ में बैठे। लेख टंडन का घबराहट के मारे बुरा हाल था। उन्हें लग रहा था पता नहीं क्या होगा। गाना बन भी पाएगा या नहीं। शैलेन्द्र सिगरेट पी रहे थे और सोचे जा रहे थे पर उनके सामने रखा काग़ज़ ख़ाली था। 1962 में शैलेन्द्र ने अपनी फ़िल्म 'तीसरी क़सम' की शूटिंग शुरू की थी। और उसके अगले चार साल उन्हें लगातार इस फ़िल्म को पूरा करने का संघर्ष करना पड़ा था। ये वही दिन थे। शैलेन्द्र की जद्दोजहद भरे दिन जब एक गीतकार फ़िल्म निर्माण के भीषण काम से जूझ रहा था।

बहरहाल, लंच भी कर लिया। लेख टंडन तनाव में थे। बड़ी मुश्किल से उन्होंने थोड़ा-बहुत कुछ खाया। दोपहर के दो बज गए। हारकर शैलेन्द्र ने कहा कि देखो भाई, मुझसे तो कुछ बन नहीं रहा है। ऐसा करते हैं रिकॉर्डिंग कैंसल कर देते हैं। लेख टंडन को काटो तो ख़ून नहीं। सौ-सौ वादक कलाकार, सारी तैयारी, ऊपर से लता मंगेशकर जैसी व्यस्त गायिका की डेट, निर्माता का ग़ुस्सा अलग। अब क्या होगा।

दोनों स्टूडियो पहुँचे। लता जी की कार पार्क देखकर दोनों के हाथ-पाँव ठंडे पड़ गए। अब क्या करेंगे। लेख टंडन ने घबराहट के मारे शैलेन्द्र से कहा, 'तुम ही सँभालो, ये मुझसे न होगा।' शैलेन्द्र स्टूडियो के उस हिस्से में लता जी के पास गए जहाँ से गायक गाना गाता है। लेख टंडन काँच के उस पार से सब देखते रहे कि दोनों बातें कर रहे हैं। उन्हें लगा कि शैलेन्द्र को लता जी डाँट पिला रही होंगी कि मेरा सारा दिन तुम लोगों ने बर्बाद कर दिया।

शैलेन्द्र बदहवासी में काग़ज़ पर कुछ लिखे जा रहे थे। लगा मानो वो काग़ज़ पर लिखकर लता जी से सॉरी कहने की कोशिश कर रहे होंगे कि उनका इतना वक़्त बरबाद किया। उन्होंने वो काग़ज़ लता जी को पकड़ाया और बाहर आ गए। अचानक जब लेख जी ने गायक वाला माइक ऑन किया, ताकि सुनें अन्दर चल क्या रहा है तो उन्हें लता जी की आवाज़ सुनाई दी—'शैलेन्द्र जी, तीन ही अन्तरे होंगे न।' लेख टंडन हैरान रह गए कि शैलेन्द्र ने वहीं के वहीं

लता जी के सामने काग़ज़ पर धाराप्रवाह गाना लिख दिया था। एक साँस में। वो भी पूरे तीन अन्तरे। कहाँ तो सारा दिन निकल गया था। सिगरेट पिये जा रहे थे। सोच में डूबे थे। और कहाँ एक साँस में पूरा गीत काग़ज़ पर उकेर दिया। यह था शैलेन्द्र का कमाल। गाना था—*जाओ रे जोगी तुम जाओ रे!* इस गाने को पढ़िए और सुनिए और इस बात पर आश्चर्य कीजिए कि शैलेन्द्र ने बस पलक झपकते ही इसे लिख डाला था।

जाओ रे जोगी तुम जाओ रे
ये है प्रेमियों की नगरी
यहाँ प्रेम ही है पूजा॥

शंकर-जयकिशन ने इस गाने को राग कामोद में स्वरबद्ध किया था। वैजयन्तीमाला की हँसी के स्वर से शुरू होनेवाले इस गाने को सुनकर लगता है कि फ़िल्म में ये किसी ऐसी जगह आता होगा जहाँ सांसारिकता और आध्यात्मिकता का संघर्ष दिखाया गया हो। लेकिन इतनी जद्दोजहद के बाद रिकॉर्ड किया गया ये गाना फ़िल्म में नहीं है। हालाँकि कुछ लोगों का कहना है कि इसे फ़िल्माया गया था। पर फ़िल्म के जितने भी संस्करण आज मौजूद हैं उन सबमें से यह गाना नदारद है—

प्रेम की पीड़ा, सच्चा सुख है
प्रेम बिना ये जीवन दुख है
जाओ रे॥

'आम्रपाली' के काल और कथानक को ध्यान में रखते हुए शंकर-जयकिशन को इसके सभी गाने शास्त्रीय रागों पर आधारित बनाने थे और उन्होंने ऐसा किया भी। ये गाना सितार की स्वरलहरियों से सजा है। उस्ताद रईस ख़ाँ साहब ने फ़िल्म 'आम्रपाली' के संगीत में सितार बजाया था। फ़िल्म-संगीत के बहुत सारे अनमोल गाने हैं जिनमें उस्ताद रईस ख़ाँ का सितार सुनाई पड़ता है—

जीवन से कैसा छुटकारा
है नदिया के साथ किनारा
जाओ रे॥

ज़रा सोचिए कि दो-दो पंक्तियों के तीन अन्तरे। वह भी पलक झपकते

लिख डालना। ये कोई ऐसे-वैसे अन्तरे नहीं हैं। शैलेन्द्र ने सचमुच 'गागर में सागर' भर दिया है। अपने कथानक और अपने किरदार के प्रति बहुत ईमानदार ये गीत शैलेन्द्र के लिखे सर्वश्रेष्ठ गीतों में से एक हैं।

ज्ञान की कैसी सीमा ज्ञानी
गागर में सागर का पानी
जाओ रे॥

दिलचस्प बात ये है कि 1964 में आई फ़िल्म 'चित्रलेखा' में साहिर लुधियानवी को भी इसी सन्दर्भ का गाना लिखने का अवसर मिला था। भगवतीचरण वर्मा के उपन्यास पर आधारित केदार शर्मा के निर्देशन वाली इस फ़िल्म में साहिर ने लिखा—*संसार से भागे फिरते हो/ भगवान को तुम क्या पाओगे।* दो अलग-अलग गीतों में ये समानता अद्‌भुत है।

'आम्रपाली' फ़िल्म में मगध-सम्राट अजातशत्रु एक घायल सैनिक के भेस में वैशाली में रह रहे हैं। उन्हें पता चला है कि कुछ बहुत उन्नत हथियारों की वजह से वैशाली इतनी बड़ी सेना को हराने में सफल रहा है। इस बीच राज-दरबार में राज-नर्तकी आम्रपाली का नृत्य चल रहा है। आम्रपाली को सैनिक की प्रतीक्षा है। वह विकलता से गीत गाते हुए नृत्य कर रही है। यह हसरत जयपुरी का लिखा हुआ गीत है—

नीलगगन की छाँव में दिन-रैन गले से मिलते हैं
दिल पंछी बन उड़ जाता है हम खोए-खोए रहते हैं॥

शैलेन्द्र और हसरत जयपुरी मिलकर कैसे एक टीम की तरह किसी फ़िल्म के लिए शब्दों के फूल खिलाते थे, उसकी बानगी है राग भूपाली पर आधारित यह गीत—

कहता है समय का उजियारा इक चन्द्र भी आनेवाला है
इन जोत की प्यासी अँखियन को अँखियों से पिलानेवाला है
जब पात हवा में बजते हैं हम चौंक के राहें तकते हैं
दिल पंछी बन उड़ जाता है हम खोए-खोए रहते हैं॥

आम्रपाली की प्रतीक्षा लम्बी होती जाती है। सैनिक का कहीं अता-पता नहीं है। उसकी विकलता बढ़ रही है। और द्वार पर तैनात सिपाहियों को हराते

हुए सैनिक राज-दरबार में पहुँच जाता है। आम्रपाली उसका राजा से परिचय करवाती है। सैनिक को देखते ही आम्रपाली के नृत्य की तरंग बढ़ जाती है। अब वह नये जोश और नई चपलता के साथ थिरक रही है। राजा सैनिक को दो घंटे बाद युद्ध-शाला में बुलवाते हैं। उन्हें सैनिक का चेहरा देखकर लगता है कि चूँकि उसकी शक्ल मगध सम्राट से मिलती-जुलती है इसलिए इसका फ़ायदा उठाया जा सकता है। अजातशत्रु का जासूस बलभद्र सेन सलाह देता है कि अब सम्राट का किसी से भी मिलना-जुलना ठीक नहीं है। सच जाने बिना आम्रपाली सैनिक के प्रेम में पड़ गई है। उसकी रातों की नींद उड़ गई है—

तुम्हें याद करते-करते जाएगी रैन सारी
तुम ले गए हो अपने संग नींद भी हमारी॥

आम्रपाली के विकल प्रेम का गीत है यह। शैलेन्द्र ने कई फ़िल्मों में अलग-अलग सिचुएशन में, प्रेम में पड़ी नायिकाओं के लिए कई कोमल गीत रचे हैं। सभी अपने-आपमें महत्त्वपूर्ण हैं पर फ़िल्म 'आम्रपाली' का यह गीत उनके लिए ख़ासा चुनौतीपूर्ण रहा होगा क्योंकि ये ईसा से पाँच सौ वर्ष पहले की कहानी है। आम्रपाली एक नगर-वधू है, एक राज-नर्तकी जो अनजाने में ही एक शत्रु-राष्ट्र के शासक से प्रेम कर बैठी है। प्रेम उसे विह्वल कर रहा है, उसे तड़पा रहा है। यहाँ शैलेन्द्र के सामने ललित-भाषा की सीमा तो थी ही साथ ही उन्हें इस निश्छल प्रेम को इतनी सुन्दरता से उभारना था कि देखनेवाले आह भी करें और वाह भी। शैलेन्द्र इसमें पूरी तरह से कामयाब रहे हैं—

मन है कि जा बसा है अनजान इक नगर में
कुछ खोजता है पागल खोई हुई डगर में
इतने बड़े महल में घबराऊँ मैं बेचारी
तुम ले गए अपने संग नींद भी हमारी॥

शैलेन्द्र के बोल, शंकर-जयकिशन की धुन और लता जी की कोमल अदायगी ने इस गाने को एक अलग ही भाव-भूमि पर पहुँचा दिया है। वैजयन्तीमाला के अभिनय और लता के स्वर का मणिकांचन संयोग, रुपहला पर्दा झिलमिला उठा इनकी चमक से। फ़िल्म संगीत में अगर ऐसे गाने खोजे जाएँ जिनमें सितार अपने सबसे सुन्दर रूप में सामने आया है, तो यह गीत उस सूची का सिरमौर होगा। शंकर-जयकिशन ने फ़िल्म आम्रपाली के सभी

गीतों में शास्त्रीयता का पुट रखा है। शास्त्रीय संगीत के जानकार बताते हैं कि यह गीत मोटे तौर पर राग भीमपलासी पर आधारित है—

बिरहा की इस चिता से तुम ही मुझे निकालो
जो तुम न आ सको तो मुझे स्वप्न में बुला लो
मुझे ऐसे मत जलाओ, मेरी प्रीत है कुँवारी
तुम ले गए अपने संग नींद भी हमारी॥

चूँकि सैनिक यानी सम्राट अजातशत्रु सुरक्षा को ध्यान में रखते हुए अपने सहयोगियों की सलाह पर आम्रपाली के पास नहीं जा रहा है इसलिए विकल आम्रपाली स्वयं सैनिक के पास चली आती है।

सैनिक उसे समझाता है, 'तुम आग से खेल रही हो।'

प्रेमिल आम्रपाली जवाब देती है, 'जल जाने से डरनेवाली होती तो लोकलाज को त्यागकर यहाँ नहीं आती।'

वीणा और सितार की अनुपम स्वरलहरियाँ रात्रि के अन्धकार में प्रकाश-पुंज की तरह छा जाती हैं, तन-मन के सारे बन्धन खुल गए हैं। नदी में एक नौका...सम्राट अजातशत्रु और आम्रपाली के प्रणय के पल...भारतीय सिनेमा सदा प्रणय-दृश्यों को लेकर संशय में रहा है। या तो इस मामले में खुलेपन की हदें पार कर जाता है या उसकी सारी कला दो गुलाबों को क़रीब आते हुए दिखाने की अजीब-सी कोशिश में गुम होकर रह जाती है। लेकिन यह दृश्य फ़िल्म आम्रपाली के लेखकीय और निर्देशकीय-कौशल की ऊँचाई है। यह शब्दों के शिल्पकार शैलेन्द्र की गीतकारी की ऊँचाई है, यह सही मायनों में कला का वह पक्ष है जिसकी ठीक-ठीक व्याख्या कोई कैसे करे!

सितार की स्वरलहरियाँ जारी हैं। आम्रपाली के चेहरे पर नदी का पानी झिलमिल-झिलमिल कर रहा है, वह नदी में एक सफ़ेद गुलाब को विकलता से चप्पू की तरह चला रही है, यह विकलता जो गीत बनकर गूँजती है—

तड़प ये दिन रात की, कसक ये बिन बात की
भला ये रोग है कैसा, सजन अब तो बता दे॥
बिना कारण उदासी क्यों, अचानक घिर के आती है
सता जाती है क्यों मुझको बदन क्यों तोड़ जाती है॥
तड़प ये॥

कितना प्यारा है ये पहला अन्तरा! कितनी ख़ूबसूरती से शैलेन्द्र बताते हैं कि प्रेम की विकलता अकारण उदासी में लिपटी होती है। राग भीमपलासी पर आधारित है यह गीत। वैजयन्तीमाला का स्वर्णिम सौन्दर्य, उनका अपने चेहरे और आँखों से सब कुछ कह देना, उनके अभिनय की गहनता, उनका नृत्य-कौशल फ़िल्म आम्रपाली में अपने शबाब पर पहुँचा है। सबसे दिलचस्प बात यह है कि 'आम्रपाली' के गीतों में कोई पुरुष स्वर नहीं है। नायक के हिस्से में कोई गीत नहीं है। फ़िल्म के गीतों को लता मंगेशकर के कंठ का स्वर्ण-स्पर्श मिला है। इन गीतों में उनकी आवाज़ का 'टोन' देखिए। उनकी गायकी की शिद्दत को महसूस कीजिए और शुक्रिया अदा कीजिए कि हम उस युग में पले-बढ़े और जिए जिस युग में लता की आवाज़ मौजूद थी। यह गाना इसलिए भी महत्त्वपूर्ण है कि इसके बाद फ़िल्म एक संगीन मोड़ लेनेवाली है। सब कुछ उलट-पुलट हो जानेवाला है। शैलेन्द्र कैसे फ़िल्म की स्क्रिप्ट की उपजाऊ ज़मीन पर अपने गीतों की सुनहरी फ़सल उगाते थे, इसकी मिसाल है ये गीत।

है आख़िर कौन-से बन्धन जो मुझसे खुल नहीं पाते
ये बादल बेबसी के क्यों बरस कर घुल नहीं जाते
तड़प ये॥

दुनिया-भर के रेडियो स्टेशन इसे बजाते नहीं थकते। जाने कितनी पीढ़ियों ने इस गीत को अपने सीने से लगा रखा है।

इसी दौरान रहस्य खुल जाता है कि सैनिक असल में मगध-सम्राट अजातशत्रु है। आम्रपाली का दिल किरच-किरच बिखर जाता है। यानी वो इतने दिनों से एक शत्रु-देश के सम्राट के प्रेम में थी। उसके दिल में जो तूफ़ान है वह नृत्य बनकर उभरता है। इस फ़िल्म में नृत्य के सबसे सुन्दर दृश्यों में से एक है यह। क्रोध, पीड़ा, दुख और हृदय का उबाल सब एक साथ अपने नृत्य में उड़ेल देती है आम्रपाली।

अजातशत्रु आम्रपाली के प्रेम में वैशाली पर आक्रमण करता है लेकिन आम्रपाली जीवन की राहों पर उसके साथ चलने से इनकार कर देती है। कहती है—

> प्रेम नहीं स्वार्थ है ये। विजय की अन्धी कामना है ये। अगर तुम्हें मुझसे सचमुच प्रेम होता तो तुम मेरी याद में जीते, जिस तरह मैं

> तुम्हारी याद अपने हृदय में छिपाए रही। चहुँओर इतनी घृणा भर चुकी है कि मैं बहुत दूर जाना चाहती हूँ।

आम्रपाली भगवान बुद्ध की शरण में चली जाती है। अजातशत्रु भी गौतम बुद्ध के रास्ते पर चल पड़ता है। 'बुद्धं शरणं गच्छामि' के समवेत-उद्घोष के साथ फ़िल्म का अन्त हो जाता है।

सत्तावन वर्ष हो गए इस फ़िल्म को रिलीज़ हुए। पर ज़रा सोचिए एक गीतकार का कैसा इन्द्रजाल है, कैसा सम्मोहन कि आज बेहद कृत्रिमता से भरे इस संसार में भी हम जब अपने प्रिय को याद करते हैं तो इसे गुनगुनाते हैं—*तुम्हें याद करते-करते जाएगी रैन सारी/ तुम ले गए हो अपने संग नींद भी हमारी।*

हाय ग़ज़ब कहीं तारा टूटा

♫

अक्सर महान फ़िल्मों के बनने की शुरुआत किसी मामूली घटना से होती है। प्रेरणा की कोई कौंध, मन में अचानक अंकुरित हुआ कोई ख़याल, किसी से मुलाक़ात, कोई बेमिसाल फ़िल्म देख लेना...कारण एकदम छोटा-सा होता है पर यहाँ से शुरू होता है एक पथरीला सफ़र। एक ऐसा सफ़र जो बरसों बाद साबित करता है कि यह एक महान फ़िल्म की यात्रा की शुरुआत थी।

सम्भवत: 'परख' की शूटिंग चल रही थी। इस फ़िल्म के संवाद भी शैलेन्द्र ने लिखे थे और गीत भी। एकमात्र फ़िल्म जिसके संवाद उन्होंने लिखे। शूटिंग के दौरान ख़ाली वक़्त में बिमल रॉय की यूनिट के तमाम लोग जैसे नबेन्दु घोष, बासु भट्टाचार्य, बी.आर. इशारा, रघुनाथ झालानी वग़ैरह जमा होते और गप्पें करते। 1958 का यही वो दौर था जब मोहन राकेश ने 'पाँच लम्बी कहानियाँ' नामक एक किताब का सम्पादन किया था, किताब राजकमल प्रकाशन से छपी थी। और इसमें शामिल थी फणीश्वरनाथ रेणु की कहानी 'तीसरी क़सम उर्फ़ मारे गए गुलफ़ाम।'

बासु भट्टाचार्य ख़ाली समय में अक्सर ही ये कहानी-संग्रह पढ़ते पाए जाते। पूरी यूनिट इस बात के लिए उनका मज़ाक़ भी उड़ाया करती थी। एक दिन शैलेन्द्र ने देखा तो पूछा, 'बासु, तुम ये क्या पढ़ रहे हो!' बासु ने शैलेन्द्र को किताब थमा दी और उनसे कहा, 'आप इस पुस्तक में फणीश्वरनाथ रेणु की कहानी 'मारे गए गुलफ़ाम' पढ़िए। मेरी नज़र में यह अब तक की सबसे अच्छी कहानी है।' शैलेन्द्र ने जब कहानी पढ़ी तो उनके मन में धुन सवार हो गई कि उन्हें इस कहानी पर फ़िल्म बनानी है। उन्होंने 23 अक्टूबर, 1960 को फणीश्वरनाथ रेणु को एक पत्र लिखा—

बंधुवर फणीश्वरनाथ, सप्रेम नमस्कार। आपकी कहानी मुझे बहुत पसन्द आई। फ़िल्म के लिए इसका उपयोग कर लेने की अच्छी सम्भावनाएँ हैं। आपका क्या विचार है?

रेणु उन दिनों आकाशवाणी पटना में काम कर रहे थे। उन्होंने इस चिट्ठी के जवाब में शैलेन्द्र को एक पत्र लिखा, जिसमें अपनी स्वीकृति दे दी। इसके बाद रेणु को मुम्बई बुलवाया गया। सारी योजनाएँ तैयार की गईं। नबेन्दु घोष से पटकथा लिखवाई गई। संवाद ख़ुद 'रेणु' ने ही लिखे। 'तीसरी क़सम' का मुहूर्त पूर्णिया में किया गया था। 14 जनवरी, 1961 को फ़िल्म की शूटिंग शुरू हो गई। तब किसी को अन्दाज़ा तक नहीं था कि इसके निर्माण की राहों पर काँटे ही काँटे बिखरे हैं और यह फ़िल्म शैलेन्द्र के लिए आत्महन्ता बन जाएगी। बहुत सारी कहानियाँ हैं 'तीसरी क़सम' के निर्माण से जुड़ी हुई पर यहाँ हम सिर्फ़ गीतों की ही बात करेंगे।

'तीसरी क़सम' कोई आम फ़िल्म नहीं है। इसे इस तरह देखा जाना चाहिए कि फ़िल्म का आइडिया 'परख' के सेट पर आया था। जब इसकी शूटिंग चल रही थी तब राजकपूर 'संगम' बना रहे थे। जिस दौरान फ़िल्म बन रही थी, 'मुग़ल-ए-आज़म', 'दिल अपना और प्रीत पराई', 'जंगली', 'ताजमहल', 'कश्मीर की कली', 'वक़्त' जैसी फ़िल्में रिलीज़ हुईं। इससे अन्दाज़ा लग सकता है कि तब का पेशेवर सिनेमा किस तरह का था। फ़िल्म-जगत पर रूमानियत हावी थी। मेलोडी का मीठा राज था। गाने लोगों के सिर चढ़कर बोल रहे थे और मोटे तौर पर गाने फ़िल्म के हिट होने की गारंटी भी थे। साठ का दशक फ़िल्म-संगीत का सुनहरा दशक था। ऐसे में ठेठ ग्रामीण भावभूमि वाली फ़िल्म बनाना, उसके लिए एक बिलकुल नये निर्देशक को चुनना, अनुभव न होते हुए भी ख़ुद प्रोड्यूसर बन जाना...सब अपने आप में एक बड़ा जोखिम था, जो शैलेन्द्र ने लिया और इसकी उन्हें बहुत बड़ी क़ीमत चुकानी पड़ी। फ़िल्म बनाने के इस जज़्बाती फ़ैसले ने शैलेन्द्र को आर्थिक नुक़सान तो पहुँचाया ही, उनके मन पर जो गहरी खरोंचें लगीं, जिस तरह के धोखे मुम्बई के फ़िल्म-जगत से उन्हें मिले, उससे उनका दिल टूट गया। शैलेन्द्र ने अपने इस सपने के टूट जाने, बिखर जाने के बाद जो गीत रचा था वह था—*रुला के गया सपना मेरा।* यही उनका लिखा आख़िरी गीत बन गया।

'तीसरी क़सम' का नायक हीरामन एक सीधा-सादा गाड़ीवान है। मेहनत

करता है, बैलगाड़ी चलाता है और अपना गुज़ारा करता है। एक दिन बिना ज़्यादा कुछ सोचे वह बैलगाड़ी में चोर-बाज़ारी का माल लदवा लेता है। उसे अन्दाज़ा तक नहीं कि इसका अंजाम क्या होगा। बैलगाड़ी में चोर-बाज़ारी का माल ले जा रहा है और एक गाना गा रहा है। यह गीत उसके उसूलों की आवाज़ है—

सजन रे झूठ मत बोलो
ख़ुदा के पास जाना है
ना हाथी है न घोड़ा है
वहाँ पैदल ही जाना है॥
सजन रे॥

'तीसरी क़सम' के लिए पहले महमूद और नूतन का चुनाव किया गया था पर आख़िरकार फ़िल्म के सितारे बने राजकपूर और वहीदा रहमान। नूतन उस समय माँ बननेवाली थीं और फ़िल्म करने की स्थिति में नहीं थीं। बासु

भट्टाचार्य ने महमूद का चुनाव इसलिए किया था क्योंकि उन्हें एक ऐसा अभिनेता चाहिए था जिसकी कोई ख़ास छवि न हो। महमूद का सितारा तब तक चमका नहीं था। कहते हैं कि राजकपूर ने ख़ुद शैलेन्द्र के सामने फ़िल्म करने का प्रस्ताव रखा था और केवल एक रुपये मेहनताना लिया था। हालाँकि उन्होंने शैलेन्द्र को समझाया भी था कि वो फ़िल्म-निर्माण के चक्कर में न पड़ें। यह काम उनकी शख़्सियत के अनुरूप नहीं है—

तुम्हारे महल-चौबारे
यहीं रह जाएँगे सारे
अकड़ किस बात की प्यारे
ये सर फिर भी झुकाना है॥
सजन रे॥

फणीश्वरनाथ रेणु ने 'मारे गए गुलफ़ाम' 1954 में लिखी थी। सबसे पहले ये पटना से प्रकाशित लघु पत्रिका 'अपरम्परा' में छपी। इसके बाद 'रेणु' के संग्रह 'ठुमरी' में इसे शामिल किया गया—जो 1958 में आया था। किसे पता था यह कहानी एक दिन पन्नों से लेकर रजत-पट तक का सफ़र तय करेगी—

भला कीजै भला होगा
बुरा कीजै बुरा होगा
बही लिख-लिखके क्या होगा
यहीं सब कुछ चुकाना है॥
सजन रे॥

क़रीब चालीस साल के हीरामन के भोलेपन, उसकी ईमानदारी और सच्चाई को दिखाने के लिए फ़िल्म की एकदम शुरुआत में रखा गया यह गीत सहज-सरल भाषा में लिखा गया एक दार्शनिक गीत है, मुकेश की सादगी भरी आवाज़ ने इसे एक नया आयाम दिया है—

लड़कपन खेल में खोया
जवानी नींद भर सोया
बुढ़ापा देखकर रोया
वही क़िस्सा पुराना है॥
सजन रे॥

इस गाने के बाद पुलिस का छापा पड़ता है और हीरामन किसी तरह मौक़ा देख अपनी बैलगाड़ी भगाता है। बीच रास्ते में गाड़ी से बैलों को खोल देता है। गाड़ी हाथ से गई और बड़ी मुश्किल से जान बची। हीरामन घर आकर पहली क़सम खाता है, 'अब कभी चोरी का माल बैलगाड़ी में नहीं लादूँगा।'

इसके बाद बाँस लादने की वजह से हीरामन मुसीबत में पड़ता है और उसकी ख़ूब कुटाई होती है। तब दूसरी क़सम खाता है, 'अब कभी बैलगाड़ी पर बाँस नहीं लादूँगा।'

इस इनकार के बाद सेठ गाड़ी ज़ब्त कर लेता है। हीरामन अब दूसरे की गाड़ी चलाता है और सर्कस के बाघों को पहुँचाने का जोखिम भरा काम करके इतने पैसे कमाता है कि उसकी अपनी छप्पर वाली सुन्दर-सी बैलगाड़ी आ जाए। इस गाड़ी में एक दिन चम्पानगर के मेले से एक ज़नाना सवारी लेता है, जिसे गढ़बनेली के मेले जाना है। इस तरह शुरू होता है एक सफ़र, जिसमें मासूम बातें हैं, अनगढ़, अनकहा, अभिशप्त प्रेम है, गीत-गत्रनई हैं और है अपार पीड़ा। हीराबाई पूछती है, 'तुम्हारा नाम क्या है भैया?' जवाब मिलता है, 'हीरामन।' हीराबाई कहती है, 'तब तो तुम्हें मैं मीता कहूँगो। जब एक ही नाम होता है तो मीता कहते हैं।' हीरामन हीराबाई को नौटंकी का अभ्यास करते सुनता है, 'कहीं भी कोई अपना नहीं ज़माने में, न आशियाने के बाहर, न आशियाने में।' हीरामन नौटंकी के दर्द भरे इन संवादों को सुनकर गा उठता है—

सजनवा बैरी हो गए हमार
चिठिया हो तो हर कोई बाँचे
भाग न बाँचे कोई
जाए बसे परदेस सजनवा
सौतन के भरमाए
ना सन्देस न कोई ख़बरिया
रुत आए रुत जाए
डूब गए हम बीच भँवर में
करके सोलह पार॥

शैलेन्द्र के पुरखों का ताल्लुक़ बिहार के आरा ज़िले से था। शैलेन्द्र भोजपुरी से अच्छी तरह परिचित थे और बिहार से उनका गहरा लगाव भी था। इस गाने

को सुनकर बरबस विश्वास नहीं होता कि यह एक गाड़ीवान का पारम्परिक लोकगीत नहीं है बल्कि इसे शैलेन्द्र ने रचा है—

सूनी सेज गोद मेरी सूनी
मरम न जाने कोई
छटपट तड़पे पीत बिचारी
ममता आँसू रोए
ना कोई इस पार हमारा
ना कोई उस पार॥

फणीश्वरनाथ रेणु ने ख़ुद लिखा है कि *सजनवा बैरी हो गए हमार* तो ऐसा बन गया है कि 'देवदास' के *बालम आए बसो मेरे मन में* की तरह युगों तक गाया जाएगा।

तीन दिन के इस सफ़र में हीराबाई और हीरामन के बीच एक अदृश्य डोर बँध जाती है। हीरामन को संगीत का शौक़ है इसलिए हीराबाई उससे महुआ घटवारिन का गीत सुनाने को कहती है। हीरामन महुआ की कहानी हीराबाई को सुनाता है। लेखक और निर्देशक की कुशलता है कि महुआ घटवारिन की कहानी और यह गीत आपस में गूँथ दिए गए हैं—

दुनिया बनानेवाले क्या तेरे मन में समाई
तूने काहे को दुनिया बनाई।
काहे बनाए तूने माटी के पुतले
धरती ये प्यारी-प्यारी मुखड़े ये उजले
काहे बनाया तूने दुनिया का खेला
जिसमें लगाया जवानी का मेला
गुपचुप तमाशा देखे वाह रे तेरी खुदाई॥

यह गीत शैलेन्द्र ने नहीं हसरत जयपुरी ने लिखा है। हसरत की गीतकारी पर शैलेन्द्र के विश्वास का प्रतीक है यह गीत। ये हसरत जयपुरी का 'शैलेन्द्र की शैली' में लिखा गया गीत है। इस गीत की एक और अन्तर्कथा है। जब राजकपूर 'आग' बना रहे थे, गीतकार मजरूह सुल्तानपुरी ने उसमें एक गीत लिखा था—*रात को जी चमके तारे।* और उन्होंने इस गाने के पैसे नहीं लिये थे। मजरूह ने अपने इंटरव्यू में बताया है कि उस दौर में एक गाने का मेहनताना

ढाई सौ रुपये होता था जो किसी डिप्टी कलेक्टर की पूरे महीने की तनख़्वाह होती थी। आज़ादी के बाद जो असन्तोष था, उसके रहते मजरूह ने नेहरू पर एक कविता लिखी—

ये भी कोई हिटलर का है चेला
मार लो साथ जाने न पाए
कॉमनवेल्थ का दास है नेहरू
मार ले साथी जाने न पाए

ज़ाहिर है कि मजरूह के ख़िलाफ़ वॉरंट जारी कर दिया गया। राजकपूर को अन्दाज़ा लग गया था कि मजरूह कभी भी जेल चले जाएँगे, ऐसे में उनके परिवार का क्या होगा। पैसे देने की पेशकश को ख़ुद्दार मजरूह ठुकरा देंगे। राजकपूर ने एक तरकीब सोची। वे मजरूह से मिले और कहा कि मुझे एक गाना दे दीजिए। सिचुएशन है कि ऊपर वाले तुमने ये दुनिया क्यों बनाई। कहते हैं कि मजरूह ने तब मुखड़ा लिखा—*दुनिया बनानेवाले क्या तेरे मन में समाई/ तूने काहे को दुनिया बनाई।* इसके बदले में राजकपूर ने उन्हें एक हज़ार रुपये दिए, ताकि अगर मजरूह गिरफ़्तार भी हो जाएँ तो उनका परिवार मुश्किल में न पड़े। किसे पता था कि ये गीत आगे चलकर 'तीसरी क़सम' का हिस्सा बनेगा। और एक गीतकार शैलेन्द्र की फ़िल्म में दूसरे गीतकार मजरूह के मुखड़े को लेकर तीसरे गीतकार हसरत यह गाना पूरा करेंगे।

चूँकि इस गाने की बात चल रही है तो बता दें कि फ़िल्म में सुमन कल्याणपुर की आवाज़ में इस गाने का एक अतिरिक्त अन्तरा है जो रिकॉर्ड पर नहीं है—

प्रीत बनाके तूने जीना सिखाया
हँसना सिखाया, रोना सिखाया
जीवन के पथ पर मीत मिलाए
मीत मिलाके तूने सपने जगाए
सपने जगा के तूने
काहे को दे दी जुदाई॥

'तीसरी क़सम' तीस घंटे के सफ़र में पनपी इसी अनकही प्रीत की मासूम कथा है, जिसमें गहरी पीड़ा है, साथ की चाहत को बेदर्दी से कुचल देना है।

एक-दूसरे से छूट जाना है। बिना कुछ कहे। फिर से मिलने की उम्मीद के बिना। इस फ़िल्म से जुड़ी कई घटनाएँ महत्त्वपूर्ण हैं जिनका दस्तावेज़ीकरण मिलता है। एक बार पवई झील के किनारे शैलेन्द्र ने रेणु जी से आग्रह किया कि वो महुआ घटवारिन का गीत सुनाएँ ताकि उसके आधार पर फ़िल्मी-गीत रचा जा सके। चूँकि रेणु जी को पूरा गीत याद नहीं था, इसलिए उन्होंने सावन-भादों का एक लोकगीत भरे गले से सुनाया। सुनकर शैलेन्द्र की आँखें छलछला उठीं। रेणु और शैलेन्द्र गले लगकर रो पड़े और देर तक रोते रहे। इसके कई दिन बाद जब रेणु शैलेन्द्र के घर 'रिमझिम' पहुँचे, तो उन्होंने टेप पर एक स्पूल लगाकर उन्हें उसी दिन रिकॉर्ड किया गया गीत सुनवाया। जिज्ञासावश रेणु ने पूछा कि क्या ये 'तीसरी क़सम' के लिए लिखा गया है, तो शैलेन्द्र ने जवाब दिया कि ये 'बन्दिनी' का गीत है। गीत बजना शुरू हुआ—'अबके बरस भेज भैया को बाबुल, सावन में लीजो बुलाए रे।' सुनकर फिर शैलेन्द्र और रेणु उसी दिन की तरह देर तक फूट-फूटकर रोते रहे।

जब हीरामन बताता है कि मेला सामने है, तो हीराबाई का मन बुझ जाता है। कहती है, इतनी जल्दी पहुँच गए। भोला-भाला हीरामन कहता है, इतनी जल्दी कहाँ, पूरे तीस घंटे लगे हैं। हीराबाई हैरान रह जाती है, तीस घंटे बीत गए! दूर कहीं ढोलक की तड़कदार आवाज़ गूँज रही है। हीरामन बाई को आराम करने का कहकर खिंचा चला जाता है, वहाँ तमाम गाड़ीवान मिलकर महफ़िल जमाए हुए हैं और लालमोहर गा रहा है—

चलत मुसाफ़िर मोह लिया रे पिंजड़ेवाली मुनिया
उड़-उड़ बैठी हलवैया दोकनिया
बर्फी के सब रस ले लिया रे पिंजड़ेवाली मुनिया॥

मन्ना डे ने इस गीत को ख़ूब निभाया है। उनकी अदायगी इतनी सम्पूर्ण है कि कहीं से नहीं लगता कि वे एक सम्भ्रान्त शहरी गायक थे। संगीतकार शंकर-जयकिशन ने गाने का वाद्य-संयोजन बाक़ायदा देसी रखा है, मानो गाँव में कोई चैती गाई जा रही हो। हारमोनियम और ढोलक की थाप थिरकने पर मजबूर कर देती है। निर्देशक ने यह गाना एक सह-कलाकार विश्वा मेहरा पर ही फ़िल्माया है। इसे राजकपूर जैसे कद्दावर अभिनेता पर फ़िल्माने के मोह से बचा गया है।

उड़-उड़ बैठी बजजवा दोकनिया
कपड़ा के सब रस ले लिया रे पिंजड़ेवाली मुनिया॥

मुनिया एक नन्ही चिड़िया होती है, जिसे बहेलिए पकड़कर पिंजरे में बन्द कर देते हैं और ग़ैर-क़ानूनी तरीक़े से बाज़ारों में बेचते हैं। उसकी मीठी चहक सबका दिल लुभाती है, पर क्या पिंजरे में क़ैद मुनिया का दिल कभी किसी पर आ सकता है? शैलेन्द्र ने नौटंकी में गानेवाली हीराबाई के लिए पिंजरे वाली मुनिया का और गाड़ीवान हीरामन के लिए मुसाफ़िर का अनूठा रूपक गढ़ा है—

उड़-उड़ बैठी पनवड़िया दोकनिया
बीड़ा के सब रस ले लिया रे पिंजड़ेवाली मुनिया॥

शैलेन्द्र ने इसे बाक़ायदा एक लोकगीत की तरह रचा है और यह कुशलता उन्हें एक बड़ा गीतकार बनाती है यह गीत पटकथा में कितना गहरा धँसा है इसे समझना ज़रूरी है। नौटंकी जगह-जगह लगनेवाले मेलों का हिस्सा है और हीराबाई वहाँ नाचती है। मिठाई, कपड़े और पान की दुकानें भी इन मेलों का अटूट हिस्सा होती हैं। हीराबाई जहाँ जाती है, वहाँ लोगों की नज़रें उसकी तरफ़ घूमती चली जाती हैं, लोग उसके दीवाने बनते चले जाते हैं लेकिन वह एक भोले-भाले सच्चे दिल के गाड़ीवान के साथ सफ़र क्या करती है, नेह का एक मज़बूत धागा जुड़ जाता है और दिल की सुराही में तड़प लबालब भर जाती है।

नौटंकी में हीराबाई का पहला खेला होनेवाला है और वह अपने मीता यानी हीरामन को कहती है कि वह ज़रूर देखने आए। हीरामन अपने साथी गाड़ीवानों के साथ पहुँचता है और हीराबाई का गाना शुरू होता है—

पान खाए सैंया हमारो
साँवरी सुरतिया होंठ लाल-लाल
हाय हाय मलमल का कुर्ता
मलमल के कुर्ते पे छींट लाल-लाल॥
हमने मँगाई सुरमेदानी,
ले आया ज़ालिम बनारस का ज़र्दा
अपनी ही दुनिया में खोया रहे वो,
हमरे दिल की न पूछे बेदर्दा
पान खाए सैयाँ हमारो॥

‘तीसरी क़सम’ में शैलेन्द्र ने जिस तरह लोक-परम्परा में रचे-बसे गीत लिखे हैं, इससे पता चलता है कि उनके भीतर कैसा खाँटी मन था। इस गाने से जुड़ी दिलचस्प बात यह है कि सचिन देव बर्मन चूँकि सफ़ेद कुर्ता और धोती पहनते थे और लगातार पान खाने की आदत की वजह से हमेशा उस पर लाल छींटे पड़े होते थे, शैलेन्द्र ने यह गीत उन्हीं पर रचा था लेकिन हर गाने की अपनी क़िस्मत होती है। इस गाने को सचिन देव बर्मन के संगीत वाली किसी फ़िल्म में नहीं बल्कि ‘तीसरी क़सम’ में ही होना था—

बगिया गुन-गुन, पायल छुन-छुन,
चुपके-से आई है रुत मतवाली
खिल गईं कलियाँ दुनिया जाने,
लेकिन न जाने बगिया का माली
पान खाए सैयाँ हमारो॥

गीतों के नृत्य निर्देशन के लिए बनारस से लच्छू महाराज को बुलवाया गया था। वहीदा रहमान के बतौर हीराबाई नौटंकी के सारे नृत्य लच्छू महाराज के निर्देशन का ही कमाल हैं।

खाके गिलौरी शाम से ऊँघे
सो जाए वो दिया-बाती से पहले
आँगन-अटारी मैं घबराई डोलूँ
चोरी के डर से दिल मोरा दहले
पान खाए सैयाँ हमारो॥

‘तीसरी क़सम’ में लैला-मजनू की एक नौटंकी भी रखी गई थी और इसके लिए ख़ास तौर पर शंकर-शम्भू क़व्वाल की मदद ली गई थी। इसे शंकर-शम्भू के साथ मुबारक बेगम ने गाया था। ये हिन्दी सिनेमा के इतिहास की एक सुनहरी लकीर है। शैलेन्द्र ने इस फ़िल्म में तीन गीत और लिखे थे—*हाय ग़ज़ब कहीं तारा टूटा/ आ आ भी जा और लाली लाली डोलिया*। तीनों गीत कहानी में अपनी भूमिका को कुशलता से निभाते हैं। ‘तीसरी क़सम’ के ये गीत शैलेन्द्र की गीतकारी की ऊँचाई हैं—

हाय ग़ज़ब कहीं तारा टूटा
लूटा रे लूटा मेरे सैयाँ ने लूटा॥

पहला तारा अटरिया पे टूटा
दाँतों तले मैंने दाबा अँगूठा
लूटा रे लूटा साँवरिया ने लूटा॥
दूसरा तारा बजरिया में टूटा
देखा है सबने के मेला सा छूटा
लूटा रे लूटा सिपैया ने लूटा॥
तीसरा तारा फुलबगिया में टूटा
फूलों से पूछे कोई, है कौन झूठा
लूटा रे लूटा दरोगा ने लूटा॥
हाय गजब कहीं तारा टूटा॥

लाली लाली डोलिया रेणु की मूल कथा में शामिल है और सम्भवत: लोकगीत की शक्ल में लोकप्रिय भी है—

लाली लाली डोलिया में लाली रे दुल्हनिया
पिया की पियारी भोली भाली रे दुल्हनिया
मीठे बैन तीखे नैनों वाली रे दुल्हनिया॥

'तीसरी क़सम' को सेलुलॉइड पर रची कविता बनाने में छायाकार सुब्रत मित्र का अहम योगदान रहा है। सुब्रत मित्र सत्यजीत राय की पहली फ़िल्म 'पाथेर पांचाली' के छायाकार भी थे।

'तीसरी क़सम' का निर्माण शैलेन्द्र के लिए आसान नहीं रहा था। इसे बनाने में उन्हें पाँच बरस लग गए थे। तरह-तरह की समस्याओं का सामना करना पड़ा। शूटिंग रुक-रुक कर होती रही। हौसला टूटा सो अलग। इसके अलावा फ़िल्म के अन्त को लेकर भी राजकपूर और अन्य लोगों का सुझाव था कि हीराबाई और हीरामन को मिलवा दिया जाना चाहिए, वरना दर्शक दुखान्त फ़िल्म को स्वीकार नहीं करेंगे। पर शैलेन्द्र मूल कथा से किसी तरह का समझौता करने को राज़ी नहीं थे। रेलवे स्टेशन पर हीरामन और हीराबाई का अनकही विकलता के साथ बिछड़ जाना दर्शकों के मन को शून्य से भर देता है। हीराबाई कहती है, 'तुमने कहा था न महुआ को सौदागर ने ख़रीद लिया। मैं बिक चुकी हूँ मीता।' गाड़ी छूट जाती है। साथ छूट जाता है। रह जाता है तो हीरामन के कन्धे पर मीता का दिया शॉल। अनकहे प्रेम की ऊष्मा

का प्रतीक। जब हीरामन बैलों को कोड़ा मारकर चलाना चाहता है तो हीराबाई की आवाज़ गूँजती है, 'मारो मत' और मुकेश की आवाज़ में ये पंक्तियाँ—

प्रीत बनाके तूने जीना सिखाया
हँसना सिखाया, रोना सिखाया
जीवन के पथ पर मीत मिलाए
मीत मिलाके तूने सपने जगाए
सपने जगा के तूने
काहे को दे दी जुदाई॥

खीजा हुआ हीरामन 'तीसरी क़सम' खाता है, 'फिर कभी कम्पनी की बाई को गाड़ी में नहीं बिठाएँगे।'

फणीश्वरनाथ रेणु फ़िल्म से इतने प्रसन्न थे कि उन्होंने कहा, 'कहानी लिखने से सौ गुना ज़्यादा रोमांच फ़िल्म देखने पर हुआ।'

आख़िरकार 4 मार्च, 1966 को 'तीसरी क़सम' रिलीज़ कर दी गई। शुरुआती तौर पर फ़िल्म बॉक्स-ऑफ़िस पर बुरी तरह नाकाम रही। हालाँकि आगे चलकर इसे हिन्दी सिनेमा की एक कालजयी फ़िल्म करार दिया गया और इसने अच्छी कमाई भी की पर इस फ़िल्म की कामयाबी की चमक देखने के लिए शैलेन्द्र मौजूद नहीं थे। 'तीसरी क़सम' की रिलीज़ के नौ महीने बाद 14 दिसम्बर, 1966 को उन्होंने आख़िरी साँस ली—उस दिन जब राजकपूर अपना जन्मदिन मना रहे थे। राजकपूर ने कहा था—"मेरे दोस्त ने जाने के लिए कौन सा दिन चुना, किसी का जन्म, किसी का मरण। कवि था ना, इस बात को ख़ूब समझता था।"

'तीसरी क़सम' को राष्ट्रपति का स्वर्ण-पदक मिला था। देश-विदेश में इसे आज तक सराहा जाता है। कालजयी फ़िल्म माना जाता है। लेकिन इस सुनहरे ख़्वाब को पूरा करने की तमन्ना में शैलेन्द्र फ़ना हो गए। शैलेन्द्र होते तो उनकी कलम से कुछ और गीत फूटते। ऐसे गीत जिनमें जज़्बात की नमी होती, ऐसे गीत जो जीवन की राहों पर हमारी आवाज़ बन जाते। पर एक साथ था जो एक झटके में छूटा—'हाय ग़ज़ब कहीं तारा टूटा।'

गंगा मैया तोहे पियरी चढ़इबो

[शैलेन्द्र के भोजपुरी गीत]

♫

गीतकार शैलेन्द्र का जन्म यूँ तो रावलपिंडी में हुआ था, लेकिन भोजपुरी संस्कृति से उनका गहरा जुड़ाव था। उनके घर पर बाक़ायदा भोजपुरी बोली जाती थी। शैलेन्द्र के परिवार के पास उनकी एक डायरी है जिसमें उनकी अपनी हस्तलिपि में दादा, पिता और गाँव का नाम लिखा हुआ है, अख्तियारपुर, आरा। 2019 में उनकी बेटी अमला शैलेन्द्र मजूमदार पटना गई थीं और अपने पूर्वजों के गाँव और अपनी जड़ों की तलाश में अख्तियारपुर भी गई थीं। वहाँ बुज़ुर्ग लोगों से बातचीत भी की थी। शैलेन्द्र का भोजपुरी से जुड़ाव ही था कि उन्होंने भोजपुरी में कुछ कविताएँ लिखीं जैसे *जानी तोरे दिल का हवाल* इस कविता की कुछ पंक्तियाँ हैं—

सेठ मोटेलाल
तोर कूटनीतिया कमाल।
तू करे अनाज-चोरी
तू करे काला-बाज़ारी
ख़ून के सागर उबाल॥
हमारी कमइया पै
भैंसा जस मुटाई गइलौ
दुखिया के पेट पै अकाल
सेठ मोटेलाल॥

इसके अलावा उनकी एक और कविता है *दिल्ली के पनघट पै* जिसमें भोजपुरी की मिठास नज़र आती है—

आड़ के मन बाँटन, मन भाई गयौ रे
दिल्ली के पनघट पै
मुरलीधर की मुरली से भी
मीठी तोरी बोली
ओ रामा मीठी तोरी बोली
छोड़ के खाना, तोड़ के खूँटा
भगी रिफ़्यूजी गैया
ताक धिन रसिया नाच नचाई गयौ रे
दिल्ली के पनघट पै॥

शैलेन्द्र ने 'तीसरी क़सम' में *चलत मुसाफ़िर मोह लियो रे* और *पान खाए सैयाँ हमार* जैसे भोजपुरी मिज़ाज वाले शानदार गीत लिखे हैं। ध्यान से देखें तो शैलेन्द्र की गीतकारी में लोक-भाषा और लोक-संस्कृति के तत्त्व ख़ूब मिलते हैं। जहाँ-जहाँ ज़रूरत पड़ी शैलेन्द्र ने भोजपुरी के तत्त्वों का इस्तेमाल किया। 1961 में आई कृष्ण चोपड़ा के निर्देशन वाली फ़िल्म 'चारदीवारी' में उन्होंने एक बड़ा प्यारा गीत रचा था—*कैसे मनाऊँ पियवा गुण मेरे एकहु नाहीं/ आई मिलन की बेला, घबराऊँ मन माहीं।* इस गाने को सलिल चौधरी के संगीत-निर्देशन में मुकेश ने गाया है।

भोजपुरी से शैलेन्द्र का अनुराग था ये बात किसी से छिपी नहीं है। शैलेन्द्र की बेटी अमला शैलेन्द्र मजूमदार बताती हैं कि बाबा अच्छी भोजपुरी बोलते थे और जब संगीतकार चित्रगुप्त और बाबा मिलते तो वो भोजपुरी में ही बातें करते थे। आपको ये बता दें कि चित्रगुप्त श्रीवास्तव का ताल्लुक़ भी बिहार से था। शायद इसीलिए जब भोजपुरी में पहली फ़िल्म बननी शुरू हुई तो उसमें शैलेन्द्र को बतौर गीतकार चुना गया और चित्रगुप्त को बतौर संगीतकार। उसके बाद जो हुआ वो इतिहास है। चित्रगुप्त के लिए शैलेन्द्र ने दो भोजपुरी फ़िल्मों में गाने रचे।

'गंगा मैया तोहे पियरी चढ़इबो' फ़िल्म के बनने की अपनी एक कहानी है। 1950 के आख़िर में भारत के तत्कालीन राष्ट्रपति डॉ. राजेन्द्र प्रसाद को मुम्बई में आयोजित एक फ़िल्म-समारोह में मुख्य-अतिथि के रूप में आमंत्रित किया गया था, जहाँ भाषण देते हुए उन्होंने कहा था, 'शायद आप जानते होंगे कि मेरी मातृभाषा भोजपुरी है, हालाँकि साहित्यिक तौर पर समृद्ध तो नहीं

लेकिन सांस्कृतिक विविधता से सनी बहुत ही प्यारी और संस्कारी बोली है। आप फ़िल्मकारों की पहल अगर इस ओर भी हो तो मुझे सबसे ज़्यादा ख़ुशी होगी।' वहाँ ग़ाज़ीपुर के उसिया गाँव के निवासी जाने-माने अभिनेता नज़ीर हुसैन मौजूद थे। उन्होंने डॉ. राजेन्द्र प्रसाद को यक़ीन दिलाया कि वह इस दिशा में काम करेंगे। तब तक नज़ीर हुसैन के पास 'गंगा मैया तोहे पियरी चढ़इबो' की कथा-पटकथा तैयार थी। उन्होंने कहानी बिमल रॉय को दी थी। नज़ीर हुसैन बिमल रॉय के मुख्य सहायक और लेखक भी हुआ करते थे। पर बिमल रॉय फ़िल्म को भोजपुरी में न बनाकर हिन्दी में बनाना चाहते थे। इसी दौरान राजेन्द्र बाबू की मुलाक़ात आरा बिहार के एक व्यापारी विश्वनाथ प्रसाद शाहाबादी से हुई। उन्होंने भोजपुरी फ़िल्म बनाने का सपना उनसे साझा किया और बतलाया कि नज़ीर हुसैन के पास कहानी भी है। विश्वनाथ शाहाबादी मुम्बई आए और कहानी सुनकर फ़िल्म बनाने को राज़ी हो गए। यह अलग बात है कि फ़िल्म का जो बजट तय हुआ था उससे क़रीब ढाई गुना ज़्यादा ख़र्च हो गया। फ़िल्म के निर्देशक के रूप में चयन हुआ कुन्दन कुमार का—जो इससे पहले

'बड़े घर की बहू' जैसी फ़िल्म बना चुके थे। 'गंगा मैया तोहे पियरी चढ़इबो' फ़िल्म 22 फरवरी, 1963 को पटना के वीणा सिनेमा में प्रदर्शित की गई थी और ख़ासी कामयाब भी रही थी। यह फ़िल्म कोलकाता के हिन्द सिनेमा और बनारस के प्रकाश सिनेमा में भी प्रदर्शित की गई थी। तब बनारस में एक कहावत चल पड़ी थी—'गंगा नहा, बिसनाथ दरसन करा, गंगा मइया देखा, तब घरे जा।' यानी गंगा स्नान करो, काशी विश्वनाथ मन्दिर में दर्शन करो, फ़िल्म 'गंगा मैया तोहे पियरी चढ़इबो' देखो इसके बाद घर लौटो।

'गंगा मैया तोहे पियरी चढ़इबो' के कलाकार थे कुमकुम, असीम कुमार, नज़ीर हुसैन, लीला मिश्रा, हेलेन, कुमारी पद्मा (यानी पद्मा खन्ना, जिनकी यह पहली फ़िल्म थी), सुजीत कुमार, टुनटुन, रामायण तिवारी, जगन्नाथ शुक्ला वग़ैरह। इस फ़िल्म की कथा, पटकथा और संवाद नज़ीर हुसैन ने लिखे थे। फ़िल्म के गीत शैलेन्द्र ने लिखे थे और संगीत दिया था चित्रगुप्त ने। इन सभी कलाकारों का ताल्लुक़ भोजपुरी इलाक़ों से था।

'गंगा मैया तोहे पियरी चढ़इबो' साठ के दशक की फ़िल्म है। जिस साल यह फ़िल्म रिलीज़ हुई थी, साफ़-सुथरी सामाजिक फ़िल्मों का दौर चल रहा था। एच.एस. रवैल की 'मेरे महबूब', एम. सादिक की 'ताजमहल', नासिर हुसैन की 'फिर वही दिल लाया हूँ', बी.आर. चोपड़ा की 'गुमराह', विजय आनन्द की 'तेरे घर के सामने', मोनी भट्टाचार्य की 'मुझे जीने दो', श्रीधर की 'दिल एक मन्दिर', वी. शान्ताराम की 'सेहरा' और बिमल रॉय की 'बन्दिनी' जैसी फ़िल्में इस बरस रिलीज़ हुई थीं। इन फ़िल्मों के ज़रिये उस समय के फ़िल्म-परिदृश्य का अन्दाज़ा अच्छी तरह लगा सकते हैं।

महत्त्वपूर्ण बात यह है कि फ़िल्म में जहाँ उत्तर भारतीय किसानों का ख़ून चूसती सामन्ती प्रथा को रेखांकित किया गया है वहीं कई ज़रूरी सामाजिक मुद्दे फ़िल्म में एक साथ नज़र आते हैं। किसानों में शराबख़ोरी की लत, लड़कियों की शिक्षा, बेमेल विवाह, विधवा विवाह और दहेज जैसे मुद्दों की झलक फ़िल्म में पिरोयी गई है। इस फ़िल्म ने उस समय उत्तर भारतीय दर्शकों का दिल जीत लिया और उसकी एक बहुत बड़ी वजह थी कि उन्हें इसमें अपने जीवन की सम्पूर्ण झलक देखने को मिली थी और सबसे बड़ी बात यह थी कि ये फ़िल्म उनकी अपनी बोली में थी। भोजपुरी की इस पहली फ़िल्म को भोजपुरी समाज ने बड़े गर्व से देखा और हाथों-हाथ लिया।

'गंगा मैया तोहे पियरी चढ़इबो' की लोकप्रियता को किसी भी तयशुदा

पैमाने से नहीं आँका जा सकता। न जाने कितनी पीढ़ियों की स्मृतियों का हिस्सा बन चुकी है यह फ़िल्म। शैलेन्द्र के गाने इस मामले में और भी महत्त्वपूर्ण बन जाते हैं कि इन गीतों को उन्होंने पहले से मौजूद किसी लोकगीत की पूर्व-प्रेरण से नहीं लिखा, किसी रचना को इनका आधार नहीं बनाया। इस फ़िल्म के गीतों को आज लोकगीतों का दर्जा प्राप्त है। ये बाक़ायदा भोजपुरी लोक-संस्कृति और भोजपुरी समाज के मानस का हिस्सा बन चुके हैं। अब शीर्षक गीत को ही लीजिए, भोजपुरी-भाषी कोई घर ऐसा न होगा जहाँ इस गाने को बीती कुछ पीढ़ियों से गुनगुनाया न जाता रहा हो, लोगों को ये गीत कंठस्थ न हो। किसी गीतकार का रचना-कर्म लोक-संस्कृति का गहरा हिस्सा बन जाए, इससे बड़ी कामयाबी शायद कोई और नहीं हो सकती—

हे गंगा मैया तोहे पियरी चढ़इबो
सैयाँ से करि दे मिलनवा हाय राम,
सैयाँ से करि दे मिलनवा हो राम॥
गंगा नहाइ, सूरज पैंयाँ लागि आई
माँगइ एके मँगनवा हो राम॥

पियरी का अर्थ है पीली साड़ी। 'गंगा मैया तोहे पियरी चढ़इबो' के ज़्यादातर गाने लता मंगेशकर ने गाए हैं और उनकी अदायगी इतनी कमाल की है कि लगता ही नहीं कि यह कोई भोजपुरी भाषी गायिका नहीं है। इस गाने में लता मंगेशकर के साथ उषा मंगेशकर का स्वर भी है।

ना मोरे गुन-ढंग न मोरे करनी
ना मोरे एको गहनवा हो राम
खोल घूँघट जब पिया मोको देखिहैं
करबैनी कौने बहनवा हाय राम॥

गीतकार शैलेन्द्र ने भोजपुरी की इस पहली ही फ़िल्म में अपने गीतों के ज़रिये जो उत्कृष्ट मंच तैयार किया था, उसे बहुधा आज के भोजपुरी सिनेमा ने भुला दिया है। साठ के दशक में इस फ़िल्म के बाद आई तमाम भोजपुरी फ़िल्मों के ज़रिये उत्कृष्ट गीतों की बहार आ गई थी और सबसे बड़ी बात कि हिन्दी सिनेमा के चोटी के तमाम गायक-गायिकाओं ने उन्हें गाया था। आशा भोसले, सुधा मल्होत्रा, सुमन कल्याणपुर, मन्ना डे, हेमन्त कुमार,

तलत महमूद और मोहम्मद रफ़ी जैसे कलाकारों की आवाज़ों ने इन गानों को चाशनी से भर दिया था।

एके कोठरिया में आना रे जाना
एके कोठरिया में रहना हो राम
गुन-अवगुन मोरा सब जग जाने
पीहर से लेके अँगनवा हाय राम॥
हे गंगा मैया तोहे पियरी चढ़इबो
सैयाँ से करि दे मिलनवा हाय राम॥

संगीतकार चित्रगुप्त श्रीवास्तव का ताल्लुक़ बिहार के गोपालगंज ज़िले के कमरैनी गाँव से था। हिन्दी सिनेमा की दुनिया में उनका शुमार सबसे ज़्यादा पढ़े-लिखे व्यक्तियों में होता है। उन्होंने अर्थशास्त्र और पत्रकारिता दोनों में स्नातकोत्तर की पढ़ाई की थी और कुछ समय तक पटना विश्वविद्यालय में अर्थशास्त्र के लेक्चरर भी रहे थे। लता मंगेशकर ने चित्रगुप्त के संगीत-निर्देशन में अपने कुछ बड़े अद्भुत गीत गाए हैं। कहते हैं कि लता जी ने इस फ़िल्म में गाने के लिए किसी पारिश्रमिक की माँग नहीं की थी।

फ़िल्म में सुमित्री के जीवन की कथा है। वह गाँव की एक सीधी-सादी लड़की है और बचपन में गाँव के ठाकुर बेचन सिंह के बेटे श्याम के साथ खेल-कूद कर बड़ी हुई है। श्याम शहर से एम.ए. पास करके गाँव वापस आता है। उसके स्वागत में उसके पिता ठाकुर बेचन सिंह एक बिदेसिया गायिका की प्रस्तुति रखते हैं। बिदेसिया गायिका की भूमिका हेलन ने निभाई है। इस गाने को गाया है सुमन कल्याणपुर ने—

हम त खेलत रहनी अम्मा जी के गोदिया
करि गइले तबहीं बियाह रे बिदेसिया
छवरे महीना कहिके गइले कलकतवा
बीत गइल बारह बरीस रे बिदेसिया
अब त लगल मोरा सोरहवाँ साल
लोगवा नज़र लगावेला।
अब हम कइसे चली डगरिया
लोगवा नज़र लगावेला॥

'गंगा मैया तोहे पियरी चढ़इबो' में लोकप्रियता के तमाम तत्त्वों को शामिल किया गया था। इसमें समाज में व्याप्त कुरीतियों पर सवाल खड़े किये गए हैं और तब की हिन्दी फ़िल्मों जैसा गाढ़ा मेलोड्रामा रचा गया है, ताकि लोगों की आँखें बार-बार नम हो जाएँ, यही नहीं फ़िल्म में बिदेसिया शैली का गीत, मुजरा, विदाई गीत और रूमानी गीतों को भी शामिल किया गया है। सभी गीत अपने समय में बेहद लोकप्रिय रहे हैं और एक पूरी पीढ़ी ऐसी है जो इसे गुनगुनाती रही है। इस गाने को शैलेन्द्र ने बिदेसिया गीतों की परम्परा में लिखा है। उत्तर भारत से बड़ी तादाद में कमाई के लिए लोग बड़े शहरों की ओर पलायन करते रहे हैं। यह प्रवासी बड़े शहरों में अपने गाँव-जवार को याद करके बिदेसिया गीत गाते रहे हैं। हिन्दी फ़िल्मों में बिदेसिया की एक मिसाल है शत्रुघ्न सिन्हा की बनाई फ़िल्म 'कालका' का एक गीत, संगीतकार थे जगजीत सिंह—

घरवा के सुधबुध सब बिसराई के
कहवा करे हैं रोजगार रे बिदेसिया
गाँव गली सब बिछड़े रामा, छूटी खेती-बारी
दो रोटी की आस में कैसी दुर्गत भइल हमारी
बिदेसिया॥

यहाँ यह ज़िक्र ज़रूरी है कि भोजपुरी भाषा के शेक्सपियर कहे जानेवाले लोक-नाट्यकार भिखारी ठाकुर रचित नाटक 'बिदेसिया' बहुत प्रसिद्ध है। इस नाटक के माध्यम से उन्होंने उस स्त्री की वेदना का चित्रण किया है जिसका पति रोज़ी-रोजगार के चक्कर में कलकत्ता चला गया है—

पियवा गइले कलकतवा ए सजनी
गोड़वा में जूता नइखे, मथवा पे छतवा ए सजनी
कैसे चलिहैं रहतवा ए सजनी॥

बहरहाल, 'गंगा मैया तोहे पियरी चढ़इबो' के इस गाने में शैलेन्द्र ने बिदेसिया की उसी भाव-भूमि को अपनाया है। पर यह नहीं भूलना चाहिए कि फ़िल्म में यह एक नृत्य-गीत है। यहाँ शैलेन्द्र लिखते हैं—

पूरब देस गइल मोरे सैयाँ, बइठ गइल बिसराय
रैन अन्हरिया टिप-टिप बरसे, रिस-रिस जिया रिझाय
घर-घर सब बतियावेला

अब हम कइसे चली डगरिया
लोगवा नज़र लगावेला॥

शहर से पढ़कर आए श्याम (असीम कुमार) और सुमित्री (कुमकुम) की नज़रें यहाँ पहली बार मिलती हैं। दोनों के मन में प्रेम के अंकुर फूटने लगते हैं। हालाँकि अभी तक श्याम सुमित्री को पहचान नहीं पाया है कि ये वही लड़की है जिसके साथ खेलते हुए उसका बचपन बीता है।

बाग़ बगइचा महुआ फूले अमवा जब मोजराय
पापी पपीहा बोलिया मारे जियरा मोरा जलाय
मन मोरा डूबत जाला ना॥
देहिया कैसे चढ़ी उमिरिया
लोगवा नज़र लगावेला।

गाने के इस समय उपलब्ध ज़्यादातर वीडियो संस्करणों में यह अन्तरा नहीं मिलता लेकिन शैलेन्द्र ने यह अन्तरा भी लिखा था—

अब त हमरा पीछे लगवा लोगवा कई हजार
हमरे कारण सब केहू मारे-काटे के तैयार
अइसन सब धमकावेला
एक दिन चली गँड़ासा-भाला
लोगवा नज़र लगावेला॥

सुमित्री के पिता लखन सिंह छोटे-मोटे किसान हैं। उन्हें शराब की भारी लत है। वे ठाकुर बेचन सिंह से जब-तब उधार लेते हैं और उसके सूद के जंजाल में फँस चुके हैं। उनका मानना है कि बेटी के लिए कोई रामचन्द्र अपने आप ही मिल जाएँगे। उसकी शादी सही जगह पर हो जाएगी। यह भारतीय समाज का सदियों से चला आ रहा भाग्यवाद है। इधर सुमित्री को जब श्याम का साथ मिलता है तो उसके जीवन में जैसे बाँसुरी की तान घुल जाती है—

काहे बाँसुरिया बजौले
रे सुध बिसरौले
गइल सुख-चैन हमार॥

'गंगा मैया तोहे पियरी चढ़इबो' में गाँव का वह रूप नज़र आता है जो

अब कहीं बचा नहीं है। कच्चे छप्पर वाले घर, पनघट-रहट, ताड़ीख़ाना, ढिबरी-लालटेन, काँधे पर हल लादकर खेती पर जाना, पंचायत के ज़रिये मुद्दों का हल खोजना, घर की महिलाओं का कलेवा पहुँचाने के लिए खेत पर जाना—यह सब अब एक सपना बनकर रह गए हैं। जिस तरह से बीते पचहत्तर सालों में गाँव वीरान होते चले गए हैं और शहर एक बदहवासी बनते गए हैं, उसने गाँवों का मूल-चरित्र हमसे छीन लिया है। आज की पीढ़ी को गाँव की पुरानी बातें सुनाएँ और जब आज के गाँव उन्हें दिखाएँ तो वह समझ नहीं पाती कि जो वे देख रहे हैं वह सच है या जो अपने बुज़ुर्गों से सुन रहे हैं वह सच है—

कँटवा-कँकरिया कुछ नाहीं देखली हो
खोजत-खोजत तोहे, इहाँ चली अइली
काहे के मतियाँ फिरौले रे डगरी भुलौले
गइल सुख चैन हमार॥

यहाँ सुमित्री और श्याम के बीच एक बड़ा मासूम प्रेम पलता दिखाया गया है। यह जोड़ी अपने जीवन के सुनहरे ख़्वाब बुन रही है, उसे अन्दाज़ा भी नहीं कि तकदीर ने उनके लिए काँटों से भरी राह तय कर रखी है।

गाँव गीरामिन मारेला बोलिया
संग के सहेलिया, करेला ठिठोलिया
काहे के नाम धरौले, के दगिया लगौले
गइल सुख चैन हमार॥

हमने शैलेन्द्र के हिन्दी फ़िल्मी गीत ख़ूब सुने हैं। ये गीत जब-तब हमारे होंठों पर सजते भी रहते हैं। कई बार हमें अहसास भी नहीं होता कि यह शैलेन्द्र का ही गीत है। मिसाल के लिए 1959 में आई फ़िल्म 'छोटी बहन' का गीत—*भैया मेरे राखी के बन्धन को निभाना*—इस गीत के बिना रक्षाबन्धन का पर्व अधूरा ही होता है, इसके बावजूद इसे शैलेन्द्र से जोड़कर कहाँ देखा जाता है। दूसरी मिसाल 1960 में आई फ़िल्म 'मासूम' के गाने की है—*नानी तेरी मोरनी को मोर ले गए*—आज एक नर्सरी-राइम या बाल-गीत का रूप ले चुका है, इंटरनेट पर इसके असंख्य संस्करण उपलब्ध हैं पर इस गीत को भी शैलेन्द्र से जोड़कर नहीं सुना जाता। ये दोनों गीत शैलेन्द्र की कलम से निकले और आज जनमानस की स्मृतियों में गहरी जड़ें बना चुके हैं। इन गीतों

का प्रभाव लोकगीतों से कम नहीं है। यही शैलेन्द्र जब भोजपुरी सिनेमा के गीतों की भावभूमि रचते हैं तो उनके यहाँ भावनाओं की मिठास और गीतकारी की कारीगरी देखते ही बनती है—

तोरी बाँसुरिया में गिनती के छेदबा
मनवा हमार पिया छलनी भइलबा
काहे पिरीत बढ़ौले, की अगिया लगौले
गइल सुख चैन हमार॥

इस गाने का एक दूसरा संस्करण भी है जो कोठे पर होता है। तकदीर के थपेड़े मजबूर सुमित्री को शहर में कोठे पर पहुँचा देते हैं। उसके जीवन के सारे सपने धूल हो चुके हैं। प्रेम तो कब का पीछे छूट गया। उसके लिए जीवन एक बोझ बन गया है। अपनी दशा का वर्णन वह कुछ इस तरह करती है—

सजनवा देखि ले कइसन हमार हाल भइल
मरे के जोग न लागल, जियल मुहाल भइल
लगाके प्रीत पिया तोसे सब भुला देहले
तोहरा बियोग में रो-रो जिया बेहाल भइल
अगिया लगौले रे दगिया लगौले॥

ग़ौर करनेवाली बात है कि अपने भोजपुरी गीतों में शैलेन्द्र हिन्दी से आए शहरी दुनिया के कृत्रिम गीतकार नहीं लगते। वह भोजपुरिया संस्कृति और समाज में रचे-बसे सच्चे गँवई नज़र आते हैं। अपने बिदेसिया गीत में लिखते हैं—*रैन अन्हरिया टिप-टिप बरसे, रिस-रिस जिया रिझाय* ध्वनि से परिपूर्ण कितनी ललित पंक्ति है यह। इस गीत के सामान्य संस्करण में वे लिखते हैं—*मतियाँ फिरौले रे डगरी भुलौले*। और इस उदास संस्करण में उनका प्रयोग देखिए—*अगिया लगौले रे दगिया लगौले*। सचमुच, शैलेन्द्र की उत्कृष्टता का कोई सानी नहीं है।

तोहरा के साथ का छूटल, सिंगार रूठ गइल
हमार आस के रे सारे तार टूट गइल
ना जग के लाज न आपन सरम बचा सकनी
रे कौन चोर मोहे दिन-दहाड़ लूट गइल

अगिया लगौले रे दगिया लगौले॥
काहे बाँसुरिया बजौले॥

सुमित्री गाँव की बाक़ी लड़कियों की तरह पनघट पर जाती है, खेत पर जाती है, घर के छोटे-बड़े सारे काम करती है। फ़िल्म-लेखक ने अपनी पटकथा में पनघट पर सहेलियों संग गीत की गुंजाइश रची है। सुमित्री अपनी सखियों के साथ मिलकर पनघट पर गाती है—

मोरे करेजवा में पीर हाय रामा
कइसे भइल रामा कइसे भइल
लागल नयनवा के तीर हाय रामा
अइसे भइल रामा अइसे भइल॥

यह गीत लता मंगेशकर और उषा मंगेशकर ने गाया है। इस गाने में ग्राम्य-जीवन की झलक तो नज़र आती ही है साथ ही सहेलियों की ठिठोली भी दिखती है। सुमित्री प्यार की राहों पर आगे बढ़ रही है। उसे ये विश्वास है कि उसे श्याम के साथ अपना भावी जीवन बिताना है। यह सोच-सोचकर उसके दिल में उमंग की लहरें उठने लगती हैं, उस दौर की न जाने कितनी लड़कियों ने प्रेम में पड़कर अपने गाँव में ये गीत गुनगुनाया है—

जबसे सुनौले पिया मीठी मुरलिया
रहे लागल जियरा अधीर
हाय रामा कइसे भइल रामा कइसे भइल॥

1965 में भोजपुरी और मगधी फ़िल्म सम्मान समारोह आयोजित किया गया था। इसमें शैलेन्द्र को 'गंगा मैया तोहे पियरी चढ़इबो' के गानों के लिए सर्वश्रेष्ठ भोजपुरी गीतकार का सम्मान दिया गया था। कहते हैं कि पंडित राममूर्ति चतुर्वेदी 1963 में आई फ़िल्म 'बिदेसिया' के लोकप्रिय गीतों की वजह से इस सम्मान के पक्के दावेदार माने जा रहे थे। पर सच यही है कि 'गंगा मैया तोहे पियरी चढ़इबो' की पहाड़ जैसी लोकप्रियता के सामने कोई और फ़िल्म तो आज भी नहीं टिक सकती।

मनवां तो मिल गइले पियाजी के मन से
रहे गइल छटपट सरीर हाय रामा
कइसे भइल रामा कइसे भइल॥

हम तो मिट जाइब पिरितिया मिटे ना
पत्थर पे जइसे लकीर हाय राम
कइसे भइल रामा कइसे भइल॥

यहाँ से फ़िल्म एक मार्मिक मोड़ ले लेती है। ठाकुर बेचन सिंह अपने बेटे की शादी उसी से करेगा जो पन्द्रह हज़ार रुपये बतौर दहेज दे सकेगा। ज़ाहिर है कि यह लखन सिंह की हैसियत से बाहर की बात है। वह सुमित्री का रिश्ता ताड़ीख़ाने के अपने पियक्कड़ साथी अधेड़ रईस मुनेश्वर से कर देता है। अपने घर से सुमित्री विदा हो जाती है। और फ़िल्म में आता है वह गीत जो शैलेन्द्र के दिल के बहुत क़रीब था। उनकी बेटी अमला बताती है कि बाबा ने हमेशा यह कहा कि फ़िल्म में इस गाने के बाद के दृश्य वो कभी देख ही नहीं सके क्योंकि उनकी आँखें हमेशा आँसुओं से धुँधली हो जाती थीं—

सोनवा के पिंजरा में बन्द भइल हाय राम
चिरई के जियवा उदास
टूटि गइल डालिया, छितरि गइल खोंतवा
छूट गइल नील रे अकास॥

जाने कितनी आँखें इस गाने को सुन-सुनकर बरसीं और बरसती रह गईं। जाने कितनी लड़कियों की विदाई पर ये गीत बजाया गया और जाने कितने दिल अपनी बिटिया की विदाई पर रेज़ा-रेज़ा बिखर गए। रेडियो पर आज भी जब कभी ये गीत सुनाई पड़ता है तो जाने कितने गालों से आँसू ढुलकते हैं। मोहम्मद रफ़ी की आवाज़ की कँपकँपाहट, उसका दर्द इसे और भी मार्मिक बना देता है। फ़िल्म 'नीलकमल' के गीत *बाबुल की दुआएँ लेती जा, जा तुझको सुखी संसार मिले* को विदाई का सर्वश्रेष्ठ फ़िल्मी-गीत माना जाता है। संगीतकार रवि ने स्वयं मुझे बताया था कि इस गाने की रिहर्सल और रिकॉर्डिंग में रफ़ी बिलख-बिलख कर रो पड़ते थे। पूछने पर पता चला कि उनकी बेटी की जल्दी ही शादी होनेवाली है और उसकी विदाई का सोचते ही वो रो पड़ते हैं।

पर ये गाना इसके क़रीब छह बरस बाद रिकॉर्ड किया गया था। फ़िल्म 'नीलकमल' 21 सितम्बर, 1968 को रिलीज़ हुई थी जबकि 'गंगा मैया तोहे पियरी चढ़इबो' 1962 में बनी और 22 फ़रवरी, 1963 को रिलीज़ हुई थी। भोजपुरी फ़िल्मों के जिस पुरस्कार-समारोह का ऊपर ज़िक्र है उसमें मोहम्मद रफ़ी

को सर्वश्रेष्ठ गायक का पुरस्कार इसी गाने के लिए दिया गया था।

छल-छल नैना निहारे चुप-चिरई
चलली बिदेसवा रे मइया के दुलरुई
आँसुआँ के मोतिया निसानी मोरे बाबुला
धरि गइनी हम तोरे पास॥

सुमित्री भावी जीवन के सुनहरे सपनों और वैवाहिक जीवन की उमंगों और तरंगों के साथ अपने पिता के घर से विदा नहीं हो रही है। उसे लगभग अपने पिता की उम्र के एक अधेड़ और पियक्कड़ व्यक्ति से ब्याहा जा रहा है। श्याम के साथ प्रेमिल जीवन बिताने का उसका सपना रेशा-रेशा बिखर गया है। यह हर उस लड़की की पीड़ा का गीत है जिसे अपनी इच्छा के ख़िलाफ़ किसी बेमेल विवाह में झोंक दिया जाता है। शैलेन्द्र के गीतों की जड़ें अपनी पटकथा में कितनी गहरी धँसी होती हैं, इसकी नज़ीर आपको यहाँ भी नज़र आएगी। इस अन्तरे में उन्होंने कैसे नायिका के हृदय की गहन पीड़ा को शब्द दिए हैं—

बिलखत रहि गइली संग के सहेलियाँ
ले गइल बाँध के निठूर रे बहेलिया
मोरे मत-मितवा भुला दे अब हमरा के
छोड़ि दे मिलन के तू आस॥

'गंगा मैया तोहे पियरी चढ़इबो' बहुत नाटकीय फ़िल्म है। नायिका जीवन के हालात से तंग आकर एक पुल से कूदकर आत्महत्या करने का प्रयास करती है और एक कोठेवाली उसे बचाकर अपने साथ ले जाती है। अब उसे कोठे में मुजरा करने पर मजबूर किया जाता है। इस सिचुएशन पर शैलेन्द्र ने क्या जादू रचा है कि आप उफ़-उफ़ करते रह जाएँ। इसे भी लता मंगेशकर ने गाया है—

लुक छिप बदरा में चमके जैसे चन्दा मोरा मुख दमके॥
मोरी कुसमी रे चुनरिया इतर गमके।
सोनवा अइसन पियर मोरी रँगवा
फुलवा अइसन कोमल मोरे अँगवा
हिरनी अइसन कजरवा नैना चमके
मोरा मुख दमके॥

शुरुआत से ही भोजपुरी गीतों को शैलेन्द्र ने कविता की जो ऊँचाई दी थी उसे उनके समकालीन गीतकारों ने तो निभाया लेकिन ये सिलसिला आगे कायम नहीं रह सका। 1963 में आई 'लागी नाहीं छूटे रामा' के गाने मजरूह सुल्तानपुरी ने लिखे थे और 1965 में अभिनेत्री कुमकुम ने जब फ़िल्म 'भौजी' बनाई तो इसके गीतकार भी मजरूह सुल्तानपुरी थे। जबकि इसी बरस कुमकुम निर्मित फ़िल्म 'गंगा' के गीत शैलेन्द्र जी ने रचे थे।

हमरी बारी उमर लड़कोरिया
भँवरा नेहा लगावे बरजोरिया
हलका डोलत पायलिया मोरी छमके
मोरा मुख दमके॥
चम्पा फूली चमेली फूले बगिया
सुधि न लिहले राम बलम बैरगिया
केहू न जाने बसेला कहँवा रम के
मोरा मुख दमके॥

इस गाने की धुन और फ़िल्म 'लागी नाहीं छूटे रामा' के गीत *लाल-लाल होंठवा से बरसे ललइया कि रस चुएला* में काफ़ी समानता नज़र आती है। दोनों के संगीतकार चित्रगुप्त ही हैं। 1964 में एक फ़िल्म आई 'नैहर छूटल जाए।' इस फ़िल्म के कलाकार थे—कुमकुम, देवेन वर्मा, असित सेन, बद्री प्रसाद, लीला मिश्रा वग़ैरह। निर्देशक थे—देवेन्द्र। इस फ़िल्म के संगीतकार थे—जयदेव। संगीतकार जयदेव वर्मा के बारे में ख़ास बात ये है कि उन्होंने काफ़ी समय लखनऊ में उस्ताद अली अकबर ख़ाँ से संगीत की तालीम लेते हुए गुज़ारा था। वे उत्तर भारतीय लोक-संस्कृति से भली-भाँति परिचित थे। उन्होंने इस फ़िल्म में कमाल का संगीत दिया है। शैलेन्द्र और जयदेव ने इसके अलावा सम्भवत: किसी भी फ़िल्म में साथ काम नहीं किया। पर ये जानना दिलचस्प होगा कि चूँकि जयदेव संगीतकार सचिन देव बर्मन के सहायक थे इसलिए सचिन दा की फ़िल्मों के संगीत के लिए जयदेव और शैलेन्द्र का साथ ज़रूर हुआ और कई-कई फ़िल्म में हुआ।

जयदेव ने शैलेन्द्र का लिखा यह गीत मोहम्मद रफ़ी से गवाया। 'गंगा मैया तोहे पियरी चढ़इबो' के गाने *सोनवा के पिंजरा में* जहाँ रफ़ी साहब ने चित्रगुप्त के संगीत निर्देशन में लोगों की आँखें नम कर दी थीं, वहीं दूसरी तरफ़

'नैहर छूटल जाए' के इस गाने में रफ़ी की आवाज़ की मस्ती देखते ही बनती है। शैलेन्द्र की लिखी एक-एक पंक्ति को उन्होंने जैसे अपनी आवाज़ से धड़का दिया है—

जियरा कसक-मसक मोर रहे लागल
मन में आके केहू चोर रहे लागल॥
तोरे प्रेम जोगवा ई रोगवा लगौली
अपनी रे नगरी के डगरी भुलौली
अँखियाँ अँखियन में तोर रहे लागल॥
जियरा कसक-मसक मोर रहे लागल॥
फागुन के आई गेले रुत अलबेलिया
हिरनी के छौना मन करे अठखेलिया
बगियन कोयल के शोर रहे लागल॥
जियरा कसक-मसक मोर रहे लागल॥

प्रेम में पड़े नायक की मस्ती को जिस तरह शैलेन्द्र ने भोजपुरी लालित्य दिया है वह सचमुच अतुलनीय है। भोजपुरी सिनेमा के जिन गानों को आप बार-बार सुनना चाहेंगे, ये गाना उनमें से एक है। 'नैहर छूटल जाए' फ़िल्म का नाम अवध के नवाब वाज़िद अली शाह की राग भैरवी पर आधारित एक बेमिसाल ठुमरी 'बाबुल मोरा नैहर छूटो जाए' से प्रेरित है। इस ठुमरी के कई फ़िल्मी और ग़ैर-फ़िल्मी संस्करण आ चुके हैं। कुन्दनलाल सहगल ने इसे 1938 में रायचन्द बोराल के संगीत निर्देशन में फ़िल्म 'स्ट्रीट सिंगर' के लिए गाया था जबकि जगजीत सिंह और चित्रा सिंह ने इसे 1973 में बासु भट्टाचार्य की फ़िल्म 'आविष्कार' के लिए गाया था। संगीतकार थे—कनु रॉय। शैलेन्द्र ने इस फ़िल्म के लिए इस लोकप्रिय ठुमरी का एक अलग ही रूप रचा है। जयदेव और शैलेन्द्र दोनों के लिए यह एक कड़ी चुनौती रही होगी, जिसे दोनों महान कलाकारों ने बख़ूबी निभाया है। 'नैहर छूटल जाए' के इस शीर्षक गीत को गाया है लता मंगेशकर और सखियों ने—

मोरा नैहर छूटल जाए,
बाबुल मोरा नैहर छूटल जाए
चललीं रे देसवा पराए
नैहर छूटल जाए।

खेलनी सहेली संग ये घर अँगना
होई गई ओहि बालापन के रे सपना
अबलौं जीवन निसहाय
मेरा नैहर छूटल जाए॥
का मोर दुख रे केहु न बतावेला
कौन ससुर न केहू समझावेला
चल दीन्हीं दुनिया पराई
मोरा नैहर छूटल जाए।

इस अद्‌भुत गाने को सुनकर आँखें नम हो जाती हैं। क्या धुन, क्या बोल और क्या गायकी! कभी-कभी अफ़सोस होता है कि एक व्यापक दायरे तक ये गीत पहुँच नहीं सका। इस फ़िल्म में एक होली गीत भी ऐसा ही है जिसे मन्ना डे और आशा भोसले ने गाया है—

बम भोला। अरे जी बम बोला।
आगड़ डीम डीम डीम।
जय भोला नाथ नन्दी के साथ
हैं मगन भंग के रंग में
मृदंग के संग में
बाजत उपंग और मुरत चंग
भए सब दंग
झांझे झम्म झम्म झरररररररर।
अगड़ बम बम॥

गीत में यहाँ तक शैलेन्द्र ने शिवजी की होली का वर्णन किया है। होली से शिवजी का सम्बन्ध ये है कि काशीनाथ भगवान शंकर मैया गौरी का गौना करवाके पहली बार काशी लौटते हैं और काशी नगरी में उसी दिन होली शुरू हो जाती है। शैलेन्द्र ने गाने का पहला भाग इसी प्रसंग से रचा है। इसके आगे गीत राधा और श्याम की होली की ओर मुड़ जाता है—

जमुना तट श्याम खेलत होरी
जमुना तट॥
राधा के हाथ चलत पिचकारी रे

श्याम गुलाल अबीर जोरी॥
राधा माधव रंग गइलै इक रंग
जुग-जुग जियो जोगन-जोगी॥
जमुना तट श्याम।

सचमुच फ़िल्मों में आए होली-गीतों में सिरमौर यह गीत जाने कहाँ दबा रह गया। होना तो चाहिए था कि कोई होली शैलेन्द्र के रचे इस गीत के बिना पूरी न होती। 'नैहर छूटल जाए' में दो और अद्‌भुत गीत शैलेन्द्र ने रचे हैं। एक है बारिश गीत जिसे मन्ना डे ने गाया है। पिछला गीत जहाँ होली की मस्ती में सराबोर करता है वहीं इस गीत में शैलेन्द्र ने बारिश की मस्ती को पिरो दिया है। कितनी मादकता, कितना लालित्य, कितना रस, कितना माधुर्य! यह महज़ गीत नहीं है साढ़े तीन मिनट की जादू की पुड़िया है—

अरे रामा रिमझिम बरसेला पनिया
चली तू आओ जनिया रे हरि।
सावन-मास रैन अन्हरिया,
जरली अगिया जैसे सजरिया
जरली सजरिया
चुपके से बहला पुरवा सनसनिया
चली तू आओ जनिया॥
बिरहा में सूख गइल मोरा देहिया
अजहूँ न सुध ले ले तू निरमोहिया
ना केहू रार न रे अनबनिया
चली तू आओ जनिया॥

फ़िल्म 'नैहर छूटल जाए' के गानों की रसधारा मन को महका जाती है, थिरका जाती है, बेचैन कर जाती है। यह शैलेन्द्र की भोजपुरी-गीतकारी के अनमोल नगीने हैं। इस गीत की प्रेरणा सम्भवत: मलिक मुहम्मद जायसी के 'पद्‌मावत' की ये पंक्तियाँ रही होंगी—

चढ़ा असाढ़ गगन घन गाजा, साजा बिरह दुंद दल बाजा।
धूम, साम, धौरे घन धाए, सेत धजा बग-पाँति दिखाए॥

शैलेन्द्र के इस गीत को मुबारक बेगम और मीनू पुरुषोत्तम ने गाया है। इसमें आषाढ़, फिर सावन-भादों से लेकर चैत तक पूरे बारह महीनों में नायिका की मनोदशा का वर्णन है। नायिका अपने बचपन, मायके, अपने पिया सबको हुलसकर याद कर रही है। उत्तर भारत में इस आशय की कजरी का प्रचलन है, जिसके बोल इलाक़े के हिसाब से बदल जाते हैं। यह गीत देर तक और दूर तक साथ बना रहता है—

चढ़ला आषाढ़ भरेला सब नदिया
सूझे न आर न पार रे।
जित देखो तित पानी ही पानी
सागर अगुन अपार रे॥
सावन-भादों चमके बिजुरिया
नागिन काली रैन रे।
बालापन के याद सतावे ला
छलछल छलके नैन रे।
गइले कुआर आइ गइले कातिक
अँगना गिरे मोरे सीत रे।
नैहर से केहु चिठिया न पाती
अगहन गइले बीत रे।
पूस माघ फिर अलघाओ देहिया
फागुन लागल आग रे।
कागहू बोलेला मोरे अँगनवा
सब जग सून बिन बाबरे।
चैत महीना बीते न बिताए
रुक गइल समय के धार रे।
जन्म देय कइसे निकली के रतियाँ
दिन जैसे कठिन पहाड़ रे॥

शैलेन्द्र के भोजपुरी गीतों का कारवाँ लम्बा है। अभिनेत्री कुमकुम ने दो भोजपुरी फ़िल्में बनाईं। एक थी 'गंगा' और दूसरी 'भौजी।' उन्हीं की बनाई 1965 में आई फ़िल्म 'गंगा' के गीत शैलेन्द्र ने ही लिखे—

कान्हा तोरी बंसी के जुल्मी रे तान, सुनि-सुनि मोरा खिंचल जाला

प्राण (लता-उषा मंगेशकर)

बनवा फूलेला बसन्त रे, बौराइल मोरा जियरवा (लता)

मगन काहे नाचे तोर मन गोरी, प्रीतिया जुड़ल से बँधल (लता-उषा)

न्याय के नाम उठल धरती से, जब रूठ गइल भगवान (रफ़ी)

जाने नगरिया जानत सब लोगवा (लता)

चढ़ल चइत नहीं आए बलमू।

इसके अलावा शैलेन्द्र ने ग़ुलाम मोहम्मद के संगीत निर्देशन वाली भोजपुरी फ़िल्म 'सैयाँ से नेहा लगइबे' के गीत भी लिखे थे। यह फ़िल्म 1965 में आई थी—

फुलवा नियर नार सुकुवार, गगरिया छल-छलके ना (मोहम्मद रफ़ी)

नैना मोरे कजरारे, हमें नज़रिया जान (कमल बारोट और शमशाद बेगम)

मोर बगिया मोजर गइले अमवा (सुमन कल्याणपुर)

एक-एक पैसा दे मोरे राम, चन्दा के धंधा अलबेला हम जान गइली (बलबीर और मन्ना डे)

काहे का भेजल बिदेस रे मोरे

इस गाने के दो संस्करण थे, एक मोहम्मद रफ़ी ने गाया था जबकि दूसरा गाया था सुमन कल्याणपुर ने।

1966 में आई थी भोजपुरी फ़िल्म 'मितवा।' इसके संगीतकार थे सी. रामचन्द्र। गाने थे—

दानापुर के पतरी रे पिरया (कृष्णा कल्ले)

कवन नगरिया तू चललु बटोही, अइले रे केकरा सनेश (मन्ना डे)

कवन नगरिया तू चललु बटोही (लता मंगेशकर)

चान-सुरुज के लजावेली, गोरी तोर बिंदिया (आशा)

सपना देख जुड़ा गइले जियरा (लता-आशा)

पिया-पिया कहत प्यार (उषा मंगेशकर)

1968 में आई भोजपुरी फ़िल्म 'विधना नाच नचावे' में भी शैलेन्द्र के गीत थे। इस फ़िल्म के संगीतकार थे दत्ताराम। ये गाने थे—

देख देख हँसेला, नगरी के लोगवा (लता)

तोरे कारण हमार जिया जाए रे (आशा)

केहु न जाने मोरे मन के मरमवा/जग भइल बैरी रामा फुटले करमवा (कृष्णा कल्ले)

गोरी तोरे नैना चैन चुरवले (रफ़ी)

मेरे उलझे रे नैनवा तोरे सँगवा (रफ़ी, सुमन कल्याणपुर)

रेशम की डोरिया (लता)

इस तरह शैलेन्द्र ने कुल छह भोजपुरी फ़िल्मों में तक़रीबन तीन दर्जन गाने रचे। भोजपुरी सिनेमा तब हौले-हौले अपने क़दम बढ़ा रहा था। उसके इस शैशव-काल में शैलेन्द्र ने अपने गीतों के जो फूल खिलाए हैं उनकी महक आज इतने दशक बाद भी कायम है। आशा की जानी चाहिए कि आज का भोजपुरी सिनेमा और उसका गीत-संगीत इतनी गौरवशाली विरासत पर धब्बा न लगाए, अपनी ज़िम्मेदारी को समझे और इस परम्परा को आगे बढ़ाए।

आभार

'उम्मीदों के गीतकार शैलेन्द्र' शुरू करते ही मैंने पहली सूचना गीतकार शैलेन्द्र की सुपुत्री अमला शैलेन्द्र मजूमदार को दी थी और उनका आशीष लिया था। अमला दीदी से नाता पुराना रहा है। उन्होंने इस किताब की रचना के दौरान मेरे अनेक प्रश्नों का उत्तर दिया, मेरी जिज्ञासाओं को शान्त किया और इस किताब को बेहतर और प्रामाणिक बनाने में सहयोग दिया। उनके प्रति सबसे पहले अपना आभार व्यक्त करता हूँ। साथ ही शैलेन्द्र जी के दोनों पुत्रों—मनोज शैलेन्द्र और दिनेश शैलेन्द्र का शुक्रिया। समय-समय पर आपने बाबा के बारे में जो कुछ कहा और लिखा है, वह बहुत उपयोगी साबित हुआ।

बहुत आभार निखिल अय्यर का, जिन्होंने अपने ब्लॉग पर बड़ी मेहनत से शैलेन्द्र के गानों की पूरी सूची तैयार की है। इसके अलावा अमरेन्द्र आर.एन. की वेबसाइट www.songsofshailendra.com का भी शुक्रिया। सुरेश भुबन के यूट्यूब चैनल का शुक्रिया इसलिए क्योंकि वहाँ मुझे सलिल दा का एक दुर्लभ इंटरव्यू मिला और कई रोचक तथ्य उजागर हुए। बड़े भाई इन्द्रजीत सिंह का आभार, जो शैलेन्द्र के नाम की मशाल लगातार जलाए हुए हैं। उन्होंने शैलेन्द्र पर कई पुस्तकों का सम्पादन किया है और बहुत सामग्री एक साथ जमा की है। दिल्ली में उन्होंने शैलेन्द्र पर केन्द्रित अपने आयोजन में सबसे पहले इस पुस्तक की घोषणा की। पत्रकार अविजीत घोष का आभार, प्रकाशन से पहले ही इस पुस्तक पर लिखने के लिए।

कविता छिब्बर का आभार, पंडित रविशंकर के साथ उनकी बातचीत के लिए, जिसमें मुझे फ़िल्म 'अनुराधा' के संगीत के बारे में जानने को मिला। डॉ. नरेन्द्र नाथ पांडे की संगीतकार चित्रगुप्त पर केन्द्रित पुस्तक 'चल उड़ जा रे पंछी' से शैलेन्द्र के भोजपुरी फ़िल्मों के गीतों के बारे में कुछ ब्योरा मिला। उनका आभार। मशहूर गायिका चन्दन तिवारी का आत्मीय आभार, शैलेन्द्र के भोजपुरी गीतों की इबारत ठीक करवाने के लिए।

मुम्बई में जो परिवार हमारा सबसे बड़ा संबल है...अजय (ब्रह्मात्मज) जी हृदय से आभार। वे बीते कई बरसों से लगातार कहते रहे कि मुझे त्वरित कामों से ख़ुद को अलग करके पुस्तक पर काम करना चाहिए। जीजी विभा रानी का आभार, उन्होंने कई भोजपुरी गानों की इबारत पढ़कर दुरुस्त करवाई और सुझाव दिये। शुक्रिया अपूर्वा बैनर्जी का जिन्होंने अन्तिम चरण में कुछ हिस्से पढ़कर अमूल्य सुझाव दिये। मुम्बई चौपाल और उसके सभी कर्णधारों (अशोक बिंदल, कविता गुप्ता, अतुल तिवारी, राजेन्द्र गुप्ता, शेखर सेन) के प्रति विनम्र आभार व्यक्त करता हूँ। शैलेन्द्र की जन्मशती पर चौपल ने मुझे एक यादगार कार्यक्रम करने का अवसर दिया। इस मंच पर पुस्तक की घोषणा मेरी ऊर्जा बनी। पुस्तक के लिए निरन्तर प्रेरित करने के लिए इस समय के युवा गीतकारों पुनीत शर्मा और राजशेखर का आभार।

किसी भी पुस्तक की प्रस्तावना उसका आधार, उसकी मनोभूमि तैयार करती है और अपनी क़लम के जादू से इसे उम्दा और सार्थक बनाया जाने-माने गीतकार इरशाद कामिल ने। इस प्रस्तावना के लिए, उनकी सहजता और आत्मीयता के लिए कृतज्ञ अनुराग के साथ मैं उन्हें शुक्रिया कहना चाहता हूँ।

अभिनेता आमिर ख़ान और गायिका रेखा भारद्वाज का ब्लर्ब लिखना मेरे मन की मुराद पूरी होने की तरह है। उनकी सहृदयता के लिए उनके प्रति तहे दिल से अपनी कृतज्ञता प्रकट करता हूँ, सम्मान व्यक्त करता हूँ।

उस माहौल का शुक्रिया अदा करना मेरा कर्तव्य भी है और मन का सुकून भी—जो माता-पिता, भाई-बहन और मित्रों के सहयोग और ताक़त के रूप में मेरे बनने के दिनों में साथ रहा और आज भी है। प्यारे जादू और ममता का भी हृदय से आभार। आभार आकाशवाणी और विविध-भारती का।

प्यारे दोस्त और फ़िल्म-संगीत के एनसाइक्लोपीडिया पवन झा का कैसे शुक्रिया अदा करूँ जो बिना शर्त सदा साथ निभाते हैं, जिन्होंने इस पुस्तक का पहला मसौदा पढ़ा और अपने अमूल्य सुझाव दिये। मित्र अर्चना चौहान का शुक्रिया, इस किताब के लिए सामग्री सुझाने और बेहतरीन ग्राफ़िक्स तैयार करने के लिए। सबसे ज़्यादा आभार राजकमल प्रकाशन के प्रबन्ध निदेशक अशोक महेश्वरी जी का, जिन्होंने इस पुस्तक पर सबसे ज़्यादा विश्वास जताया।

उन सभी आत्मीयों और शैलेन्द्र-प्रेमियों का आभार जिन्होंने लेखन के दौरान मेरा साथ निभाया। मुझ पर विश्वास जताया।